문화유산의
두 얼굴

문화유산의
두 얼굴

조선의 권력자들이 전하는
예와 도의 헤게모니 전략

조윤민 지음

글항아리

왕조의 유산을 안으며

— 유적, 그리고 권력의 지배전략

명민한 권력자는 거대하거나 특별한 건축물을 지어 자신의 위세와 존엄을 드러냅니다. 이 위세와 존엄은 권력자의 정치 행위를 정당화하는 기제로 작용하고 권력 행사를 순조롭게 합니다. 정당성을 부여받고 영향력을 갖춘 힘을 행사하는 자, 곧 권위를 가진 권력자가 태어나는 겁니다. 한 건축물이 권력 행위에 권위를 부여하고 권력자가 통치체제를 원활하게 유지할 수 있는 토대를 제공한 거죠. 명민한 권력자는 건축물 조성으로 얻고자 하는 이런 목적을 숨길 줄 아는 통치자이기도 합니다. 권력자가 쌓아 올린 건축물은 흔히 예술품으로 평가받기도 하니, 권력의 마당에서 예술과 정치의 만남이 이뤄진 셈입니다.

 지상 최고의 완벽미와 아름다움을 갖춘 건축물이라는 찬사를 받는 인도의 타지마할은 어떨까요? 타지마할은 17세기 무굴 제국의 샤자한 황제가 산고로 죽은 아내를 추모하기 위해 건립한 궁궐 양식의 묘지입니다. 찬란한 무덤이라 부르기도 하죠. 300미터에 가까운 수로와 정원의 끝에 이르면 기단 위에 대리석으로 지은 묘지가 나타납니다. 길이와 너비가 57미터에 이르며, 가운데에는 60미터가 넘는 돔dome 건물이 솟아 있습니다. 완벽한 대칭을 이룬 육중한 몸체에도 불구하고 하늘을 배경으로 공중에 떠 있는 듯한 착각을 불러일으키고, 해의 위치에 따라 하루에도 몇 번씩 빛깔을 달리하며 신비로운 분위기를 자아냅니다.

종교가이며 교육자이자 인도의 시성詩聖으로 대접받는 타고르(1861~1941)는 이 타지마할을 두고 이렇게 노래합니다.

그대는 경이로운 꽃다발을 짜서 우아하지 않은 주검을
죽음을 모르는 우아함으로 덮어버렸다네

시공을 초월하려 한 사랑 이야기에 아름답고 신비한 타지마할의 외양을 겹쳐 빚어낸 아낌없는 헌사입니다. 황제는 죽은 아내를 기억하고자 수천 톤의 대리석과 벽돌을 끌어모으고 사파이어와 수정 같은 보석을 구해 영원한 사랑을 상징하는 건축물을 세웠다고 합니다. 그런데, 인도의 또 다른 종교가이자 시인인 순다르 싱(1889~1929?)은 타지마할을 이렇게 봅니다.

아름다움의 끝은 손목을 앗아갔고
저 거대한 무덤은 내 형제들도 함께 데리고 갔다네

그에게 타지마할은 억압과 수탈을 부른 권력자의 기념비였습니다. 건축가와 장인을 비롯한 2만여 명의 인부가 동원돼 22년 동안 쌓아 올린 피와 땀의 무덤이기도 했으니까요. 공사가 끝난 뒤 황제가 노예 장인들의 손목을 잘라버렸다는 뒷얘기까지 전해옵니다. 다시는 타지마할 같은 아름답고 장중한 건축물이 이 지상에 세워지지 못하도록 했다는 거죠. 타고르가 건립 주체인 지배자의 사연과 건축물의 미적 가치에 관심을 두었다면 순다르 싱은 지배자의 욕망 충족이라는 권력의 광기에 휩쓸린 피지배층의 희생에 눈길을 던진 겁니다.

또 다른 시선으로 타지마할에 다가갈 수 있습니다. 바로 서두에서 말한 권력 정당화와 지배체제 강화의 도구로 이용된 건축물이라는 관점입니다. 권력자는 안정적인 통치를 해나갈 수 있는 여러 가지 장치와 수단을 확보하려 합니다. 정치세력을 조직화하고 물리적 위력을 보유하며 사회구성원을 통제할 법과 규범을 만들어내죠. 그런데 통치 행위로서의 정치는 이런 강제성을 띤 힘이나 제도에 의해서만 이뤄지진 않는다고 봅니다. 권력 행사와 통치방식에 대한 피지배층의 동의에 기반을 두고 행해지기도 하는데, 오히려 이 요건이 충족될 때 훨씬 효율적인 정치 행위가 가능합니다. 권력자의 지배를 인정하고 통치 행위를 받아들이는 복종의 심리를 만들어내야 한다는 것이죠.

권력자는 명령에 따르도록 하는 시인是認의 감정과 순응의 태도를 무엇으로 만들어낼까요? 사상과 이념 같은 지식으로 훈육하고 예절과 의례, 도덕으로 순종하게 합니다. 권력자의 존재를 신성시하고 위엄을 드높이는 건축물과 동상 같은 시각조형물은 물론 그림과 음악 등 예술

장르도 동원합니다. 권력의 위세와 존엄을 담은 이러한 표현물은 본능적인 감정 반응을 불러일으키고 내면에도 깊은 반향을 일으키죠. 감동하고 흥분하게 하며, 때로는 우러러보고 두려워하게 합니다. 이런 과정을 거치면서 지배를 용인하고 통치를 수용하게 하는 심정과 태도가 마음 깊숙이 자리잡게 됩니다. 건축물과 예술품이 정치적 권위를 창출하고 지속시키는 상징물이 된 거죠. 타지마할도 이런 의도를 가진 건축물임을 부인하긴 어려울 겁니다.

특히 건축물은 장대한 규모와 엄숙한 공간, 엄정한 외관과 체계적인 구성으로 권력자의 신성함과 위력을 각인시키며, 결국은 권력 자체에 권위를 부여하고 권력 행사를 정당화하는 도구가 됩니다. 어떤 건축물 공간에서는 감화와 교화를 위한 가르침이 펼쳐지기도 해, 지배이념 주입과 순치의 전진기지 역할을 하기도 하죠.

우리 기념비적 건축물 또한 여러 시각으로 접근해 거기에 담긴 다양한 의미를 읽어낼 수 있을 것입니다. 외양과 구조를 살펴 당대의 미의식과 건축학적 문화양식을 가늠할 수 있으며, 건립을 추진한 배경과 사연을 짚어보고 거기에 스며든 시대 정서와 선대의 정신을 헤아릴 수 있습니다. 공사에 동원된 백성의 고단한 사연도 보듬어 안을 수 있겠죠.

이 책에서는 권력 유지와 통치의 수단으로 활용된 건축물이란 틀로, 지금은 문화유산이라 부르는 조선시대의 왕릉과 궁궐, 읍치와 성곽, 성균관과 향교, 서원과 사찰에 다가가려 합니다. 이들 건축물 또한 권력의 권위를 확보하고 지배질서를 정당화하며 통치의 효율을 높이는 장치이자 도구로 쓰였습니다. 소통과 교류의 구심점으로 지배층을 결집하고 계급 재생산을 꾀하던 체제 유지의 보루였습니다. 정책 입안을 두고 난상토론이 벌어지던 정치의 제일선이자 더 강한 위세를 휘두르기 위해 정치세력 간 다툼이 끊이지 않던 권력투쟁의 한복판이기도 했죠. 선현을 받드는 사당을 지어 제례를 올리며 신분 우위와 특권 행사의 근거를 마련하던 지배전략의 진지였습니다. 그곳은 감화시키고 가르쳐 순응하는 충실한 백성을 길러내던 교화의 마당이었으며, 통치와 지배에 대한 동조나 인정을 끌어내던 헤게모니hegemony 전략의 본거지였죠. 유럽과 일본 등 다른 나라의 사례와 함께 이러한 역사 사실을 반추하면서, 건축물을 짓고 유지한 인부이자 그 재원을 생산하는 인력이었던 백성에게도 잠시 시선을 두었습니다.

그렇다고 조선시대 건축의 미와 문화적 가치, 이념의 본연과 정신적 유산을 거부하려는 건 아닙니다. 세월을 담아 살아난 유적이 전하는, 어쩌면 어두워 보일지도 모를 그 아픈 유산까지 보듬을 때 세상에 대한 더 넓은 지평이 열릴 것이라 여기기에 유적의 그늘진 곳으로 아린 눈길을 던지는 것입니다. 누군가의 말처럼 빛과 그림자, 이 둘을 함께 받아들이는 것이 우리 삶을 정면에서 직시하는 지혜라 믿기 때문입니다. 그건 여전히 명멸하는 이 시대의 빛과 그늘을 껴안으려는 숙연한 다짐이기도 합니다.

2019년 7월

조윤민

3부 조선 성城의 다섯 가지 비밀 | 성곽과 읍치

4부 앎이 권력이다 | 성균관·향교·서원·사찰

1부

능은 살아있다

|왕릉|

무덤과 권력
– 샤를 대제와 체 게바라에서 조선 왕릉까지

왕릉의 두 얼굴

누군가 말한다. 왕릉에 어리는 은근한 고요와 평온한 햇살이 추모의 마음을 더하고 왕조의 영광을 되새기게 한다고. 야트막하지만 기품 있는 산세, 그 산기슭에 숲 우거져 청량한 새소리와 투명한 물소리 섞이니 왕릉은 자연과 사람의 합일을 희원한 선조들의 마음결을 느끼게 한다고.

다른 누군가는 이렇게 말한다. 왕릉에 감도는 고요는 가장이자 거짓이며, 그 평온해 보이는 풍경에는 끝 모를 욕망과 냉혹한 권력의 의지가 깃들어 있다고. 왕릉은 최고 권력의 상징이자 왕조의 통치전략과 지배 권력이 작동하는 무자비한 정치의 장이라고 말이다. 그리고는, 권력은 때때로 죽음을 기반으로 작동한다면서 말을 잇는다. 지배자는 죽은 자를 떠올리게 하는 무덤을 만들고 의례를 지내 권력의 정당화와 지속을 꾀한다고. 그렇게 해서 죽음과 무덤에 따르는 정치적 신화가 탄생하는 것이라고.

그렇게 왕릉은 권력 승계를 정당화하는 상징물이기도 했다. 당대의 권력자는 사자死者와 무덤이라는 지난 시대의 이 상징물을 숭배와 추모의 의례 공간으로 유지해 권력의 연원과 내력을 신성시하고 정통성을 확보하려 한다. 사자 숭배와 무덤 참배라는 과거 연출을 통해 권력의 권위를 드높이고 현재는 물론 미래까지 장악하려 든다.[1]

권력자의 무덤, 산 자의 권력

그래서였을까. 1793년 프랑스 혁명 시기에 무장한 시민들은 왕조의 묘역을 파괴해버린다.[2] 파리 북부 10여 킬로미터 지점에 위치한 생드니 성당에 조성된 72기의 묘는 왕권의 신성함을 대변하고 왕과 왕조의 정통성을 보장해주는 성스러운 공간이었다. 고결한 내력과 영광의 존립을 과시하며 불멸을 약속하던 왕조 영속의 상징이었다.

이런 묘역으로 쳐들어간 혁명 전사들은 왕의 유골을 꺼내 짓밟았다. 삽과 곡괭이에 관이 부서지고 지엄한 유골이 흙구덩이에 처박혔다. 그렇게 50구가 넘는 왕족의 시체가 파헤쳐지면서 프랑스 왕가의 권위와 정통성을 지켜주는 오래된 기둥 하나가 여지없이 무너져내렸다. 부관참시라는 이 분노에 찬 파괴는 최고 권력자에게 벌인 도를 넘은 복수방식이었다는 비판을 받기도 하지만 악정惡政의 오랜 지배질서를 떨쳐버

생드니 성당과 내부에 있는 묘지.

리고 다른 사회를 지향하겠다는 결연한 선언이기도 했다.

왕의 무덤은 새로운 권력의 정당성을 담보하는 정치도구이기도 했다. 1804년 가을, 프랑스 혁명을 뒤로한 채 쿠데타로 정권을 잡은 나폴레옹은 황제 대관식을 앞두고 서유럽 북부 아헨 지역에 있는 샤를 대제(재위 768~814)의 무덤을 찾는다. 정복전쟁을 통해 봉건제도의 기초를 닦고 서유럽 세계의 토대를 건설했다고 평가받는 샤를 대제는 당시 대황제로 추앙받고 있었다. 나폴레옹은 샤를 대제의 무덤 앞에 무릎을 꿇음으로써 자신이 이 위대한 왕의 정신과 이상을 이어받은 지도자임을 알렸다. 취약한 정통성의 기반을 '모두가 인정하는 위대한 왕'이라는 역사적 연원에서 구하려는 시도였다. 당시 나폴레옹을 맞이한 지방 장관은 두 권력자의 만남을 축원하며 이렇게 외쳤다. "샤를 대제의 유골에 새 생명이 깃들리니, 그 위대한 영혼은 나폴레옹 안에서 영원할 것이오."

유럽 전역을 전쟁의 참화로 몰아넣은 히틀러 또한 자신을 샤를 대제가 지배했던 옛 제국의 정통을 이어받은 혁신자로 내세웠다. 그는 광기 어린 권력욕을 채우기 위한 전쟁을 하나의 유럽이라는 이상을 추구한다는 구호로 감싸고, 이를 합리화하고 정당화할 근거를 샤를 대제에게서 발견했다. 신성神聖과 정통성을 갖춘 권력자를 상징하는 무덤에 대한 숭배가 20세기에도 여전했던 것이다.

일본에서는 메이지 유신 시기인 19세기 후반부터 왕릉 정비를 강화했다. 능역을 수리하고 발굴을 통제했으며 왕가와 관련된 기념사업을 벌여 왕실의 위엄과 권위를 드높였다. 왕릉을 내세워 왕가를 신성시하고 국민정신을 결집했으며, 이를 통해 부국강병의 초석을 마련하고 해외 침략을 용이하게 수행하고자 했다. 왕가의 정통성을 드러내는 왕릉이 애국심과 민족주의를 고취하는 정치수단으로 자리잡았다.

이탈리아를 제2차 세계대전 속으로 끌어들인 무솔리니는 2000여년 전 고대 로마의 왕릉 복원을 통해 자신이 황제와 같은 인물로 비치길 원했다. 그는 로마 제국의 초대 황제에 오른 아우구스투스의 무덤을 재건하며 이를 권력자 숭배의 매개물로 삼아 자신이 새로운 시대의 황제가 되고자 했다.

영향력을 가진 권력자의 시신을 능욕하고 아예 무덤을 조성하지 못하게 함으로써 새로운 정치체제의 출현을 막으려는 시도도 있었다. 라틴 아메리카의 민중혁명을 이끌었던 체 게바라는 1967년 볼리비아 군대에 사로잡혀 총살당한다. 군부는 게바라의 죽음에 만족하지 않고 시신에 시멘트 반죽을 씌워 흔적을 없애버린다. 추모의 싹조차 나지 않도록 시멘트 처리된 시신을 공항 활주로 밑에 깔아버렸다. 하지만 혁명의 열정을 당길 그 싹을 영원히 막지는 못했다. 30년 뒤 게바라의 유골이 발견돼 쿠바에 안치됨으로써 게바라의 묘지는 혁명의 불씨를 이어가는 구심점 역할을 하고 있다.

묘역을 둘러싼 상징 투쟁

—프랑스 정치세력과 국립묘지 팡테옹-Panthéon

묘지는 권력의 정통성뿐 아니라 지배이념과 통치의 정당성을 확보할 수 있는 권력 장치이기도 했다. 프랑스의 국립묘지인 팡테옹은 무덤이라는 상징 자원을 확보하기 위한 정치세력 간의 긴 투쟁의 역사를 보여준다.

1791년에 프랑스 혁명의 지도자 미라보를 파리에 있는 생트 주느비에브 성당에 안치하면서 팡테옹의 역사가 시작됐다.[3] 이후, 혁명을 이끈 르 플루티에와 마라는 물론 혁명 사상을 제공한 볼테르와 루소가 안장된다. 이처럼 혁명세력은 생트 주느비에브 성당을 프랑스 혁명의 이념과 이상을 상징하는 공간으로 새롭게 조성해나갔다. 루이 15세(재위 1715~1774) 시기에 새로 지은 생트 주느비에브 성당에는 원래 성직자의 유해를 보관하기 위한 묘지가 지하에 마련돼 있었다. 혁명세력은 이곳 성당의 효시이자 프랑스의 성녀로 추앙받던 생트 주느비에브의 유골함까지 제거함으로써 종교적 상징은 물론 군주인 루이 15세의 흔적까지 지우고자 했다.

루이 15세는 5세기에 신앙의 힘으로 이민족 침입을 막는 데 앞장선 생트 주느비에브에 대한 믿음과 은총으로 자신의 병이 완치됐다며 이에 대한 감사의 표시로 18세기 중반에 성당을 개축했다. 하지만 내심은 따로 있었다. 민심을 얻지 못하고, 성직자들로부터도 신앙심이 부족하다며 비판을 받아온 그는 성당 개축을 통해 신앙심을 보이고 종교세

프랑스 국립묘지인 팡테옹(위)과 프랑스 혁명의 사상 기반을 제공한 볼테르의 무덤(아래).

력의 지지를 얻어 왕권을 강화하고자 했다. 증축돼 종교성을 더한 성당과 지하묘지에 안장된 생트 주느비에브의 묘는 왕정체제의 기반을 강화하기 위한 상징적 연출 공간이기도 했던 셈이다. 하지만 국왕의 이러한 시도는 이곳을 혁명의 성지로 만들고자 하는 세력에 의해 무산될 수밖에 없었다.

그런데 혁명의 바람이 한풀 꺾이고 19세기 초 나폴레옹 1세의 제국 시기가 도래하자 팡테옹에서는 다시 엄숙한 종교의례가 행해진다. 성당 지상부는 신부들의 미사 장소로, 지하분묘는 제국을 위해 봉사한 인물의 묘역으로 사용하도록 한다. 종교를 통해 사회 위계질서를 다시 세우고 자신의 권력을 강화하고자 했던 나폴레옹은 팡테옹을 가톨릭과의 화해를 뜻하는 상징물로 변모시켰으며, 한편으론 나라에 몸 바친 군인과 관리의 묘지로 활용함으로써 제국의 위용을 과시하고 최고 권력자로서의 권위를 드높인다.

나폴레옹의 제국이 몰락하고 왕정이 복구되면서 팡테옹은 다시 한 번 변화를 맞는다. 1816년 루이 18세는 팡테옹을 원래의 생트 주느비에브 성당으로 재건하도록 한다. 복고된 왕정체제의 정당성을 종교적 차원에서 마련하기 위해 프랑스 혁명과 나폴레옹 제국을 상기시키는 기념물을 지하묘지로 옮기고 입구를 폐쇄해버린다.

그러나 여기가 끝이 아니었으니, 얼마 뒤 생트 주느비에브 성당은 다시 혁명과 제국의 묘지로 복귀한다. 1830년에 정권을 잡은 부르주아 왕정은 성당을 팡테옹으로 되돌린다. 왕정 복구 때 제거했던 "위대한 이들에게 조국이 감사하는 마음으로 바칩니다"라는 프랑스 혁명 시기의 장식 문구를 다시 벽에 걸고, 돔 위의 청동 십자가를 국기로 대체한다.

이후에도 팡테옹은 정치체제와 이념을 달리하는 집권세력에 따라 몇 번의 변화를 반복했으며, 1885년에 가서야 오랜 상징 다툼이 봉합된다. 혁명기와 제국 시기의 묘를 가꾸고 종교 벽화와 성직자 인물상 등 신앙장식물도 함께 보존한다는 결정을 내린다.

종교조직의 의례 공간과 묘지이자 제국의 사원이었으며 혁명세력과 그 후예의 묘역이기도 했던 팡테옹은 정치가 물리적 힘으로만 이루어지는 것이 아님을 분명하게 보여준다. 팡테옹은 권위를 갖춘 상징물을 창출해 이를 효과적으로 과시할 때 정치이념과 집권의 정당성이 제대로 확보될 수 있다는 사실을 알려주는 역사적 증언 공간이기도 하다. 때로 정치는 묘지와 같은 권력 상징물을 둘러싼 정당성 투쟁이기도 했다.

조선 왕릉의 이면

한반도에는 고대 이래 고려와 조선을 거쳐 지속적으로 왕릉이 조성됐다. 조선시대에 조영된 왕과 왕비의 능만도 44기에 이른다. 이 중 북한 지역에 있는 2기의 능과 임금 자리에서 쫓겨난 연산군과 광해군의 묘를 제외한 40기가 유네스코 세계유산으로 등재됐다. 자연과 우주의 통일이라는 장례 전통에 입각해 조성되고, 규범화된 제례의식이 행해지는 살아 있는 유교문화의 정수를 간직하고 있다는 게 등재의 사유였다.

풍수지리의 원리를 적용하고 주변 자연경관을 유지한 채 기억에 남을 만한 경건한 장소로 창조되었으며 봉분과 조각, 건조물의 조화로운 총체라는 건축물 양식을 담고 있다는 점도 등재 사유에 포함됐다.

그런데 조선 왕릉은 과연 세계유산 등재의 사유만을 간직한 추모와 의례의 공간에 머무는 것일까? 유교 규범과 풍수지리 사상이 어우러진 건축미와 조경미학 너머에는, 고요한 자연과 엄숙한 제례의 조화로운 만남 뒤편에는 무엇이 있을까?

시각을 달리해 보면 왕릉은 죽은 권력자의 안식을 위한 의례 공간이라기보다 되레 산 자들의 의지와 열정, 음모와 조작, 땀과 눈물이 배인 치열한 삶의 장소로 다가온다. 평온해 보이는 능의 깊은 곳 여기저기에서 어지러이 나뒹구는 욕망과 권력의 난무, 그 갈등과 다툼의 한복판으로 시선을 던져보자. 권력 도구와 통치의 장치라는 틀로, 능역의 신성함을 알리는 홍살문을 열고 왕릉의 세계로 발을 디뎌보자.

1장
죽은 자의 광휘, 산 자들을 위한 왕릉

영릉英陵 능참봉, 도벌 사건으로 점쟁이를 찾다

적당히 넘길 사안이 아니었다. 예상보다 능역 도벌 사태가 심각했다. 더구나 세종의 능인 영릉이 아닌가. 능참봉인 김두벽(1658~1724)은 결국 초조함을 떨치지 못하고 점쟁이 손가孫哥를 불러들였다. 그리고는 예조에서 언제 이곳 영릉 시찰에 나설지를 점치게 했다. 숙종 37년인 1711년 1월 하순, 경기도 여주에 위치한 영릉의 관리책임자로 부임한 지 나흘째 되는 날이었다.[1]

근래 들어 도성 주변 곳곳의 능역에서 나무를 몰래 베어내는 사건이 잦아지자 예조에서 감찰을 강화하고 있었다. 실무책임자인 낭관이 불시에 들이닥쳐 근무일지를 점검하고 주변 산림 상태를 살폈다. 왕과 왕비의 무덤이 있는 능역은 함부로 드나들 수 없는 통제구역이자 산림 보호 지역이었다. 산림을 훼손하면 당사자는 물론 관리자도 엄중한 처

경기도 여주시에 있는 세종의 능인 영릉英陵.

벌을 받았다.

김두벽이 영릉에 부임했을 땐 이미 능묘 주변의 나무가 꽤 도벌된 상태였다. 부랴부랴 베어낸 흔적을 지우는 한편 예조의 불시 감찰을 우려해 점쟁이까지 불러들인 것이다. 손가는 두 달 뒤쯤 예조에서 시찰을 나오겠지만 아무 탈 없이 지나갈 것이라는 점괘를 보였으나 김두벽은 이튿날도 손가를 불러들여 점을 치며 불안한 마음을 다잡았다.

능참봉은 최하위 관직이지만 조선 후기 들어 현실적인 권한과 이권이 점차 커지고 있었다. 말단이지만 최고 권력을 가진 왕가의 묘역을 지킨다는 상징성까지 두드러지면서 관계에 첫발을 디디는 이들이 비교적 선호하는 자리가 돼갔다. 실제로 참봉직을 발판으로 고위 관직에 오르는 관료가 드물지 않았다. 50대의 나이에 천거로 참봉직을 제수받아 벼슬길에 들어선 김두벽으로서는 한층 이 일에 매달릴 수밖에 없었다.

김두벽은 영릉에 부임하면서 가장 먼저 능역 내의 산림 상태부터 점검했다. 부임한 이튿날 아침, 능에 분속된 군역과 조세 관리를 하는 서원書員들을 대동하고 특별 순찰을 돌았다. 얼마 지나지 않아 여기저기서 도벌 흔적이 발견됐다. 소나무 몸체만 잘려나가고 밑동만 남은 게 한둘이 아니었다.

이 무렵 능역에는, 종9품인 능참봉의 지휘 아래 수십 명의 수호군을 두어 특별한 관리와 경계를 펼쳤지만 땔감과 목재를 마련하려는 인근 주민들의 출입이 끊이지 않았다. 조선 후기에 온돌이 널리 보급되고 땔나무 수요가 늘어나면서 능역 침범이 한층 잦아졌는데 영릉은 다른 능에 비해 도성에서 멀리 떨어져 있어 도벌이 더 심했다. 중국과 달리 능역에 별도의 담장을 두르지 않아 왕릉 구역과 일반 지역의 경계선이 뚜렷하게 드러나지 않는 점도 주민의 은밀한 발길을 유인하는 요인이었다.

능역은 외형으로 보면, 능이 들어선 야산과 능 좌우를 감싼 산, 거기에 능 앞으로 보이는 산을 경계로 시계視界 영역 면에서 가능하면 최대 규모를 유지하려 했다. 이를 위해 사방 161보步(약 191미터)를 기준으로 이 영역 내에 있는 집과 묘를 이전해 녹지로 조성했다. 여기에, 산불이 미치지 못하도록 녹지 바깥 지역의 나무와 풀을 불살라 비워놓은 화소火巢 영역까지 감안하면 실제 통제구역은 훨씬 늘어났다. 화소는 사방 500보(약 594미터)를 최대 경계 구역으로 삼아 해당 지역의 산세와 길, 논밭 등을 고려해 적절히 조정했다.[2] 이처럼 민가 주변의 산기슭이나 구릉지에 들어서고, 때로는 마을을 옮겨 자리잡은 능은 애초부터 주민과 마찰을 일으킬 요인이 다분했다.

주민에게 산림은 묏자리 이전에 삶의 터전이었다. 연료와 퇴비재료, 목재와 식재료에 이르기까지 생활에 필요한 여러 생산물을 산에서 구해야 했으니, 산림 이용은 절박한 생존의 문제였다. 왕릉이 마을 주변 산지에 들어서지 않았다면, 능역이 그리 넓게 자리잡지 않았다면 빈궁한 살림에 그나마 잠시의 여유라도 가질 수 있었을 것이다. 주민들의 곤궁한 생활이 나아지지 않는 한 능역 무단출입도 쉬 가라앉지 않을 터였다.

김두벽은 불시에 들이닥칠지도 모를 예조의 시찰에 대비해 아예 도벌 흔적을 없애기로 했다. 주민을 동원해, 나무를 베어낸 뒤 남은 나무

뿌리를 파내게 했다.

구양촌과 왕대촌에 사는 주민을 인부로 동원해 나무뿌리를 제거했다. 직접 가서 보았는데, 만 명을 작업에 동원한다 해도 나무뿌리를 모두 제거할 수 없을 정도니 참으로 걱정이다.

-김두벽, 『지문일기祗聞日記』, 1711년 1월 24일

"만 명 동원" 운운은 과장된 어법이 분명하지만, 10여 일 동안 나무뿌리를 제거해야 할 정도로 도벌 상태가 심각한 것은 사실이었다. 현장에서 흔적을 없애는 작업은 물론 인근 백성의 몫이었다. 김두벽은 예조의 시찰을 염려하며 매일 현장에 나가 흔적 상태를 검사하고 작업을 재촉했다. 하급 관직자이지만 양반 신분에 유학을 익힌 김두벽이 점괘에 기댈 정도로 도벌 사태에 노심초사하는 데는 그럴 만한 사연이 있었다. 김두벽은 영릉에 부임하기 전에 중종의 능인 정릉의 능참봉으로 근무했는데, 그때 소나무 도벌 사건의 주범으로 몰려 곤욕을 치른 경험이 있었다.

도벌꾼으로 몰린 능참봉

김두벽은 2년 전 경기도 광주(지금의 서울시 강남구 삼성동)에 소재한 정릉의 능참봉에 임용돼 관직에 첫발을 디뎠다. 능의 재실인 정자각丁字閣

중종의 능인 정릉靖陵. 경기도 고양에 있던 능을 1562년에 지금의 서울시로 옮겼다.

에 향을 올리고, 승하일과 여러 명절에 거행하는 제사를 준비하는 일이 주된 업무였다. 봉분을 비롯한 능역 내 시설물과 물품을 관리하고 보수하는 책임을 맡았으며, 능을 지키는 수호군과 산지기山直를 관리했다.

수호군은 능 인근 주민을 동원하는 국역의 하나로 운영됐다. 제초작업은 물론 화재를 예방하고 벌목을 막기 위해 능역 내를 경계하고 순찰을 돌았다. 능과 시설물을 수리할 때 인부로도 동원되었다. 대체로 70명이 정원이었는데 적게는 30명에서 많게는 90명에 이르기도 했다. 조선 후기로 갈수록 수호군의 전체 규모가 증가하고 담당 범위가 넓어지는 추세였다. 이는 생부가 국왕이 아닌 왕족이 즉위하면서 생부를 추존한 능이 증가하고, 후궁과 공주 등 왕가의 묘까지 관리하면서 일어난 변화였다. 왕과 왕비의 태실 관리에도 수호군이 동원됐다. 이들 수호군은 임무가 고되고 관료의 사적인 일에도 자주 불려 나가 도망하는 일이 잦았다고 한다.

김두벽은 늦은 나이에 오른 관직이니만큼 능참봉 소임에 전력을 기울였다. 수호군은 물론 하인배까지 산지기로 동원해 능역을 경계하게 하고 직접 순찰을 나설 정도였다. 하지만 도벌 사건은 좀체 줄지 않았다. 부임한 1709년의 6개월 동안 드러난 침범만 10여 차례에 달했다.

산림을 순찰하던 능졸(수호군)이 주민 1명을 잡아서 낫 두 자루를 빼앗아 바쳤다.

－김두벽, 『지문일기咫聞日記』, 1709년 5월 6일

새벽녘에 도벌 적발을 맡은 관리를 급파했다. 사내종 6명과 하인 2명을 데려가게 했다. 한강변에 이르러 땔나무를 해간 군졸 5명을 붙잡았다. 모두 태笞 30대를 치고 풀어주었다.

－김두벽, 『지문일기咫聞日記』, 1709년 5월 18일

잡일을 하는 수복守僕 귀중貴中이 도벌한 주민을 잡아왔다. 장杖 30대를 쳤다.

－김두벽, 『지문일기咫聞日記』, 1709년 7월 26일

산림 침범은 풀을 베어가는 비교적 가벼운 사건부터 나무꾼들의 조직적인 도벌에 이르기까지 다양했다. 풀을 베는 주민은 대체로 연장을 빼앗는 선에서 마무리했다. 하지만 땔나무를 하거나 목재용 도벌을 하는 경우는 태나 장을 치는 형벌을 내려 엄하게 다스렸다. 도벌 상태가 심각할 때는 업무 소홀을 이유로 수호군에게 매를 쳤다.

능 관리를 책임진 관리가 몰래 나무를 베어다 팔기도 했다. 김두벽은 종8품의 능관인 봉사奉事 1명과 교대 근무 형태로 정릉 관리 책임을 맡았는데, 이 봉사가 나무를 베어 판매해 물의를 일으켰다. 수호군은 물론 목수까지 결탁해 벌인 조직적인 도벌이었다. 규모가 컸던지 도성 안까지 소문이 퍼졌고 사대부들 사이에서도 화젯거리가 됐다. 도벌 사건은 결국 사간원의 탄핵 논의에까지 오르게 된다.

사간원의 정언正言 신사철이 임금에게 보고했다. "정릉은 멀지 않은 곳이며, 수백 년 동안 잘 기른 아름드리 소나무들이 울창합니다. 근래 입직한 관리가 예조에 거짓으로 보고하고 많은 소나무를 베어냈습니다. 도벌한 나무로 판자를 만들어 팔아 이득을 취하고, 일부는 말에 실어 서울의 자기 집으로 보냈습니다. 이 사건으로 소문이 시끄럽고 많은 사람이 분개하고 있습니다."

−김두벽, 『지문일기咫聞日記』, 1709년 7월 16일

그런데 탄핵을 받은 봉사가 김두벽이 도벌을 저질렀다며 죄를 전가했다. 사건은 의금부로 넘어가 관련자들에 대한 조사와 심리가 한 달

넘게 진행됐다. 도벌에 가담한 수호군들이 사실을 실토함으로써 결국 주범은 봉사로 판명이 났지만 사건과 무관했던 김두벽은 생고생을 해야 했다. 도벌을 주도한 봉사와 수호군은 각각 장 100대와 80대를 맞고 유배에 처해졌다. 예조에서는 정릉 도벌 사건을 계기로 왕릉 관리에 대한 일제 점검에 들어갔다. 근무 상황을 검토하고, 낭관을 파견해 도벌을 비롯한 능역 침범에 대한 사찰을 대대적으로 실시했다.

관료의 주민 침탈, 주민의 능역 훼손

김두벽은 시설물 방화와 손괴에도 신경을 쓰고 있었다. 능 훼손은 도벌에 비할 수 없는 큰 범죄여서 대역죄로 다스렸으며 범인은 사형에 처했다. 조선 후기 들어 능역 내 부속 건물에 불을 지르거나 봉분 주변의 석물을 깨트리는 사건이 심심찮게 일어나고 있었다. 세종 영릉에서도 김두벽이 부임하기 전에 이미 훼손 사건이 여러 번 일어났다.

> 예조에서 임금에게 아뢰었다. "지금 영릉 참봉이 올린 서면 보고를 받아
> 보니, 능 위 서쪽 가장자리에 있는 난간석의 모서리 세 군데가 밤을 틈
> 타 들추어져 부서진 변이 있었다고 합니다. 곧 의심할 만한 사람을 조사
> 해 붙잡았다고 합니다."[3]
>
> –『숙종실록』 11권, 숙종 7년(1681) 6월 13일

영릉에서는 난간석이 훼손당하기 몇 년 전에도 석마石馬와 석우石牛를 깨트린 변이 일어났으며, 심지어 능참봉을 해치려 총을 쏘는 사건까지 발생했다. 난간석 사건 6년 뒤에는 봉분 앞에 놓인 혼유석이 파손당하는 불상사를 겪었다.[4] 이들 사건은 능관이나 구실아치의 횡포에 불만을 품은 수호군과 주민이 행한 범죄였다. 능이 훼손당하면 그 관리자를 엄벌한다는 규정을 두었는데, 이를 목적으로 사건을 일으킨 것이다.

영릉뿐 아니라 다른 능에서도 능관과 구실아치의 침탈은 관행적으로 일어나고 있었다. 수호군이 부담해야 할 신역身役을 부당하게 부과했으며 군포를 과하게 거두었다. 그뿐만 아니라 관아의 수령과 향리까지 나서서 수호군과 산지기를 사사로운 일에 강제로 동원했다. 수호군이 벌목한 주민을 잡았는데, 되레 뒷배를 봐주는 향리에게 구타를 당하기도 했다.

침탈은 수호군에 그치지 않았다. 능묘 보수에 수시로 동원되는 주민의 고통도 이만저만이 아니었다. 수령이, 능 관리처에 종이와 가마 등 물력을 제공하는 승려에게 사적 용도로 물품을 만들게 해 물의를 일으키기도 했다.[5] 18세기 중반, 강원도 영월에 있는 단종의 능인 장릉의 능참봉으로 근무한 황윤석은 수령의 비리를 이렇게 전한다.

영월 부사는 승려를 침탈한 적이 한두 번에 그치지 않았다. 동료 능관과 나는 인정과 도리에 구애되고 또한 서로 경계해 그러지 않았지만 부사는 끝내 침탈을 그치지 않았다.

－황윤석, 『이재난고頤齋亂藁』, 1767년 11월 28일

영릉 난간석 훼손 사건 뒤, 조정에서는 능관에 대한 처벌 규정이 능침 훼손을 부추길 우려가 있다며 능관에게는 죄를 묻지 않는다는 방책을 내렸다. 당장의 침범을 막을 묘책 마련에만 골몰한 나머지 능 훼손을 불러오는 근본 요인인 관료의 비리는 방치한 셈이었다. 왕의 권위와 왕가의 위엄을 높일 눈앞의 왕릉 보전에만 급급해 백성의 고통은 돌아볼 마음조차 없었는지도 모른다.

그래서였을까. 조정의 기대와 달리 이후에도 관료의 침학에 대응하는 왕릉 훼손 사건은 쉬 사라지지 않았다. 가난하고 힘없는 백성에게는 능역 훼손과 도벌은 생존의 문제였다. 하지만 왕가와 지배세력에게 능역 침범은 왕권을 훼손하는 불경한 짓거리이자 통치에 대한 저항 행위나 다름없었다. 그런 만큼 조선 후기 왕권 강화에 나선 군주들은 왕릉 관리에 특별한 관심을 보였다. 그런 시대를 산 김두벽은 벼슬길에 늦게 오르긴 했지만 운이 없지는 않았다. 김두벽은 영릉 능참봉을 지낸 뒤 해주 판관을 거쳐 1721년에는 평안도 영유 현령에 오른다. 아마도 영릉 도벌 사태가 잘 마무리된 모양이다.

왕릉은 최고 권력의 상징물이자 통치의 수단이다

한 나라의 최고 권력자를 추모하고 기념하는 왕릉은 권력 과시의 도구이자 절대 권력을 상징하는 지엄한 공간이었다. 대를 이어 왕의 권위를 높이고 왕권을 유지하게 하는 정치적 상징물이기도 했다.

경기도 구리시에 소재한 동구릉 내에 있는 건원릉. 조선을 세운 태조 이성계의 능이다.

지속적인 정치 행위는 무력과 힘에 의한 권력 행사만으로는 제대로 이뤄지지 않으며 상징적 수단을 동원할 때 더 원활하게 작동한다. 상징은 가치나 개념, 이념, 사상 등 직접 지각할 수 없는 무엇인가를 그것을 연상시키거나 상기하게 하는 구체적인 것으로 바꾸어 나타내는 일, 또는 그러한 사물이나 대상을 뜻한다. 예를 들면 국기는 국가나 애국심의 상징이 되고, 궁궐과 왕관은 최고 권력자인 국왕을 상징한다.

넓게 보면, 구상화된 것만이 아니라 무형의 성격을 가진 그 무엇도 상징이 될 수 있다. 조선시대 정치이념인 왕도정치나 민본 등이 국왕의 존재를 인지하게 하니, 이 또한 국왕을 표현하는 상징이라 할 수 있는 것이다.

고대로부터 정치권력은 권위를 얻고 통치력을 발휘하기 위해 다양한 상징수단을 활용해왔다. 왕릉은 그런 상징수단을 대표하는 건축조형물의 하나였다. 지배세력은 넓디넓은 터에 우람한 봉분을 올리고 격식 갖춘 건축물을 지어 최고 권력자로서의 권능을 나타내고, 엄숙한 제례와 규범화된 의례를 통해 묘역 자체를 신성한 공간으로 보이게 했다. 규모와 외형, 제사의례 모두에서 일반인의 무덤과 차별을 둠으로써 최고 권력자 자체가 이 지상의 사람들과는 다른 특별한 존재임을 알게 모르게 알렸다. 또한 이들의 무덤은 지금의 권좌가 고귀한 조상으로부터 이어져 왔다는 점을 넌지시 드러내면서 권력 승계가 순리에 따른 자연스러운 절차처럼 보이게 했다.

묘역과 최고 권력자의 신성화, 권능 표현과 권력 승계의 정당화…….묘역을 두고 행해진 이런 상징화는 최고 권력자에 대한 숭배로 이어지고 통치받는 자의 자발적인 복종을 이끌어냈다. 이렇게 해서 왕권 행사가 정당화되었고 왕가의 지배가 당연시되었다.

무덤은 죽은 자가 안치된 제의의 공간에 머물지 않고 추모하는 사람들이 모이는 사회적 장소가 되기도 한다.[6] 사람들은 무덤 앞에 엎드려 망자와 얽힌 과거를 기억하면서 모두가 하나의 공동운명체에 속해 있다는 사실을 의식하고 결속을 다진다. 차별화된 성대하고 엄숙한 무덤 의례는 자부심마저 품게 한다. 무덤은 동질성 형성에 필요한 공통의 기억을 제공하는 매개체이자 사회집단 유지와 영향력 강화를 위한 구심점이었다.

무덤의 이러한 속성은 왕릉에서 극에 이른다. 왕릉을 통해 확보된 집단 동질성과 결속력은 현재의 권력체계를 유지하는 동인이 되고, 미래에도 권력을 확보하게 하는 강력한 힘으로 작용한다. 나폴레옹이 군사를 이끌고 샤를 왕의 무덤을 찾고, 무솔리니가 아우구스투스 황제의 무덤을 되살리려 한 것도 이런 목적을 두고 행한 고도의 정치 활동이었다.

사람들이 일정한 경험을 공유하면서 집단 추억이 만들어지고, 이러한 추억과 집단의 결속력이 계속 맞물려 세대를 거치면 이는 하나의 문화양식으로 자리잡는다. 능 조성과 왕릉 의례 또한 이런 과정을 거쳐 조선시대 문화양식의 하나로 자리잡았다고 할 수 있다. 물론 백성 다수를 소외시키고 그들 백성의 땀과 눈물이 있어 가능한 지배문화의 한 양식이었지만 말이다. 능 조성과 유지는 백성을 인력으로 동원하고 조세 명목으로 거둔 물자를 계속 투입해야 가능한 통치전략이었다.

배제와 수탈이라는 그런 바탕에서야 능의 위엄이라는 왕가의 영광이 발휘될 수 있기 때문일까? 백성 다수가 국왕을 숭배하며 순종의 세월을 보낸 게 조선 사회의 추세였지만 형벌과 교화로도 조선시대 내내 일어난 능역 침범을 다 막아내지는 못했다. 능역 도벌과 훼손은 왕가를 앞세우며 조선 지배세력이 행한 상징정치의 폐단과 한계를 드러내는 역사의 증거로 남아 있다.

2장
왕의 장례, 그 화려함과 엄숙함의 그늘

스웨덴 신문기자가 본 조선 왕가의 장례 행렬

스웨덴 출신의 신문기자 아손 그렙스트는 러일전쟁을 취재하기 위해
1904년 겨울에 조선을 찾았다.[1] 그는 황제와 고관에서 무당과 농부에
이르기까지 다양한 계층의 사람을 만났는데, 그해 11월 하순에 거행된
황태자비의 장례식에 초청을 받았다. 뒷날 황태자가 순종으로 즉위하
면서 순명효황후로 추존된 황태자비의 장례였다.

그렙스트 기자는 경운궁(덕수궁)에서 시작된 이날 장례 행렬을 지켜
보면서 그 규모와 분위기에 감탄을 금치 못했다. 길가는 이미 구경꾼으
로 가득 차 있었다. 수천 명의 호위군과 등불지기가 수많은 군중의 눈
길을 받으며 행렬을 이끌었다. 성명과 작위를 적은 명정銘旌과 추모 글
을 쓴 만장, 상여를 맨 상두꾼들, 종이와 나무로 만든 대형 말들, 거기
에 수백 명에 달하는 대소 관료와 내시가 뒤따르며 화려하면서도 위엄

있는 의례를 펼쳤다.

눈앞에 전개된 한 폭의 그림 같은 장례 행렬을 나는 평생 잊지 못할 것이다. 아무리 비용이 많이 든 가면무도회라도 비할 바가 아니었다. 웅장하고 눈부셨으며, 동양의 찬란함이자 풍성함 그 자체였다. 내 눈을 믿을 수 없어 혹시 지금 꿈을 꾸고 있는 건 아닌가 하는 생각이 들었다.

―아손 그렙스트,

『조선에서I Korea: Minnen och studier fran morgonstillhetens land』

국운이 위태로운 시기에도 왕가의 위엄은 세워야 했다. 오히려 그럴 때일수록 대규모 의례를 통해 최고 권력의 건재함을 내보이고, 왕의 권위와 왕가의 존엄을 과시해야 했는지도 모른다.

왕가의 장례 행렬은 단순한 구경거리에 그치지 않았다. 국상 행렬 또한 격식을 갖추고 엄격한 질서에 따라 행해지는 철저하게 계획된 의례의 하나였으며, 능역에서의 의례 못지않은 의미와 중요성을 가졌다. 장엄하고 화려한 행렬은 백성에게 왕실의 존재 가치를 분명하게 확인시키고 최고 통치자의 위엄을 각인시켰다. 더구나 그 확인과 각인은 힘으로 강제된 것이 아니라 구경 나온 백성의 감정과 정서를 움직여 알게 모르게 받아들여지도록 하는 것이어서 그 효과가 한층 더했다.

한 인간의 종말인 죽음이 자아내는 비감과 애탄이라는 보편적 감정 아래, 위계와 신분 계층을 떠나 모두가 국가라는 공동운명체에 속하고 있다는 동질감까지 느끼도록 했다. 더구나 장례의 당사자는 감히 범접

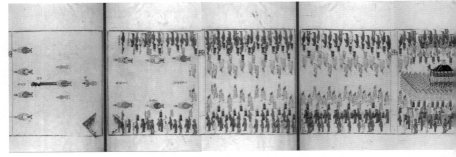

『순명비국장도감의궤』에 실린 순명효황후의 장례 상여 행렬도. (규장각한국학연구원 소장)

하기조차 힘들었던 최고 지위의 왕족이 아닌가? 국상은 흔들리는 민심을 모으고 왕가에 대한 불만과 비난의 목소리를 잦아들게 하는 계기가 될 수 있었다. 능역에서의 의례가 주로 지배세력 결속에 영향을 미쳤다면 장례 행렬은 일반 백성의 마음을 다잡고 왕조체제를 지지하게 하는 역할을 했던 것이다. 왕가의 장례는 지배질서를 강화하기 위한 권력 행위이자 권력자가 설계한 치밀한 정치적 연출이기도 했다.

이날 황태자비의 장례는 상당히 성공적인 의례 행사였던 것으로 보인다. 낯선 이국인인 그렙스트 기자까지 장례식의 장엄함을 평생 잊지 못할 것이라 했으니 말이다. 황태자비의 장례에 넋을 빼앗길 정도였는데, 하물며 최고 권력자인 군주의 국상은 어떠했겠는가? 그렇지만 이 이국인은 장례 행렬의 화려함에 눈이 쏠려 이날의 광휘와 장엄을 가능하게 한 백성의 불편과 고난은 제대로 짚어내지 못했다.

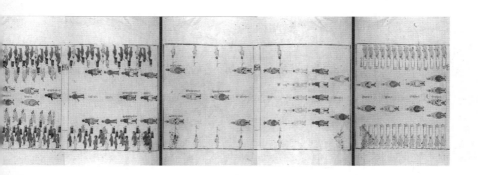

긴 도로변만이 아니라 길가에 자리한 집의 지붕에도 호기심에 가득 찬 사람들이 앉거나 서 있었다. 이들도 눈부신 흰옷을 입고 있었는데 마치 수만 명의 군대를 연상하게 했다. 오색찬란한 갖가지 색의 조화는 참으로 아름다웠다. 옻칠한 적갈색의 육중한 성문, 아이들이 입은 분홍과 연한 빨간색 저고리, 여인네들이 차려입은 장옷, 군인들의 새빨간 제복, 그리고 회색빛 도는 담과 건장한 남정네들의 눈부신 흰옷. 떠들썩한 소리와 여기저기서 들리는 탄성을 듣는 것 또한 더없이 즐거워, 마치 온갖 소리를 내는 관현악 같았다. 표현할 수 없을 만큼 사람을 압도하는 장례 행렬이었다.

－아손 그렙스트,

『조선에서I Korea: Minnen och studier fran morgonstillhetens land』

최고 권력자의 장례
- 왕가의 신성神聖, 백성의 고난

왕이 승하하면 나라 전체가 비상사태에 들어갔다. 전국에 혼례와 제사, 도살이 금지됐다. 음악이 멈추었고, 시장이 문을 닫고 뒷골목에서만 생활필수품을 팔았다. 군사들이 서울의 도성 성문과 궁궐을 에워싸고 밤낮으로 삼엄한 경계를 펼쳤다. 장례를 총괄하는 특별기구가 설치돼 관과 수의, 상복, 부장품 등 국상에 필요한 물품을 준비하고 경기도 내 지역에서 왕이 묻힐 곳을 물색했다. 나라 전체가, 온 백성이 3~5개월에 걸친 국상에 매달리는 실정이었다.

왕릉 조성은 즉위한 국왕이 행하는 첫 번째 과업으로 대규모 인력과 물자가 동원되는 국책공사였다. 봉분과 관을 안치할 3미터가 조금 넘는 무덤 속 현궁玄宮시설은 물론 석인石人과 석마, 혼유석 등 다수의 석물이 필요했다. 정자각을 중심으로 한 제향 공간에는 여러 채의 건축물을 짓고 화소와 외홍살문, 재실을 갖춘 진입 공간까지 갖추어야 했다. 수천 명에서 많게는 1만 명이 훨씬 넘는 백성이 동원돼 능역을 조성했는데, 이들은 대체로 식량을 스스로 마련해 보름씩 교대로 일했다. 1446년 봄과 여름에 걸쳐 거행된 세종의 왕비 소헌왕후의 국상에는 무려 1만5000명의 백성이 동원됐으며 사고로 죽거나 병든 사람이 속출했다.

임금(세종)이 승정원에 일렀다. "금년은 흉년이 들고 전염병마저 크게 발생했다. 장마와 가뭄으로 재해까지 이어졌으니 백성 다수를 동원하기 어려운 시기이다. 그렇지만 능역 조성 공사를 하지 않을 수 없는 실정이어서 마지못해 백성을 사역했다. 처음 대신들과 의논하면서 '관을 안치할 무덤 내부와 석실石室 외의 여러 공사는 뒷날에 하는 것이 어떻겠는가' 하고 물으니 대신들이 모두 '자식 같은 신하가 아버지 같은 군주의 일을 어찌 그리할 수 있겠습니까'라고 했다. 결국 공사를 한꺼번에 하고자 1만5000명을 사역하니, 죽은 사람이 100여 명이나 된다. 또한 다치거나 병든 사람도 적지 않으니 앞으로 사망자가 더 나오지 않으리란 보장이 없다."

　　　　　　　　　　　　—『세종실록』113권, 세종 28년(1446) 7월 5일

　왕비의 시신을 모시기 위해 무고한 백성이 능역에서 죽어나갔으니, 이는 '조선시대 순장 사건'이라 할 만하다.

　승려도 국역 수행의 하나로 능역 공사에 동원됐다. 1674년 현종의 능을 조성할 때는 전국의 승려 2650명을 징발했다. 같은 해 이뤄진, 전대 왕인 효종(재위 1649~1659)의 왕비 인선왕후 장례 때는 2200명의 승려를 동원했다. 그나마 이미 조성된 효종의 능역에 묻혀 정자각과 비각 등 부속 건물을 신축할 필요가 없어 줄어든 인원이었다. 특히 농사철에는 농부를 대신해 승려가 많이 징발됐는데, 힘든 노동을 견디지 못해 불을 지르고 도망치는 사고도 일어났다.

(효종의) 능역 조성에 부역 나온 승려들이 막사를 불태우고 도망가 우두머리 승려만 남게 됐다. (…) 이에 우의정 정치화가 임금에게 "각 도에 분부해 달아난 승려의 부모와 피붙이를 엄히 가두고 승려들은 체포해 엄중히 다스리게 하소서"라고 아뢰었다. 그러자 국상을 주관하는 총호사가 "어제 많은 승려가 추위와 괴로움을 호소했는데, 부역에 나가도록 잘 타일렀으니 우선 며칠 두고 보았다가 끝내 나타나지 않는 자는 처벌하도록 하소서"라고 아뢰었다. 이에 임금이 일렀다. "앞장서서 선동한 자를 엄히 다스리지 않으면 나라 운영이 어찌 제대로 되겠는가. 도감에서 적발해 아뢰도록 하라."

-『현종실록』 1권, 현종 즉위년(1659) 9월 2일 경신

국상 때만 능역 공사에 동원되는 것이 아니었다. 조선은 고려나 중국과 달리 능을 옮기는 천릉遷陵이 잦아 이때에도 수천 명의 백성이 노역에 시달려야 했다. 천릉을 거쳐 조성된 능이 모두 14기에 이르는데, 왕위에 오른 임금이 스물일곱 명임을 감안하면 이 천릉 공사에 따른 부담도 결코 가볍지 않았다. 더구나 농번기에 천릉을 강행하거나 중국 사신을 접대한 직후에 능을 옮기기도 해 민폐를 가중시켰다.

17세기 이후 국가 공사에 품삯을 주고 일꾼을 고용하는 모립제가 나타나면서 능역 조성에도 고용 인부를 일부 활용하기도 했다. 하지만 이 고용 인부에게 줄 품삯은 요역 의무를 진 백성이 내는 조세로 충당했으니, 백성이 능역 조성의 부담에서 벗어난 건 아니었다.

식량과 공사재료 등 물자 조달도 쉬운 일이 아니었다. 1724년 경

종 국상 때는 쌀 5000~6000석, 은 1000여 냥, 돈 2만 수천 냥, 무명 40동을 예산으로 잡았다. 정조가 승하했을 때는 쌀 6000석과 콩 366석에 돈 7만4000냥이 쓰였고, 이외에도 호조를 비롯한 각 부처에서 철 5만1700여 근과 숯 6280석을 지원해서 공사를 마칠 수 있었다.

승하한 뒤 왕릉을 조성해 안치하기까지 길게는 5개월이 걸리는데, 그동안 왕의 시신은 빈전殯殿이라 부르는 전각에 모셨다. 이 빈전에는 시신이 부패하지 않도록 특별한 시설을 마련했다.[2] 관 밑에 빙반(얼음 쟁반)을 놓고, 관 주변에는 대나무로 엮은 기구를 둘러싸고 겹겹이 얼음을 쌓아 올렸다. 대개 두께 12센티미터에 최대 사방 1.8미터에 이르는 15만 정丁의 얼음덩이가 필요했다고 한다. 그래서 왕이 질병으로 건강이 위태로울 땐 평년의 두 배 정도 되는 얼음을 미리 비축하기도 했다. 이 얼음은 겨울에 한강에서 채취해 저장고에 보관했는데, 추위와 배고픔에 떨며 얼음을 떠서 운반하는 작업은 물론 힘없는 백성이 떠맡아야 했다.

시신을 제대로 보존하기 위해서는 얼음이 녹으면서 발생하는 습기 또한 최대한 줄여야 했다. 그래서 습기를 잘 흡수하는 마른미역을 사방에 쌓아 제습제로 활용했다. 이렇게 한 번 사용하고 버리는 막대한 양의 미역은 저잣거리로 흘러 들어가 빈곤한 백성의 부식으로 쓰였다고 한다.

발인과 하관 작업에도 많은 백성이 필요했다. 국상 행렬에는 대체로 5000명에서 많게는 1만 명의 사람이 장지로 따라갔다. 태종의 국상 때는 9000여 명의 사람이 행렬을 지었으며, 인조의 원비 인열왕후 국상

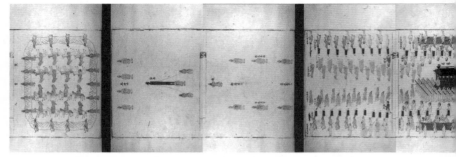

『명성황후국장도감의궤』에 실린 명성황후의 장례 상여 행렬도. (규장각한국학연구원 소장)

에는 6770여 명이 뒤따랐다. 조선시대 왕은 밤에 발인하는 경우가 많아 횃불을 든 사람만도 500명에 이를 정도였다. 상여와 가마를 메는 여사군擧士軍 2000~3000명이 필요했고, 호위하는 시위군도 많을 땐 수천 명에 달했다. 백성이 직접 눈으로 볼 수 있는 장례 행렬은 국왕의 힘과 왕실의 권위를 가늠하는 기준이 되기도 해, 영조는 무덤 속에 넣는 부장품은 줄이되 장례 행렬은 더 성대하게 하는 책략을 쓰기도 했다. 1897년에 치러진 고종의 후 명성황후 장례에는 상여를 따라가는 수행원이 4800명이었다. 고종의 측근으로 조선의 국권 회복에 협력한 호머 헐버트는 신문 기고문에서 능 조성과 장례에 100만 달러 가까운 비용이 들었고 동원된 군인과 일꾼은 9000명 정도라 했다.[3]

국상이 끝났다고 해서 백성의 부담이 없어지는 건 아니었다. 왕릉에서 지내는 제례에 필요한 비용과 인력도 상당했는데, 이 또한 결국은

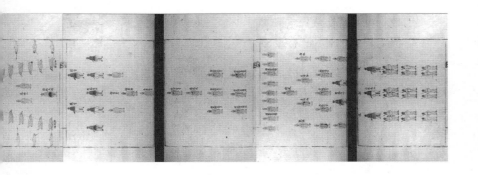

명성황후 장례 행렬(1897).

백성이 짊어져야 할 몫이었다. 왕릉 제례에는 승하일의 기제는 물론 초하루와 보름에 지내는 삭망제가 있었고, 한식과 단오, 추석, 동지 등 명절에도 제례를 올렸다. 더구나 왕릉 제례는 국왕이 직접 능을 찾아 행하는 때가 많아 다른 제례보다 물자와 인력이 더 많이 소요됐다. 태조에서 성종에 이르는 102년 동안 왕이 종묘를 직접 찾아 제례를 올린 경우는 41회였지만 왕이 친림해 거행한 왕릉 제례는 170회에 달했다.[4]

왕릉을 찾는 능행 자체가 많은 인력과 물자를 필요로 하는 국가 규모의 행사였다. 호위하는 군사와 어가를 수행하는 인력은 물론 길을 넓히고 다리를 놓는 토목공사에 드는 비용이 만만치 않았다. 1795년 정조가 수원(지금의 화성시)에 있는 생부 사도세자의 현륭원을 찾았을 때 동원된 인원은 모두 6300명 정도로 추산되며, 780필가량의 말과 10만 냥의 돈이 쓰였다고 한다. 왕이 능에 행차할 때 왕릉 지역 주변에 사는 백성의 부담과 고통은 훨씬 더했다. 능 수리는 물론 능역으로 통하는 길과 교량 공사에 수시로 동원됐으며, 때로는 능행 때 필요한 횃불과 음식물 비용까지 내야 했다.

능행 규모와 횟수를 줄이고 왕릉시설물과 제례를 간소화하려는 시도가 없지는 않았다. 대체로 신하들이 이런 의견을 제기했는데, 이들은 주로 백성의 부담을 덜어주어 민생 안정을 꾀한다는 구실을 내세웠다. 하지만 그 속내는 왕릉 의례를 통해 힘과 권위를 드러내고 왕권을 강화하려는 군주를 견제하는 데 있었다. 신하들도 지존의 위상에 어울리는 규모와 격식을 갖춘 왕릉 조성과 능행 자체를 거부하진 않았다. 지배체제 수호라는 넓은 틀에서 보면 왕과 양반 관료는 같은 길을 걷는 동지였다. 그 틀 내에서 권력 강화를 시도하고 서로를 견제하고자 했으니, 왕릉은 이를 이루는 데 유용한 정치도구였다.

국왕 장례가 끝나면 새 왕은 그동안의 공과를 따져 관료에게 상을 주거나 벌을 내렸다. 천릉 시에는 처음 능의 입지를 문제 삼아 권신을 쫓아내기도 했다. 야심만만한 관료는 능역 조성의 공로로 더 높은 권좌에 오르고자 했으며, 노회한 대신은 왕릉 의례와 규범을 새로이 마련해 왕을 압박했다.

왕릉은 권력이 작동하는 정치의 공간이었다. 하지만 권력 다툼과 욕망 추구라는 그 정치의 난장판을 떠받치는 건 결국 백성의 노동과 생산물이었다. 광휘의 장례 행렬이 연출되고, 장엄한 능이 들어서고, 엄숙한 제례 행사가 거행되고……. 그렇게 해서 만들어지는 조선 왕가의 신성과 광화光華 아래 백성의 땀과 눈물이 흘렀다.

3장
명당을 확보하라
- 왕가와 사대부 가문의 묘역 다툼

세종이 묻힌 영릉을 여주로 옮긴 사연

세종이 묻힌 영릉은 최고의 명당으로 손꼽힌다. 이 능 덕분에 조선 왕
조가 100년 더 존속할 수 있었다는 말이 나돌 정도다. 지관에 따르면,
이곳의 지세는 주위 산줄기가 꽃잎 모양으로 능을 감싸주고 있어 마치
모란이 반쯤 피어난 형상을 하고 있다.[1] 능 뒤로 빼어난 산세를 가진 주
산主山을 두었고, 좌우에는 청룡과 백호라 부르는 산이 병풍을 두른 듯
하고 혹은 봉황이 날개를 편 모습과도 같았다. 멀리 남쪽에 자리한 낮
은 산은 안산案山으로, 신하가 조아리고 군주에게 조회를 드리는 듯한
형상을 보인다.

영릉은 원래 여주가 아니라 경기도 광주의 대모산(지금의 서울시 강남
구 내곡동) 자락에 자리를 잡았다. 부왕父王 태종과 모후가 묻힌 헌릉의
서쪽 언덕 지역으로, 1446년에 세종의 왕비 소헌왕후가 이곳에 먼저

묻혔고 4년 뒤 세종이 함께 묻혀 합장릉으로 조성됐다.

그런데 1467년 세조 대에 이르러 이 영릉을 옮기는 천릉 문제가 대두된다. 사실, 조성 당시부터 영릉 터는 불길하다는 말이 나돌았다. 지관은 능에 물이 고일 수 있고, 능역 내에 있는 고개가 지맥을 끊는 형세여서 왕실에 우환이 생기고 후사가 끊어질 위험이 있다며 능 조성을 우려했다. 그런데도 세종은 아무리 길한 땅이라도 선영의 곁에 묻히는 것보다는 못하다며 헌릉 서쪽 터를 고집했다. 풍수보다 효를 우선한 선택이었던 셈이다.

그런데 지관의 판단이 터무니없는 우려만은 아니었던 것일까? 세종의 뒤를 이은 문종이 단명하고, 이후 왕위에 오른 단종은 뒷날 세조로 등극하는 수양대군에게 쫓겨나는 비극이 이어진다. 세조 때에 이르러서도 왕가에 불운이 겹치자, 영릉이 흉지여서 불상사가 끊이지 않는다는 소문이 크게 나돌았다.[2]

원주 목사 심명세가 상소했다. "처음 영릉에 장례를 지낸 뒤로 문묘(문종)의 재위가 짧았고 노산(단종)이 양위하였으며 6명의 대군大君이 잇따라 일찍 죽었습니다. 게다가 덕종(의경세자) 또한 오래 살지 못했습니다. 전해오는 소문에 따르면, 당시 많은 이가 대모산의 능(영릉)이 불길해서 그렇다고 탓했다 합니다. 그래서 마침내 능을 옮기자는 논의를 했다고 합니다."

–『인조실록』 22권, 인조 8년(1630) 2월 4일

유네스코 세계유산으로 지정된 영릉英陵.

　　왕가의 불행은 세조 대에 더욱 심해졌다. 왕위를 물려받을 맏아들 의경세자가 세조 3년(1457)에 스무 살의 나이로 죽는다. 그 뒤 세자로 책봉된 해양대군(뒷날의 예종)의 부인이 산후병으로 사망하고, 얼마 뒤 원자마저 목숨을 잃는다. 세조는 말년에 목숨까지 위협하는 극심한 피부병에 시달린다. 결국 세조는 영릉을 옮길 작정을 하고 한명회, 신숙주, 서거정 등 훈구파 대신들과 천릉 논의에 들어갔다. 풍수지리설에 따른 지침을 실행함으로써 왕가와 자신에게 미치는 화를 피해보려 한 것이다.

　　풍수지리에서는 땅에 사람의 길흉화복에 영향을 미치는 기氣가 흐른다고 보고, 이로운 생기가 흐르는 땅을 택하고 나쁜 기운이 흐르는 땅은 피하고자 한다. 성리학을 지배이념으로 삼은 조선 지배층은 이런 풍수지리에 대해 이중적인 태도를 보였다. 풍수지리설이 과도한 토목 공사를 일으키게 하고 불필요한 논쟁을 초래한다며 공격하기도 했지만 한편으론 효의 가치를 드높이고 불교를 억제하는 수단으로 삼아 지배 질서를 유지하는 방책으로 활용했다. 특히 묏자리를 잡는 음택풍수에 는 묘터의 좋고 나쁜 기운이 후손에게 영향을 끼친다는 동기감응同氣感應의 논리를 수용해 길지에 무덤을 조성하면 이로부터 조상의 음덕을 입을 수 있고 그렇지 않으면 화를 당한다는 생각을 가졌다. 성리학을 정립한 중국의 정이程頤와 주희朱熹가 풍수사상을 일정 부분 받아들였 다는 사실은 조선 지배층이 이 음택풍수를 어렵지 않게 수용하는 요 인으로 작용했다.

원주 목사 심명세가 상소했다. "송나라 효종의 장례 때 관리가 속설을 잘못 적용해 물이 솟는 땅을 잡아 쓰자 주희가 두 번이나 상소를 올려 황릉을 옮기자고 강력히 청했습니다. 하지만 한탁주 등이 요망한 말이라 고 배척하고 학자인 채원정 등을 귀양보냈습니다. 그런데 그 뒤 영종 때 종묘 제사가 끊겼고 송나라의 운세도 길게 지속하지 못했습니다. 이를 보건대 풍수설 또한 하나의 도道가 될 수도 있으며, 이러한 성현의 견해 또한 결코 거짓되거나 미덥지 못한 것은 아닙니다. 대체로 사대부 집안 에서도 엄밀하게 자리를 가려 혹시라도 처음에 살피지 못해 물이 솟는 불상사가 생기면 반드시 묘를 옮길 작정을 하고 기어이 온전한 묘지를 조성하려 합니다."

－『인조실록』 22권, 인조 8년(1630) 2월 4일

세조 또한 이런 풍수지리에 따라 영릉 천릉을 밀어붙여 한때 지관이
여주에 길한 터가 있다며 지형도를 올리기도 했다. 하지만 "천릉은 복
을 얻기 위함인데 왕위에 오른 군주가 무엇을 더 바라겠느냐"는 서거정
을 비롯한 일부 신하의 반대로 즉시 실행하지는 못했으며, 1468년 세
조가 승하하면서 영릉 천릉은 수면 아래로 가라앉는다.

세조의 뒤를 이은 예종이 즉위하면서 천릉이 다시 논의됐다. 광주와
고양, 양주, 여주 등 도성 주변의 여러 명당이 후보지로 올랐는데, 여주
의 묘터로 의견이 모였다. 그런데 이곳에는 세조 때 우의정을 지낸 이
인손과 경기 관찰사를 역임한 이계전의 묘가 이미 자리를 잡고 있었다.
그런데도 예종은 이곳으로 영릉을 옮기기로 한다. 새 능역 선정에 대한
대세는 이미 굳어진 터, 이계전과 이인손 집안의 자손들은 묘지를 내
줄 수밖에 없는 상황이었다. 예종이 즉위한 이듬해 영릉은 광주의 대모
산에서 지금의 여주로 옮겨졌다.

왕가의 명당 침탈과 사대부 가문의 대응

왕릉 터로 선정되면 권세 있는 사대부 가문이라도 집안의 묘지를 내주
어야 했다. 사대부 집안의 묏자리를 왕릉 터로 사용해도 되는지에 대한

논란이 없지는 않았지만 대체로 최고 권력자의 의지가 반영되기 마련이었다.

힘으로 왕위를 빼앗은 세조는 죽어서도 남의 묏자리를 빼앗는 탈취의 운명을 가진 군주였다. 경기도 남양주에 있는 세조의 무덤인 광릉 자리는 원래 세종 시기에 대사헌과 형조판서를 지낸 정흠지의 묘였다. 정흠지의 아들 정창손은 세조의 등극을 도와 공신에 오르고 영의정까지 지냈지만 아버지의 묘지를 지킬 수 없었다. 왕릉 터로 결정되자 아버지를 비롯한 조상의 묘 8기를 이장해야 했다.

인조와 원비인 인열왕후가 묻힌 장릉 또한 한성부윤을 지낸 사대부의 묏자리를 파내고 들어섰다. 이뿐만 아니라 인열왕후가 먼저 승하해 능역을 마련하면서 이 구역 내에 있는 백성의 무덤 수백 기를 이장하도록 한다. 왕실은 백성의 노동과 물자 생산 덕분에 생전에 풍요를 누리고 권능을 유지했는데, 죽어서도 대대로 권위를 유지하기 위해 백성의 한 뼘 안식처를 차지한 것이다.

> 새 능(인열왕후의 능)의 구역 안에 있던 오래된 무덤 756기를 다른 곳으로 옮겼다. 주인이 있는 무덤이 89기, 주인이 없는 무덤이 667기였다. 썩은 뼈를 거두어 묻어주라고 명했다.
>
> ―『인조실록』 32권, 인조 14년(1636) 2월 19일

일반 백성이야 아무 말 없이 왕가에 묘지를 내줄 수밖에 없는 처지였지만 권세를 휘두르는 양반 관료들은 가문의 묘지를 지키기 위해 나

름의 방안을 강구했다. 국상의 장지는 국왕이 최종적으로 결정하는데, 그 전에 지관의 의견을 구하고 대신들과 논의를 거치는 게 관행이었다. 사대부들은 지관의 의견을 앞세워 장지에 대한 의사를 상당히 활발하게 개진했으며, 집안 묘지를 내어줄 형편에 처한 사대부는 이 논의 마당을 적절히 활용했다. 집안 묘지가 있는 곳이 풍수지리에서 보면 왕릉 터로는 적합하지 않다는 의견을 제시하거나, 아니면 유명한 지관의 입을 빌려 다른 터를 적극적으로 추천하는 방식이었다.

선조의 원비 의인왕후의 능을 조성하는 과정에서 이러한 면을 어렵지 않게 살펴볼 수 있다. 의인왕후 박씨의 장례는 국장 기간인 5개월을 넘겨 국가 의례 규범을 어긴 예외적인 경우인데, 이는 능역을 선정하는 데 너무 많은 시간을 소요한 탓이었다.

선조 33년인 1600년에 의인왕후가 승하하자 능역 후보지로 오른 곳은 경기도 내의 29곳이었다. 그중 태조의 능인 건원릉과 세조의 능인 광릉 지역을 제외한 곳은 모두 사대부 가문의 묘지가 이미 자리를 잡고 있었다. 최적의 장소를 찾으려는 국왕 선조와 집안 묘지를 내놓지 않으려는 대신들이 서로의 풍수 이론과 논리를 내세우며 능역 선정 작업에 들어갔다.[3] 명당 찾기는 내로라하는 조선의 지관은 물론 중국 지관까지 데려와 의사를 관철하려 할 정도로 가열된 양상을 보였다. 왕릉 터 선정에 조선 역사상 처음으로 중국인 지관이 동원됐는데, 마침 유명한 중국인 지관이 조선에 체류하고 있으니 의견을 한번 구해보자는 데서 시작했지만 특정 가문과 연계된 국내 지관의 주장에 맞서려는 의도가 다분한 선택이었다. 능역 선정 작업은 정보전이자 두뇌 싸움의 양상을 띠고 치열하게 전개되는 세력 다툼이기도 했다.

후보지 곳곳을 살펴본 뒤, 중국 지관이 지지를 표명한 포천의 신평 지역이 최종 후보지에 올랐다. 조선 지관과 대신 일부가 불가론을 펼쳤지만 사대부의 간섭을 받는 조선 지관보다 중국 지관의 의견을 더 신뢰한 선조는 신평을 장지로 결정했다. 그렇게 해서 능역 공사가 시작됐다. 그런데 40여 일 뒤, 능역 조성은 새로운 국면을 맞는다. 신평 지역이 능역으로 적합하지 않다는 상소가 올라오면서 공사가 전면 중단됐다.

> 참봉을 지낸 박자우가 상소했다. "이른바 기氣가 모인다는 것은 산세가 모여들고 청룡과 백호가 묘역의 혈穴을 호위해준다는 뜻입니다. 기가 흩어진다는 것은 산형山形이 등을 돌리고 달아나며 청룡과 백호가 정情이 없는 실상을 이릅니다. 지금 나라에서 잡아놓은 혈은 청룡이 밖으로 달아나 정이 없으니, 이는 매우 불길한 땅입니다."
>
> ―『선조실록』 128권, 선조 33년(1600) 8월 29일

신평이 "불길한 땅", 곧 흉지凶地라는 말에 조정 분위기는 급변했다. 국상 의식을 주관하는 총호사總護使까지 나서서 신평 지역이 꺼려진다며 재검토를 요청할 정도였다.

총호사 이헌국이 임금에게 아뢰었다 "이번 국장國葬의 공역을 반도 더 넘게 마쳤는데 불행히도 자우의 상소가 올라와 여러 지관이 시비를 다

의인왕후의 능인 목릉. 구리시 동구릉 내에 있다.

투고 있습니다. 대신들이 토의를 해도 풍수설에 능통하지 못하니 어느
설이 옳은지 단정하기 어렵습니다. 실로 중차대한 국장의 묏자리를 두고
불길하다는 말이 있으면 신하로서 어찌 차마 소홀히 여길 수 있겠습니
까. 묏자리를 다른 곳으로 바꾸어 잡아 만세지택萬世之宅이 되게 하신다
면 매우 다행이겠습니다."

－『선조실록』 129권 선조 33년(1600) 9월 3일

의견을 바꾼 신하들의 속내에는 뒷날 왕실에 우환이 생기면 이때의
장지 결정이 그 원인이었다는 비난을 받을 수도 있다는 우려가 농후했

다. 선조 또한 여러 신하의 반대까지 무릅쓰고 "불길한 땅"이라는 신평을 선택할 의사가 그렇게 굳지는 않았다. 왕릉 조성에 관한 논의는 처음으로 돌아갔다. 선조는 후보지로 올랐던 사대부가의 묘지 중에서 적합한 곳을 다시 검토하라고 일렀다.

> 임금이 일렀다. "관상감 지관을 시켜 사대부 집안의 이름난 묘소를 조사하게 하고 그 결과를 보고하게 하라. 좋은 묏자리가 있다 해도 이들이 숨길 가능성이 없지 않지만 묏자리란 끝까지 숨길 수 없는 것이다. 숨겼다가 뒷날 드러날 때는 의금부에 내려 엄하게 다스리겠다는 명을 지관에게 알리고 맡은 임무를 다하도록 하라."
>
> ─『선조실록』129권, 선조 33년(1600) 9월 14일

포천과 교하, 양주 지역에 있는 묘지가 물망에 올랐지만 의견이 일치하는 곳이 좀체 나오지 않았다. 한 사대부가의 묘지가 후보지로 추천되면 그에 대한 지관의 반대 의견이나 이의를 제기하는 상소가 잇따랐다. 한 가문이 권세를 이용해 집안의 묘지를 능역 후보지에서 아예 제외시켰다는 상소가 올라가면 그 가문이 속한 당파의 대신들이 나서서 무고하다며 맞대응을 했다. 이렇게 해서 능역이 결정되지 못하고 국장 기간인 5개월을 넘기고 말았다.

이제 후보지로 남은 곳은 선대왕의 능역뿐이었다. 광릉보다 건원릉이 더 적합하다는 데 대신들의 견해가 일치하면서 결국 의인왕후의 능은 건원릉 지역으로 결정됐다. 그동안 5개월에 걸쳐 검토한 후보지는

모두 문제가 있다는 의견을 앞장서 드러냈지만 건원릉 지역에 대해서는 누구도 이의를 제기하지 않았다. 왕과 대신의 갈등, 또한 대신들 간의 맞대응 양상으로 진행된 풍수논쟁은 결국 대신들의 승리로 끝을 맺었다. 풍수이론을 동원하고 능역의 집단화를 시도함으로써 사대부들은 가문의 묘역을 지켜낼 수 있었다.

의인왕후의 능이 조영되기 전, 건원릉 지역에는 문종과 왕비 현덕왕후가 묻힌 현릉만 들어서 있었다. 그 뒤 대략 150년 동안 왕실 묘역으로 사용되지 않던 곳인데, 의인왕후의 능이 마련되고 후대에 능이 계속 들어서 지금의 동구릉이라는 집단 능역이 조성됐다. 이처럼 17세기 이후인 조선 후기에 조영된 왕릉은 인조와 경종을 제외하면 모두 기존 능역에 마련돼, 개별 능역을 확보해 능을 조성한 조선 전기 추세와는 다른 양상을 보여준다. 이는 선조 이후에도 사대부들이 기존 능역에 새 능을 마련하는 전략으로 왕가의 묘역 침탈에 대응해나갔음을 알려준다.

4장
능에 감도는 평화는 거짓이다
- 왕릉 너머의 암투

영릉을 여주로 옮긴 또 다른 사연
- 정국 전환과 권력 기반 확대

능은 왕가의 권위를 드러내는 상징 경관으로 드러나지만 입지 선정과
조성 과정을 면밀히 들여다보면 거기에는 권력을 추구하고 이익을 성
취하는 데 따른 갈등이 복잡한 양상으로 얽혀 있다. 왕권과 신권臣權이
경합하고, 신하들 간에 세력 경쟁이 벌어지고, 왕실 내부의 주도권 다
툼이 어지럽다. 능을 둘러싼 이러한 정치세력 간의 힘겨루기는 대개 풍
수 논쟁이라는 모양새로 드러나기 일쑤여서, 풍수 이론과 논리가 정치
책략을 관철하기 위한 수단으로 변질됐다. 외피는 풍수 논쟁을 띠고 있
지만 실상은 이익과 욕망 충족을 위한 권력투쟁과 다름없으니, 풍수지
리는 정치 책략을 합리화하고 정당화하는 이데올로기로 작동하고 있
었다.

풍수 문제로 옮겼다는 영릉 또한 이런 시각으로 다시 살펴볼 필요가 있다. 즉위한 예종이 영릉의 천릉 의사를 밝힌 1468년을 전후한 시기는 거듭된 정변으로 정치권과 사회가 극히 혼란한 때였다. 함경도의 호족 이시애가 반란을 일으켰으며, 이 난을 평정하는 데 공을 세운 남이를 비롯한 신진세력이 한명회를 중심으로 한 훈구세력과 대립하는 양상을 보였다. 얼마 지나지 않아 남이가 역모 주동자로 몰려 처형되고 신진세력 또한 대규모 숙청을 당하면서 정국은 더욱 경색됐다. 민심이 흔들리고 정치권에 대한 비난 여론이 만만치 않았다. 이시애의 난 이후 위기에 몰렸다 남이의 옥사를 계기로 신진세력을 축출하고 정권을 다시 잡은 훈구파는 정국을 전환하고 혼란을 수습할 정책 추진이 시급한 상황이었다.

이러한 시기에 세조 때 논의된 영릉을 옮기자는 사안이 다시 대두하고 있었으니, 훈구파에겐 이제 천릉이 정국 안정과 민심 수습을 위한 방책이 될 수 있을 터였다.[1] 실제로 훈구파는 천릉 작업에 적극적이었다. 세조 때 천릉을 반대한 서거정조차 이번엔 새 왕릉 터를 물색하는 데 진력하는 모습을 보이며 이전의 입장을 바꾼다.

호조 판서 노사신, 예조 판서 임원준, 한성부윤 서거정 등이 여주에 가서 영릉을 옮길 땅을 가려서 정했다.[2] 그 결과를 보고하니, 임금이 보경당에 나아가 이들 대신에게 술자리를 베풀었다.

—『예종실록』 2권, 예종 즉위년(1468) 12월 26일

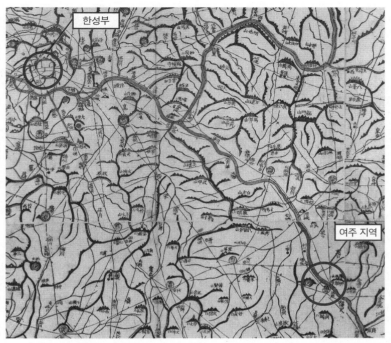

영릉이 있는 여주 지역은 직선거리로 잡아도 한성부 외곽에서 약 150리(약 60킬로미터)에 이른다.
지도는 『대동여지도』의 한성부와 경기도 부분. (규장각한국학연구원 소장)

능이 들어선 여주의 위치도 눈여겨봐야 한다. 영릉은 "도성 10리 밖에서 100리 안에 조성해야 한다"는 경국대전의 기준을 어기고 100리가 넘는 먼 곳에 위치해 있다. 국법을 어기고, 게다가 거리가 멀어 능행과 관리가 어려울 수밖에 없는 여주로 굳이 능을 옮기려 했던 이유가 온전히 풍수지리 때문이었을까? 권세가가 자신의 영향력 확대를 위해 새 왕릉을 조성할 자리를 여주로 밀어붙인 것은 아닐까?

이와 관련해 영릉이 들어선 여주 지역과 훈구파를 이끌었던 한명회와의 관계를 살펴볼 필요가 있다. 여주는 한명회의 부인인 여흥 민씨의 본향이었으며, 여주 출신 인물을 세조에게 천거할 정도로 한명회는 여주의 유력자와도 인맥으로 얽혀 있었다. 여주 지역은 한명회가 세력을 강화할 수 있는 새로운 근거지가 될 가능성이 크게 열려 있는 상태였다.

능을 조성하면 그 지역은 행정구역이 승격되고 경제적인 면에서도 변화가 뒤따른다. 관료와 군사가 상주하고, 제례를 위한 공물이 유입되며 나라의 하사품이 내려진다. 능역 조성을 위한 대규모 공사가 진행되고, 이후에도 보수 공사가 끊이지 않아 물품을 착복하고 이권을 챙길 기회가 그만큼 많아진다. 실제로 한명회의 처조카인 민혜閔憓가 능역 공사를 감독했으며, 이때 면포를 받고 역을 면제시켰다는 혐의를 받기도 했다.

대사헌 송문림이 임금에게 아뢰었다. "민혜는 천릉도감 낭관으로 역군에게서 면포를 착취했는데 권세를 등에 업고 범죄 추궁과 조사조차 받지 않았습니다. 이처럼 기강이 서지 않고 상벌이 제대로 시행되지 않으니 전하의 아름답고 밝은 정치가 점차 기울어 처음과 같지 못하다고 한 것입니다."

-『예종실록』 4권, 예종 1년(1469) 3월 12일

천릉 뒤 여주에 대한 한명회의 영향력은 더욱 커졌던 것으로 보인다. 수하를 부려 여주 지역에서 사채로 재물을 모으고 주민을 옥죄었으며, 옛 관아 건물을 차지하는 권세를 휘두른다.

영릉을 여주로 옮길 때 천녕현은 여주에서 45리나 되는 먼 곳에 위치해 있었다. 그런데 권신 한명회가 "닭과 개 소리가 서로 들릴 정도로 가깝다"고 아뢰어 천녕현을 혁파해 여주에 소속시켰다. 한명회는 이후 천녕현 관아 자리와 건물 130칸을 점유해 자신의 농장 운영에 필요한 건물로 삼았다. 이 때문에 천녕현에 속했던 아전과 관노비는 모두 여주에서 부리게 되니, 이들은 아침저녁으로 40리가 넘는 천녕까지 왕래하며 일해야 해서 매우 힘들어했다. 큰비가 오면 여주와 천녕을 오가는 길 중간에 있는 강이 넘쳐 배조차 띄울 수 없는 실정인데도, 처벌이 두려워 일하러 강을 헤엄쳐가다가 빠져 죽은 사람이 10여 년 동안에 22명이나 됐다.

-『중종실록』 17권, 중종 7년(1512) 10월 15일

국왕은 무엇보다 왕실의 우환을 막기 위한 방책으로 풍수에 기대어 여주로 능을 옮겼겠지만 권신들은 정국을 자신들에게 유리한 방향으로 전환하고 세력을 확대하는 방안으로 천릉을 활용했다. 천릉은 국왕

의 의지와 권신이 이끄는 정치세력의 의도가 부합돼야 가능한 국가정책이었다.

왕릉을 둘러싼 권력투쟁
- 국왕파와 송시열이 주도한 서인세력의 갈등

세종이 묻힌 영릉英陵과 인접한 산자락에는 대략 700미터 거리를 두고 또 다른 영릉寧陵이 들어서 있다. 병자전쟁(병자호란) 때 청나라에 끌려가 수모를 당하고, 이후 왕위에 오른 뒤 북벌정책을 기치로 부국강병을 꾀했던 효종의 능이다. 이 영릉 또한 1673년에 천릉을 거쳐 조성된 능으로, 애초의 영릉은 건원릉 서쪽 산줄기에 자리잡고 있었다. 지금의 구리시에 있는 동구릉 지역이었다.

천릉 여부를 두고 논란이 있었던 효종 영릉은 처음 능을 마련할 때부터 왕릉 터 선정을 두고 왕과 정치세력 간에 치열한 힘겨루기가 펼쳐졌다. 크게 보면, 국왕 현종과 이를 지지하는 신하, 거기에 남인세력 일부가 한편에 서고 송시열을 중심으로 한 서인 계열이 이에 맞서는 구도였다.

1659년 효종이 승하하자 경기도 내 20여 곳의 묘터가 후보지로 선정됐는데, 수원과 여주가 최종 경합을 벌였다.[3] 수원 향교 뒤편은 광해군 때 선조의 능역 후보지로 결정됐다가 민가를 옮기는 문제로 무산된 적이 있었다. 세종의 능에 인접한 여주 후보지는 인조의 원비 인열왕후의 능 자리로 거론되다 거리가 멀다는 이유로 꺼린 곳이었다.

현종 또한 여주가 도성에서 너무 멀다며 수원 지역의 후보지를 원했다. 판중추부사 송시열은 길지를 구할 때는 거리에 구애받지 않아야 한다며 이런 국왕에 맞선다. 수원이 군사 요충지임을 상기시키며 언젠가 국방을 위한 요새가 될 것이고, 또한 민가를 옮기고 농토를 포기해야 하는 어려움이 있다는 점을 들어 여주 지역을 종용했다.

하지만 현종은 능 자리를 수원으로 정하고 공사를 시작하도록 했다. 그러자 송시열과 송준길을 앞세운 서인은 상소를 올리고 왕을 면대하며 강력한 반대 기류를 조성했다. 현종은 이에 굴하지 않고 수원 후보지를 계속 고집했는데, 여기에는 예조 판서 윤강과 남인의 거두 윤선도 등 수원 후보지를 찬성하는 이들의 지지가 큰 역할을 했다. 서인의 반대가 기세를 더해가자 현종은 능역 공사를 추진하면서 한편으론 서인이 절충안으로 내놓은 제3의 장소인 건원릉 지역을 일단 살피게 하는 이중전략을 구사하며 한시라도 빨리 수원 후보지를 기정사실로 못 박으려 했다.

임금이 "선대왕이 생전에 산릉을 정해두려 하시면서도 여주는 너무 멀다고 하셨다. 그러니 자손 된 도리로서 그곳은 쓰기가 어려울 것 같다"라고 일렀다. 그러자 송시열이 "건원릉이 있는 여러 산등성이 중에도 쓸 만한 곳이 틀림없이 있을 것"이라고 누차 아뢰었다. 임금이 이번엔 좌의정 심지원에게 "그곳 산등성이들을 경이 두루 살펴보지 않았던가?"라고 물으니, 심지원이 답하기를 "신이 두루 살펴보았으나 쓸 만한 곳이 없었

여주시에 있는 효종의 능인 영릉寧陵.

습니다"라고 하였다.

－『현종실록』 1권, 현종 즉위년(1659) 6월 19일

서인세력의 주장은 먼 곳이 불가하다면 기존 능역이 조성된 건원릉 산줄기에라도 효종의 능을 마련하자는 입장이었다. 이는 선조 이후 가시화된 집단 능역 조성 추세를 반영하는 사례로, 사대부 가문에서 알게 모르게 추진한 집단 능역 강화 방책과 맞물려 있었다.

현종의 이중전략은 서인의 이런 절충안에 비해 지지 기반이 약했다. 서인의 기세가 더해가고 좌의정을 비롯한 지지세력 일부가 입장을 바꿔

서인의 주장에 동조하면서 현종은 압박을 견디기 어려운 지경에 이른다. 결국 현종은 서인이 제시한 건원릉 지역에 효종의 장지를 마련하게 한다. 두 달에 걸쳐 행해진 왕릉 터 선정 논란은, 한발 물러나긴 했지만 송시열이 이끄는 서인세력이 우위에 서는 양상으로 단락을 맺었다.

그런데 효종 영릉을 두고 벌어진 정치세력 간의 다툼은 이게 끝이 아니었다. 능역을 조성한 지 1년이 채 지나지 않아 능에 이상이 생기면서 갈등이 다시 표면화된다. 봉분을 보호하기 위해 둘러 세운 병풍석 연결 부위에 틈이 생기고, 그 주위에 울타리처럼 둘러놓은 난간석 일부까지 기울어져 틈이 벌어졌다. 정자각 지붕의 기와에 바른 석회도 군데군데 벗겨져 나간 상태였다. 부실 공사라는 비난이 일면서 현장책임자를 처벌하는 문책이 뒤따랐지만 이후에도 계속 문제가 발생했다.

건원릉 지역에 능 조성을 반대했던 국왕과 신하들의 주장에 뒤늦게 힘이 실렸다. 능을 옮기자는 논의가 나올 분위기가 잡혀갔다. 하지만 서인세력은 그냥 물러나지는 않았다. 현실을 부정할 수 없는 처지에 몰렸지만 오히려 부실 공사 사실을 인정하고 대책을 적극적으로 제시하며 위기를 넘기려 했다. 시설물을 보수하는 선에서 사태를 막고, 능을 옮기자는 의견은 철저히 차단하자는 전략이었다. 능이 자리한 장소 자체는 명당이라는 자신들의 처음 주장이 그르지 않았음을 재차 보이고자 했던 것이다.

송준길이 임금에게 아뢰었다. "신이 제사를 지낸 뒤에 능을 살펴보았는데 석물들이 매우 염려되었습니다. 개수하지 않을 수 없는 상태인데 일이 매우 중대하니 마땅히 대신에게 문의하여 처리하소서. 신이 풍수지리에 대해서 잘 알지 못하나 산등성이에 올라 능을 살펴보았습니다. 밝은 빛이 골고루 들어 개운하고 깨끗한 곳이었습니다. 그뿐만 아니라 선대의 능과 함께 한곳에 있으니 인정과 도리 면에서도 역시 좋아 보였습니다. 혹 지관 무리가 능을 옮기자고 청하면 이는 실로 망령된 말이니 일절 받아들이지 않는 것이 옳습니다."

-『현종실록』16권, 현종 10년(1669) 3월 11일

영릉 천릉이 실현된다는 건 건원릉 지역으로 능 조성을 밀어붙인 서인의 주장이 잘못되었다는 사실을 시인하는 것이나 마찬가지였다. 세력 확장을 위한 명분을 지키는 것은 물론 이제는 위신을 살리기 위해서라도 천릉만은 막아야 했다. 하지만 봉분 주변에 물까지 잘 빠지지 않아 보수로는 더는 능을 보전하지 못할 지경에 이르자 천릉 논의가 탄력을 받았다. 현종은 서인세력의 개축 의견을 물리치고 효종이 승하한 지 14년이 되는 1673년에 천릉을 단행했다. 이번엔 국왕이 자신의 의지를 관철하며 군주로서의 힘을 보인 것이다.

그런데 새 왕릉 터는 수원이 아니라 송시열이 처음 주장했던 여주였다. 또한 송시열의 주장에 따라, 천릉 논의를 일으킨 계기가 된 병풍석을 새 능에는 설치하지 않았다. 12지신이나 꽃무늬를 새긴 병풍석은 봉분 보전은 물론 위엄을 살려 왕릉의 권위를 높이는 석물이기도 했다. 영릉 천릉에 송시열의 의사가 일부 반영된 것으로 미루어 볼 때, 서인세력을 제압할 정도로 국왕이 힘이 강해지지는 않았던 것이다.

효종의 영릉 천릉 이후, 새로 조성되는 왕릉에는 송시열 계열의 입장이 반영돼 병풍석이 설치되지 않았다. 그러다 국왕의 힘이 비교적 강해지는 18세기에 가서야 비로소 부활한다. 영조는 1731년에 인조(재위 1623~1649)의 능을 옮기면서 이전보다 크고 정교한 병풍석을 마련한다. 뒤이은 정조 또한 생부 사도세자의 묘인 영우원永祐園을 수원(지금의 경기도 화성 지역)으로 옮기면서 봉분에 병풍석을 두른다. 능에 권위를 더하는 병풍석 설치를 통해 최고 권력의 정통성을 확인시키고 군주의 힘과 위상을 과시한 정치적 포석이었다.

5장
왕릉과 묘, 혹은 왕과 백성

능에서 묘로, 묘에서 다시 능으로
– 정계를 재편하라

연산군을 몰아내고 왕위에 오른 중종(재위 1506~1544)은 왕권 강화의
수단으로 능을 효과적으로 활용한 대표적인 군주다. 그는 폐위된 왕후
의 복위와 천릉을 기회로 삼아 자신에게 유리하게 정계를 재편하고 정
치적 기반을 확대해나갔다.

중종 7년인 1512년, 경연 자리에서 단종의 생모이자 문종의 왕비인
현덕왕후를 복위하고 그 묘를 능으로 격상시키자는 의견이 다시 제기
됐다.[1] 경연청에 속한 한 검토관이 문종을 홀로 종묘에 모셔두는 것은
후손의 도리가 아니라며 효의 가치를 들어 복위 목소리를 높였다.

1441년 단종을 낳고 3일 만에 사망한 현덕왕후는 1450년 문종이
즉위한 뒤 왕후로 추존됐다. 하지만 그것도 잠시, 문종이 재위 2년 만

에 승하하고 어린 단종이 왕위에 오르면서 현덕왕후는 죽어서도 비운을 맞아야 했다. 1455년 단종의 작은아버지 수양대군이 단종을 쫓아내고 왕위에 오르자 이듬해 성삼문, 백팽년 등 사육신이 단종을 복위시키려는 거사를 일으킨다. 그런데 현덕왕후의 친정이 이 복위 사건에 연루돼 어머니와 동생이 사형을 당하고 아버지는 양반에서 평민으로 신분이 내려앉는다. 1457년엔 단종이 상왕 신분에서 노산군魯山君으로 강등돼 강원도 영월 청령포로 유배된다. 권력의 무자비함은 여기서 그치지 않았으니, 숙청의 여파가 이미 죽은 현덕왕후의 능에까지 미쳤다.

> 의정부에서 임금에게 아뢰었다. "노산군은 종사에 죄를 지어 이미 군君으로 강봉했습니다. 그런데 그 어미는 아직도 지위와 관위官位를 보존하고 있으니, 이는 이치상 옳지 않은 처사입니다. 청컨대 폐하여 일반 백성으로 신분을 낮추고 그것에 맞게 능도 옮기도록 하소서." 그러자 왕이 그대로 따랐다.
>
> —『세조실록』8권, 세조 3년(1457) 6월 26일

왕후 신분을 폐하고 신위를 종묘에서 축출했다. 경기도 안산에 있는 능마저 파헤쳐 유해를 바닷가 지역으로 이장했다. 그렇게 현덕왕후는 왕비의 능에서 일반 백성의 묘로 잠들게 됐다.

그런데 세조 사후, 사림세력이 등장하고 왕도정치가 통치의 명분으로 회복되는 정치계의 흐름 속에서 현덕왕후의 예우에 대한 논의가 나오기 시작한다. 중종 이전인 성종(재위 1469~1494)과 연산군(재위

구리시 동구릉 내에 있는 현덕왕후의 능(오른쪽)과 문종(왼쪽)의 능. 현릉이라 부른다.

1494~1506) 시기에 재야 학자들이 현덕왕후를 복위하자는 목소리를 냈다. 하지만 아직은 일렀던 것일까. 복위 논의가 사화와 연관되면서 오히려 사림이 큰 화를 입는다.

중종 시기의 복위 추진도 그리 쉽지는 않았다. 사림파 인물이 찬성하고 훈구파가 반대하는 구도 아래, 복위를 찬성하는 이들이 점차 늘어났지만 결정은 미뤄지고 있었다. 복위 문제는 의외의 사건이 일어나면서 전환점을 맞는다. 검토관이 복위를 주장한 이듬해에 종묘의 소나무 두 그루가 벼락을 맞자, 천변은 우연히 일어나지 않는다며 임금이 신하들에게 이에 대해 마음에 품고 있는 바를 말하라고 한다. 그러자 이 불상사가 왕후의 신위 없이 문종 홀로 제사를 받게 돼 발생한 재앙이라는 말이 나왔다.

호조 판서 장순손이 임금에게 아뢰었다. "오늘 제례에서 상(임금)께서 보
셨거니와 문종께서만 홀로 제향을 받고 있으니 어찌 상의 마음이 평안
하겠습니까. 분명히 지적할 순 없지만 이도 재앙을 부를 수 있습니다."
그러자 영중추부사 김응기가 아뢰었다. "전에 현덕왕후 복위를 의논할
때, 폐위된 지 이미 오래고 선대에서도 복위하지 못한 일이라 난처한 일
이 생길까 염려돼 부당하다고 의논드렸습니다. 그런데 지금 보니 천리天
理와 인정人情에 비추어 복위함이 지당하며 이전의 의논은 잘못이었습
니다." (…) 형조 판서 박열은 "지금 종묘에 천변이 있음은 필시 하늘이
소릉(현덕왕후의 능)을 복위하라는 뜻이라 생각됩니다"라고 아뢰었다.

　　　　　　　　　　　　　－『중종실록』 18권, 중종 8년(1513) 3월 2일

복위를 반대하던 신하 대부분이 찬성하는 쪽으로 돌아섰다. 중종은
현덕왕후 복위를 단행했다. 종묘에 신주를 모시고, 안산에 있던 묘를
능으로 격상시켜 문종이 묻힌 현릉 내 동쪽 능선으로 옮겼다. 지금의
구리에 있는 동구릉 지역이었다.

겉으로 드러난 현덕왕후 복위와 천릉의 계기는 자연재해로 보이지
만 속내를 보면 효의 가치와 의리를 앞세운 신진 사림의 지속적인 청원
과 중종의 정계 재편 의지가 만나 이뤄진 결과였다. 정변으로 즉위한
중종은 공신을 견제하며 자신을 지지할 세력이 필요했고, 신진 사림은
도학정치와 의리 명분을 앞세우며 정계에 진출하고자 했다. 현덕왕후의

복위와 천릉 문제는 이 두 정치세력이 결합할 수 있는 실질적인 계기가 됐다. 이후 중종은 사림을 적극적으로 등용하며 나름 국왕의 입지를 넓히려 했고, 사림은 개혁정치의 명분 아래 자신들의 시대를 열어가고자 했다.

단종 애사哀史와 백성의 애사

다른 한편으로 보면, 현덕왕후의 복위와 천릉은 세조의 등극이 잘못된 정치임을 인정하는 셈이었다. 단종을 쫓아내고 쿠데타로 왕위에 오른 세조의 정치 행태는 유교 정치이념에 어긋나는 행위임이 분명했다. 효와 충, 도리와 의리, 덕치와 예치 등의 유교이념을 구실로 신분제에 기반을 둔 지배질서를 유지하려 한 조선 지배층에게 무력에 의한 단종 폐위와 세조 등극은 반드시 정리해야 할 과거사였다. 백성에게는 충과 도리를 종용하는 조선 지배층이 정작 이를 어긴 권력자들의 처사를 그대로 방치한다는 것은 이율배반이자 유교이념을 내세운 통치가 위선임을 자인하는 것이나 마찬가지였다.

그래서 언젠가는 축출된 왕의 신위를 종묘에 다시 모시고 백성의 무덤처럼 초라하게 내버려둔 묘를 위엄과 권위가 서린 능으로 되돌려놓아야 하는 처지였다. 왕위 찬탈로부터 60여 년이 흐른 중종 시기에 단종 예우에 대한 논의가 조심스럽게 일어난다. 1516년 중종은 세조의 왕위 찬탈 이후 금기시된 인물인 단종의 묘를 찾아내 제사 지내게 함으

강원도 영월군에 있는 단종의 능인 장릉莊陵.

로써 단종 복위의 물꼬를 열었다.

단종은 영월로 유폐된 뒤 다시 복위 사건이 터지면서 유배 4개월 만에 죽음을 맞았다. 『세조실록』에는 처분이 두려워 스스로 목을 매 자살했다고 기록돼 있지만 240여 년 뒤 『숙종실록』에는 세조가 사약을 내렸음을 넌지시 밝히고 있다.

임금(세조)이 명하여 송현수(단종의 장인)는 교형에 처하고, 나머지는 논하지 말도록 했다. 다시 이영 등의 금방禁防을 청하니 이를 윤허하였다. 노산군(단종)이 이를 듣고 목을 매어서 졸卒하니, 예로써 장사지냈다.

-『세조실록』 9권, 세조 3년(1457) 10월 21일

임금(숙종)이 하직 인사를 올리는 수령에게 권고의 말씀을 내리면서 이렇게 일렀다. "군주와 신하의 대의大義는 천지 사이에서 피할 수 없는 것이다. 단종대왕이 영월에 계실 적에 금부도사 왕방연이 (사약을 들고) 고을에 도착하여 머뭇거리면서 감히 들어가지 못했다. 겨우 마당에 들어가자 단종대왕께서 관복을 갖추고 마루로 나오시어 내방한 이유를 물었지만 대답하지 못했다. 어명을 받든 신하조차 그러했는데, 향교 교생이 차마 하지 못할 일을 하겠다고 자청해 나섰다가 아홉 구멍으로 피를 쏟고 죽었다."

–『숙종실록』 33권, 숙종 25년(1699) 1월 2일

사후 처리는 더 비참했다. 단종의 시신은 영월 동강에 버려졌으며, 이를 수습하는 자는 삼족을 멸한다는 어명까지 내렸다고 한다. 그런데도 한 향리가 시신을 거두어 영월 지역 산자락에 암장해 그나마 묘지는 마련할 수 있었다.

중종 때 어명으로 이 묘를 찾았지만 복위는 쉬 이뤄지지 않았다. 묘를 고쳐 짓고 석물을 세워 제사 지내기도 했지만 왕릉의 위상을 갖추기까지는 무덤이 발견된 뒤에도 180여 년이란 세월이 더 필요했다. 숙종 시기인 1698년에 단종으로 복위되면서 묘도 능으로 격상돼 장릉莊陵이라는 능호를 받는다. 이후 왕릉 격식에 맞추어 봉분과 시설물, 부속건물을 새로 마련했다.

단종 복위와 함께 왕비였던 정순왕후도 복위되고, 묘도 능으로 격상돼 다시 조성하게 된다. 단종이 유배될 무렵 궁중에서 쫓겨난 정순왕후

는 관비 신분으로 동대문 밖에 있는 비구니 승방인 정업원에서 시녀들과 함께 살았는데, 단종이 죽었다는 소식을 들은 뒤 아침저녁으로 산에 올라 영월을 보며 통곡했다고 한다. 한이 서린 통곡이 계속되자 마을 여인들이 정순왕후의 처지를 동정해 함께 울었으며, 이후 사람들은 이를 동정곡同情哭이라 했다고 전한다. 정순왕후는 60여 년을 혼자 살다 중종 16년인 1521년에 세상을 떠나 지금의 남양주 지역에 홀로 묻혔다.

단종과 정순왕후의 비극적 삶은 이 시대의 특출한 학자이자 문사였던 신영복에 의해 재조명된다.[2] 그는 유배지인 청령포를 찾아 정권 쟁취가 목표인 정치가 가져오는 잔혹한 현실을 직시한다. 정正과 형평을 실행하지 못하는 정치가가 내세우는 민생이념과 정치철학은 금권과의 야합과 권력 세습을 위한 방편에 불과할지도 모른다는 의문을 던진다. 그리고는 그 정치권력이라는 프리즘을 통해 단종과 왕비의 불행하고 슬픈 삶을 무고한 백성의 비참한 삶과 연관 지어 조명하길 원한다.

동정곡을 하던 수많은 여인들의 마음이나 동강에 버려진 단종의 시체를 수습했던 영월 사람들의 마음을 '충절'이란 낡은 언어로 명명命名할 수는 없다고 생각합니다. 그들의 동정은 글자 그대로 그 정情이 동일同一하였기 때문입니다. 같은 설움과 같은 한恨을 안고 살아갔던 사람들이었기 때문이라고 생각합니다. 우리에게 남겨진 과제는 단종을 궁중으로부터 이들의 이웃으로 옮겨오는 일인지도 모릅니다.

단종 왕비인 정순왕후의 능. 사릉思陵이라 불린다. 경기도 남양주시 소재.

단종을 정순왕후의 자리로 옮겨오고, 다시 가난한 민초들의 삶 속으로 옮겨오는 일입니다. 단종의 애사哀史를 무고한 백성의 애사로 재조명하는 일이라고 생각합니다.

−신영복, 「'역사를' 배우기보다 '역사에서' 배워야 합니다」

『나무야 나무야』

미술사학자이자 평론가인 유홍준도 청령포와 장릉에 대한 답사기를 끝맺으면서 이 대목을 인용해 자신의 의사를 대신한다.[3]

위 인용문은 이렇게 해석된다. 지배층에게 억압받고 착취당하던 백성은 자신들과 마찬가지로 탄압받으며 "같은 설움과 같은 한"을 안은 단종과 정순왕후에게 동병상련의 정을 느끼게 된다. 그래서 단종과 정순왕후의 애사를 궁중 암투의 틀로만 볼 것이 아니라 무고한 백성의 애사와 같은 층위에서 조명해야 하며, 더 확장하면 단종과 정순왕후라는 한 왕족의 전락과 비극의 생애를 통해 정치권력 내지는 지배층에게 억압받는 백성의 고난의 삶까지 들여다보아야 한다고.

이처럼 정치권력의 탄압과 이로 인한 희생자라는 구도로 보면 양자의 애사가 하나의 틀로 묶여진다. 그런데 아무런 전제 없이, 사회정치적 배경과 요인에 대한 검토 없이, 한때 지배체제의 정점에 섰던 최고 권력자가 탄압을 당한 삶을 태어나면서부터 지배당하고 억압받아온 백성의 삶 속으로 옮겨올 수 있을까? 탄압과 핍박을 가하는 주체는 같을지라도 그 성격과 질에 있어서까지 같다고 잘라 말할 수는 없다고 본다. 백성의 고통은 대부분 지배질서 유지를 위한 수탈체계로부터 발생한 것이고 왕과 왕비의 고통은 지배층 내의 권력다툼에서 비롯된 것이기 때문이다.

이런 점을 고려하면, 양자의 애사를 하나의 틀로 해석해낼 때에는 이들의 삶을 유지하게 하는 사회적 배경을 반드시 먼저 짚어야 한다고 본다. 그것은 조선이 철저한 신분제 사회라는 점이며, 소수 지배층이 다수 백성의 노동과 생산물을 취하는 특권을 누리며 부와 명예를 독점했다는 사실이다. 지배층이 더 많은 이익과 욕망 충족을 위해 권력다툼을 벌일 때 백성의 삶은 어떠했는가? 정치권력이 가지려는 이익과 욕망의 충족은 백성의 노동이라는 고난이 있기에 가능했다. 왕과 왕가는 그러한 지배체제의 정점에 서서 사회를 이끌었다. 왕족의 기구한 죽음과 고통을 사회경제적 배경에 대한 설명 없이 백성의 그것과 유사하거나 동일한 성격의 것으로 보게 되면 자칫 신분제와 특권에 기초한 지배질서의 본질을 놓칠 우려가 있다.

이를 제외하더라도 단종의 애사를 백성의 애사로 재조명하기에는 여전히 아쉬움이 남는다. 단종과 정순왕후는 복위돼 최고 권력자의 자리로 돌아갔으며, 묘지도 능의 위엄을 갖추었다. 비록 시일이 걸렸지만 결국은 왕가의 영광을 빛내는 자리에 올라 지배체제의 권위를 과시하고 백성의 체제순응을 이끄는 권력의 상징물로 자리매김했다. 애초에 백성과 같은 처지에 있지 않았던 왕과 왕비는 백성과 "같은 설움과 같은 한을" 끝까지 함께 가지고 갈 수는 없었던 것이다. 긴 시각에서 보면, 지배세력은 도리와 의리에 반하는 선대의 행위까지 유교이념을 명분으로 수습해 이를 통치 이데올로기의 하나로 활용하는 치밀한 정치술수를 보여주었다.

왕릉은 지배세력에게는 권위 과시의 영광이자 이익 추구를 위한 권력의 수단이었다. 하지만 피지배층인 백성 입장에서 보면, 왕릉은 억압과 착취의 요인을 가리고 모순과 비리로 가득 찬 현실에 순응하게 하는 정치책략의 상징물이었다.

2부

권력적인 너무나 권력적인

| 궁궐 |

궁궐 경영
– 프랑스 샤를 5세, 일제, 그리고 조선

샤를 5세, 궁궐 경영으로 왕권을 드높이다

13세기 무렵 프랑스 왕은 자신이 다스리는 지역을 끊임없이 찾아다니는 순행의 정치를 펼쳤다. 지방을 돌며 자신의 존재를 드러내 민심을 얻고, 지역을 분할해 통치하는 제후와 영주세력과의 유대를 다지며 왕조의 안정을 꾀했다. 순행이 없는 기간에도 시테궁, 루브르궁 등 수도인 파리 시내에 있는 궁궐에 오래 있지 않고 주변 지역에 소재한 여러 궁궐을 옮겨 다니며 머물렀다.[1]

이처럼 당시까지만 해도 파리에 소재한 궁궐은 다른 지역의 궁궐과 역할을 분담하는 가운데 왕국의 중심 궁궐이라는 위상에 상응하는 구실을 다하지 못하고 있었다. 파리 또한 수도로서의 실질적인 기능을 제대로 발휘하지 못했다. 으뜸이 되는 궁궐인 법궁法宮으로서의 지위를 확실하게 갖추지 못한 파리의 궁궐은 당시 봉건제도의 위계에서 보면 최고 수장이지만 왕국 전체에 대한 총괄적인 권력과 주권을 강하게 주장하지는 못한 프랑스 왕의 지위와 유사한 성격을 보여준다.

그런데 14세기 들어 파리는 지방 도시를 제치고 왕국의 핵심적인 정치 공간으로 새롭게 부상한다. 순행 정치를 멀리하는 왕이 나타나고, 이권과 특권을 얻기 위해 파리의 중앙 권력을 찾는 지방 제후의 발길이 잦아진다. 파리가 왕국 통치의 중심지로 거듭나면서 명실상부한 수도의 위상을 갖추기 시작한 것이다. 파리의 이러한 변모는 궁궐 신축과 개축이라는 왕궁 정비사업과 궤를 같이했다.

그 중심에는 절대왕정의 기초를 마련했다는 평가를 받는 샤를 5세(재위 1364~1380)가 있었다. 그는 13세기와는 다른 새로운 궁궐 건축 양식과 수도 경영을 통해 왕권과 왕국의 번성은 불가분의 관계에 있다는 정치이념을 공식화하고 이를 널리 선전한 왕이었다. 근대 유럽의 궁궐 경영체계가 그에게서 시작됐다고 해도 과언이 아니다.

샤를 5세는 파리 소재 궁궐을 확장한 선대의 뒤를 이어 궁궐 재정비 정책을 추진해 루브르궁을 개축하고 규모를 늘려 위엄을 높였다. 새로 마련한 궁궐에서 왕령을 반포하고 왕실 행사를 치렀으며, 이와 함께 궁궐을 찾는 이들은 이곳이 프랑스 통치의 중심이자 국가권력이 발현되는 진원지라는 사실을 점차 받아들여 갔다.

궁궐의 공간 구조를 세분화하고 배치를 새롭게 하는 작업도 병행했다. 이전의 궁궐 내 왕의 공간은 크게 보면 외부 손님을 맞이하는 응접실과 휴식을 취하는 침실로 구분돼 있었다. 단순 구조로 된 이런 궁궐에서는 국왕의 다양한 활동이 한두 개의 공간에서 수행돼 왕의 통치

루브르 궁전을 개조한 루브르 박물관.

행위가 왕 개인의 사사로운 활동과 명확히 분리되지 않았다. 이제 왕의
공간이 의상실, 침실, 식당, 응접실, 집무실, 예배당, 도서관, 여흥 공간
등으로 세밀하게 나뉘면서 권력 행사에서의 탈인격화가 촉진됐다. 왕의
궁궐 활동이 통치를 위한 권력 행사와 왕 개인의 사적 행위로 구분됐
으며, 왕권을 구체적으로 체현하는 매체가 순행 정치에서 보여주는 것
과 같은 왕 개인의 몸에서 궁궐 건축과 궁궐 내 왕의 활동으로 바뀌어
갔다.

샤를 5세를 비롯한 14세기 프랑스 왕들은 궁궐 재정비로 파리를 왕
국 통치의 실질적인 본거지로 만들고, 궁궐 건축물과 거기에서의 왕의
행위를 통해 왕권과 국가권력이 작동하고 있음을 가시적으로 드러내

보이고 선전했다. 규모 확장과 세분된 공간 배치, 더불어 거기에서 행해지는 왕의 활동으로 파리의 궁궐은 왕의 권위를 담보하고 왕이 행사하는 통치권과 국가주권의 절대성을 재현하는 상징물로 자리매김했다. 그것은 왕권 중심의 중앙집권적 국가체제 수립이라는 16세기 이후의 절대왕정을 향한 정치권력 여정의 한 출발점이었다.

일제, 궁궐 훼손으로 조선 왕조의 권위를 지우다

궁궐 경영은 왕의 권위를 훼손하고 통치 권력을 부정하기 위한 정치책략으로도 활용됐다. 일제는 조선 병탄을 전후해 어김없이 궁궐을 훼손하고 궁중 의례와 제도를 어지럽힌다.

1907년 고종을 강제 퇴위시키고 순종을 즉위시킨 일제는 이후 조선의 국권을 본격적으로 유린했다. 궁궐과 한양도성이 그 첫 대상지로 떠올라, 숭례문(남대문) 좌우의 성벽을 철거하고 경희궁 자리에는 일본인 자녀들이 다닐 통감부 중학교를 지었다. 창덕궁의 중심 건물인 정전正殿 개조 공사까지 강행했다. 일본인 기술자를 동원해 어좌의 높이를 낮추고, 왕의 존엄을 상징하고 왕조의 영속을 기원하는 일월오봉도 병풍을 봉황도 병풍으로 교체했다. 앞마당에 깔린 박석을 걷어내고 잔디를 심었으며, 왕을 정점으로 한 관료체계의 위계를 표시하는 품계석을 없애버렸다. 조선의 통치권위 자체를 부정하는 상징적 철거였다.

1909년에는 창경궁 내에 동물원과 식물원을 조성해 구경거리로 개

방했다. 전각이 헐리고 팔려나갔으며 초석과 댓돌은 연못 조성에 쓰였다. 창경원昌慶苑이란 이름까지 지어, 최고 권력자가 살던 왕조의 궁宮은 울타리를 쳐 나무를 심고 짐승을 키우는 원苑이 되었다. 10여 년 뒤에는 일본에서 벚나무를 들여와 심으니, 궁궐은 아예 공원으로 변해갔다.

왕조 개국과 함께 건설된 경복궁도 일제의 '조선 왕조 상징 지우기' 책략을 피해 가지 못했다. "만년토록 큰 복을 누려 번영하라"는 궁궐 이름이 무색할 정도로 처참하게 속살이 파헤쳐졌다. 1906년 무렵부터 경복궁 경회루에서 통감부 관료들이 연회를 가졌는데, 병탄을 1년 앞둔 시기에는 친일 인사를 앞세워 일본의 민간인 관광단을 맞이하는 환영회까지 연다. 왕조 권위의 최고 상징인 법궁에 폭죽이 터지고 대취타大吹打에 이어 신식 음악이 연주됐으며 기생의 가무가 넘쳐나는 술잔치가 벌어졌다. 이듬해엔 경복궁 내에 농림모범장을 설치해 사범학교의 견습장으로 활용했고, 전각을 헐어 경매에 넘긴다.

병탄 이후엔 식민통치를 합리화하고 미화할 목적으로 기념식과 박람회를 연이어 개최하니, 1915년 가을에 50일 동안 열린 조선물산공진회에는 일본과 중국 관람객을 포함해 116만4000명이 경복궁을 찾는다. 기념식장과 귀빈실이 마련되고 곳곳에 전시장이 자리잡았으며, 우사와 돈사, 계사에 양어장까지 설치된다. 놀이기구와 음식점이 들어서고 기생의 공연까지 펼쳐져 조선의 으뜸 궁궐은 경외의 대상에서 행락과 유희라는 완상의 대상물로 변해갔다. 이어 1920년대 중반엔 일제 식민통치의 상징 건물인 총독부 청사가 조선을 상징하는 근정전을 가리고 들어선다. 그것은 조선이 주권을 가진 나라였다는 사실을 기억에서 지워버리려는 의도된 식민전략이었다.

조선 궁궐을 보는 두 가지 방법

그 치밀한 궁궐 훼손 책략에도 조선의 궁궐은 살아남아 왕조의 영욕을 전하니, 현재 서울 도심 다섯 곳에 궁궐이 자리해 역사도시의 면모를 드러내고 있다. 조선 전기에는 경복궁을 법궁으로 창덕궁과 창경궁을 보조 궁궐로 사용했는데, 이 모두 임진전쟁 와중에 파괴됐다. 이후엔 복원한 창덕궁을 중심 궁궐로 삼아 창경궁과 경희궁, 경운궁(덕수궁)을 활용했으며, 1860년대 후반엔 경복궁을 재건해 조선 법궁의 위상을

일본 총독부 청사.

되살렸다. 이들 다섯 궁궐 중 창덕궁은 주변 자연환경과의 탁월한 조화가 주목받아 유네스코 세계유산에 올랐다.

국내 전문가들 또한 대중서를 통해 조선 궁궐의 특징으로 건축과 자연과의 조화를 우선하여 꼽는다. 미술평론가인 유홍준은 산 아래 자리한 궁궐 위치를 두고 "자연과의 어울림이라는 미덕을 지니고 있다"고 했다.[2] 건축시설물의 외형이 만들어내는 불규칙한 선, 기하학적인 직선과 수평선, 곡선 등이 인접한 산의 능선과 어울린다며, 이를 미국 미술평론가의 말을 빌려와 포스트모던적인 어울림이라 보기도 한다.[3]

한국학 교수 최준식은 창덕궁을 두고, 굳이 비탈지고 고르지 못한 땅을 골라 그 지형에 맞는 건물을 세웠다며, 여기에는 꽉 짜인 질서보다 느슨하고 자유로운 구도를 좋아하고 대칭적인 것보다 다양하고 비균제적인 것을 좋아하는 한국인의 미의식이 작용한 게 아닐까 하는 의견을 펼친다.[4] 미술사학자 최순우도 궁궐 건축에서 눈에 보이지 않는 한국인의 심성을 끌어내길 주저하지 않는다. 경복궁 경회루 돌기둥을 보면서 잔재주를 부릴 줄 모르는 한국인의 성정과 솜씨를 가늠하고 이를 실질미와 단순미를 지닌 한국의 멋이라고 여긴다.[5]

그러면 왕조의 상징 경관인 궁궐을 보고 해석하는 다른 시각은 없는 것일까? 자연이나 심성이라는 인식 틀 외에는 유용한 개념이 없는 것일까? 이와 관련해 유홍준의 저서에서 흥미 있는 대목이 눈에 띈다. 태종이 두 번의 무력 다툼을 거쳐 왕위에 올랐고, 경복궁이 그 다툼과 관련된 곳 중의 하나라 거처하길 꺼려 창덕궁을 짓고자 했다는 기술 뒤에 이어지는 단락이다.[6]

돌이켜 보건대 경복궁이 창건된 것은 태조 4년(1395)이고 창덕궁이 창건된 것은 태종 5년(1405)이었다. 조선 개국 후 10년 사이에 전혀 다른 성격으로 지어진 두 궁궐은 피비린내 나는 정치적 비극의 소산이었지만 결국 우리 문화유산의 큰 자산이 되었다. 당시 이 엄청난 두 차례의 대역사大役事에 동원되어 말할 수 없는 고생을 했던 조상들에게는 미안하지만 당신들의 희생이 헛된 것만은 아니었다는 위로의 말씀을 드리고 싶다.

—유홍준, 『나의 문화유산답사기 9 —서울편 1』

이 대목은 경복궁과 창덕궁이 죽고 죽이는 권력투쟁을 거친 뒤에 조성됐으며, 그뿐만 아니라 백성의 고된 노동이 있어 궁궐 조영이 가능했다는 뜻일 테고, 문화유산의 자산이 되었으니 당시 백성의 고생이 헛된 일은 아니었다는 발언으로 읽힌다. 유홍준의 글은 이 선에서 멈추지만, 이는 궁궐을 정치권력의 작동이나 피지배층의 노동력 동원이라는 측면에서 볼 수 있는 여지를 제공한다.[7]

되돌아보면, 궁궐은 지배세력 간 투쟁의 장이었으니, 왕을 비롯한 여러 정치세력은 권력 다툼에서 우위를 차지하기 위해 자신에게 이익이 되는 갖가지 궁궐 경영 방안을 내세웠다. 정치적 의사를 관철하기 위해 궁을 옮겨 다녔으며, 새 궁궐을 지어 올리고 때로는 이전 군주의 의지가 담긴 궁궐을 허물기도 했다. 그러면서도 이들은 지배질서 유지에 필요한 궁궐 경영에서는 힘을 합쳤다. 위엄을 갖춘 궁궐을 조성하고 차별화된 궁중의례를 실행하며, 또한 이를 엄히 보전함으로써 왕조의 존엄과 통치의 권위를 과시해 백성의 복종을 이끌고자 했다.

지배층의 이런 성취를 가능하게 하는 토대는 늘 백성의 노동이었다. 농부의 땀으로 궁궐을 지었으며, 궁녀와 군병이 있어 궁궐 운영과 수호가 가능했다. 궁궐의 빛뿐 아니라 그 광휘를 타오르게 한 음지의 사연을 찾아보는 작업 또한 우리에게 문화유산을 남긴 그 희생의 조상에게 드릴 수 있는 위로일 것이다.

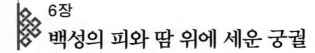

6장
백성의 피와 땀 위에 세운 궁궐

수도 서울을 건설한 태종과 조선 최고의 건축 관료 박자청

태종 11년인 1411년, 경복궁 누각 중건에 이의를 제기하는 소疏가 올라왔다. 경복궁 서쪽 누각이 기울어 조금 옮겨 짓고 그 둘레에 연못을 조성하는 공사가 한창이었는데, 사간원에서 이 공역工役을 중단하고 책임자를 직무에서 물러나게 해달라는 요청이었다. 지금의 경회루 공사로, 공역을 시작한 지 2달이 채 되지 않은 때였다.[1]

사간원에서 소를 올렸다. "국가 공역에서 종묘와 궁궐 수리는 폐할 수 없지만 누각 연못 조성은 천천히 해도 되는 공사로 급히 할 일은 아닙니다. 공조 판서 박자청은 본래 재주와 덕이 모자라는 자인데 임금의 밝은 지혜 덕분에 요직에 올랐습니다. 그리고는 국가에서 주관하는 토목과 건축 사무를 도맡아 관장하면서 오로지 그 결과에만 힘쓰니 공역이

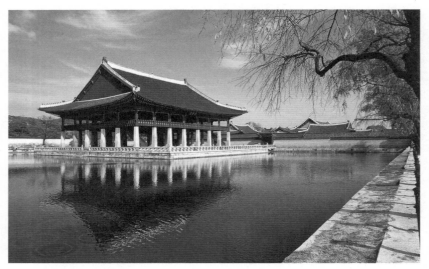

'경복궁의 꽃'이라고 불리는 경회루.

없는 날이 없습니다. 부디 살피시어 공조 판서 박자청이 겸직하고 있는
토목과 건축 직임을 박탈하고 임금과 백성을 위하는 자로 대신하게 하
소서."

-『태종실록』 22권, 태종 11년(1411) 10월 4일

당시 임금은 창덕궁에 거처하며 정사政事를 펼치고 있었다. 태종은
조선 창건의 뜻이 담긴 경복궁으로 거처를 옮기라는 신하들의 요청을
번번이 물리치면서도 경복궁을 버려두지는 않았다. 사신 접대나 경축일
에 신하들이 예를 올리는 조하와 같은 의례 행사를 위해 경복궁을 수

리하고 관리했다. 누각 연못 공사 또한 이 무렵 실시된 경복궁 수리 사업의 하나였는데, 이는 왕실을 안정시키고 왕권을 강화하려는 태종 나름의 궁궐 경영 정책이기도 했다.

1392년에 조선을 세운 태조는 수도 개경(개성)에 근거지를 둔 세력의 반대와 새로운 수도 조성에 따른 공역을 우려한 대신들의 의견을 물리치고 2년 뒤 서울로 천도를 단행했다. 개경의 궁궐은 근 500년을 이어온 고려의 상징적 공간이자 왕실의 자취가 곳곳에 남아 있는 곳으로 언제든 지난 왕조에 대한 향수와 회귀 심리를 불러올 수 있는 곳이었다. 또한 고려 지배층이었던 권문세족의 인맥은 개경을 중심으로 얽혀 있었으며, 개경은 이들의 재력과 권력 행사를 뒷받침하는 사회적 기반으로 작용했다. 태조는 개경이라는 옛 수도를 버림으로써 기득권 세력을 지탱하는 한 축을 허물어뜨리고, 새로운 수도와 궁궐 건설로 지난 왕조와는 다른 조선이라는 나라가 세워졌음을 분명하게 각인시키고자 했다.

하지만 태조의 뒤를 이은 정종(재위 1398~1400)은 수도 조성이 완성되기 전인 즉위 이듬해에 개경으로 수도를 다시 옮긴다. 임금이 왕위 승계를 두고 이방원(후일의 태종)과 정도전 세력이 부딪쳐 권력투쟁의 장이 됐던 서울을 꺼렸으며, 천도를 반대한 상업세력의 상당수가 개경에 있어 경제 운용에도 어려움이 있었기 때문이다.

그런데 정종에 이어 왕위를 물려받은 태종은 재위 5년인 1405년에 서울로 재천도를 단행한다. 이와 함께 도성 공역을 크게 일으켜, 태조 때 건축한 경복궁이 있었지만 새 궁궐인 창덕궁을 짓고 문묘를 중건하고 관청을 수리했다. 개천을 준설하고 도로와 행랑을 확장했으며 성곽을 보수했다. 태종은 도성을 일신하는 역사役事와 명실상부한 수도 건설을 통해 개성에 뿌리를 둔 세력을 약화시키고 왕실의 기반을 다져 정치적 입지를 굳히고자 했다. 박자청은 태종의 이 같은 속내를 실행에 옮길 수 있는 가장 적합한 신하였다.[2]

한미한 집안 출신인 박자청은 태조 때 궁문을 지키는 하급 병사에서 시작해 공조 판서에 오른 입지전적인 인물이었다. 이런 파격적인 출세 행로는 태종의 총애에 힘입은 바 컸다. 그는 무관직을 거치면서 지휘관으로서의 통솔능력을 갖추었고, 토목과 건축에 대한 전문적인 식견까지 가졌으며, 무리한 여건에서도 공사를 감행하는 추진력 또한 남달랐다. 유홍준은 박자청을 "서울의 실제 모습을 만들어낸 토목건축가"라 평하며, 건축가 신영훈은 토목과 건축을 지휘한 역대 인물 중 박자청만큼 뛰어난 이는 드물다고 했다.

태종은 이런 박자청에게 궁궐과 행랑, 문묘, 왕릉 등 비중이 큰 공역을 맡김으로써 대신들의 압박을 물리치고 궁궐 정비와 도성 건설에 대한 자신의 의지를 관철해나갔다. 말하자면 박자청은 토목과 건축 분야에서의 임금의 복심이었으니, 박자청에 대한 탄핵은 태종의 궁궐 정책에 대한 신하들의 공격이었던 셈이다.

어진 정치仁政는 어디에 있는가?

태종의 의중을 파악해 공역을 밀어붙인 박자청은 재임 기간 내내 비난과 견제를 받았다. 대신들은 공사를 재촉해 인부를 힘들게 하고 공역의 질에 문제가 있다면서 기회가 있을 때마다 탄핵 상소를 올렸다.

> 사헌부에서 상소해 박자청의 죄를 청하였다. "행랑을 빨리 조성해 실적을 쌓을 궁리에 몰두한 나머지 장구한 계책을 세우지 않았습니다. 그래서 밤낮으로 혹독하게 공사를 감독했지만 견고하게 만들지는 못했습니다. 두어 달 동안 두 번이나 기울어지고 엎어졌으니, 백성을 수고롭게 하고 재물을 손실한 정도가 이루 말할 수 없습니다. 명령을 받아 일하는 박신과 안성은 박자청이 하는 일을 익히 보면서도 염려조차 하지 않아 공사를 그릇되게 했으니 아울러 이들의 관직을 거두고 조사해 처벌하소서."
>
> ―『태종실록』 30권, 태종 15년(1415) 7월 25일

이처럼 사헌부 관료는 백성의 고통보다 부실 공사를 더 우려하는 발언을 한다. 대신들 또한 도성과 궁궐 정비의 필요성을 공감하고 있었으며, 가능하면 공역에서 발생하는 문제점을 들어 공사 속도를 조절하고 이를 국왕 견제의 구실로 삼으려 했던 것이다. 물론 그 과정에서 인부의 고생을 헤아리며 민생을 운운했지만 그것이 지배층이 추진하는 정책사업을 모두 막을 수는 없었다.

조선시대 위정자에게 피지배층 백성은 인격을 가진 독립적인 개인 이전에 지배질서 유지를 위한 인력이자 도구로 먼저 다가왔다.[3] 언제든 대치하고 필요하면 모집해 활용할 수 있는 인구로서의 백성이었다. 이런 마음가짐이었기에 성군聖君이라는 세종이 다스린 시기에도 성곽 수리를 하다 수백 명의 백성이 죽었지만 담당 관료는 그걸 괴이하지 않은 일, 곧 별나지 않은 정상적인 사건이었다고 당당하게 밝힐 수 있었다.

> 정사를 처리하면서 임금이 말했다. "도성 수리에 동원된 군인 중에 죽은 사람이 많으니, 대체 그 까닭이 무엇인가?" 공조 참판 이천이 답했다. "공사를 지휘하는 수십 명의 제조提調 중에 박춘귀 같이 병들어 죽은 사람도 있습니다. 하물며 30여 만의 군인 중에서 500~600명이 죽었다고 그게 무슨 괴이한 일이겠습니까?"
>
> ―『세종실록』 15권, 세종 4년(1422) 2월 26일

피지배층을 대하는 위정자의 이러한 속내는 서울 청계천의 원형을 이룬 개천 정비사업에서도 드러난다. 이 공역은 태종 때 충청도와 경상도, 전라도 백성 5만여 명을 동원해 한 달 만에 준설을 끝냈는데, 공사로 죽은 자가 64명이었다. 그런데 이 공사에는 심야에 일을 시키지 않아 다른 공역보다 사망자가 적게 나왔다며, 심야 공사를 금지한 임금을 칭송한다. 나랏일로 죽은 백성의 생명은 뒤로 밀리고 임금의 은혜를 돋보이도록 하는 게 우선이었다.

광통교 주변 청계천의 옛 모습.

개천 준설이 끝나 임금이 부역을 치른 백성을 놓아주라고 명했다. 이에 많은 이가 이렇게 말했다. "지난번에 성을 쌓을 때는 밤에 편히 자지 못해 많이 병들어 죽었는데, 이번 공역에는 주상의 은혜를 입어 낮에는 공사하고 밤에는 잘 수 있어서 병들어 죽은 사람이 많지 않았다."

–『태종실록』23권, 태종 12년(1412) 2월 15일

물론 임금은 주변의 칭송에 응답하듯 사망자 가족에게 곡식을 지급하고 요역을 면제하는 아량을 베푼다. 조선 위정자들의 어진 정치仁政는 거기까지였으니, 국가 공역으로 해를 입으면 그에 대한 보상은 당연함에도 마치 큰 시혜를 베푼 듯이 덕치德治와 인정을 이루었다고 근엄하게 읊조린다. 사실 그 시혜란 것도 남은 백성의 불만을 잠재우고

이들을 지속해서 공역에 동원하기 위한 정치책략의 하나임을 부정할 수 없으니, 피지배층 백성은 왕조의 번영과 지배질서 유지를 위해 노동력과 조세를 부담하는 구성원일 때 어여삐 여길 수 있는 존재였다.

실제로 민생과 민본의 목소리를 높이고 백성의 고통을 앞세운 상소 대부분이 그 요지를 보면 농사철이나 흉년을 피해 공역을 시행해달라는 것이었다. 농업 생산물에 의지해 사회를 유지하는 현실에서 이는 당연한 고려였으니, 백성이 논밭에서 일하지 않으면 양반 중심의 신분제 질서를 가능하게 하는 물질적 토대 또한 무너지기 마련이었다. 민생을 앞세운 상소는 결국 양반 지배층 자신들을 위한 목소리였다. 농사철을 피한다 해도 공역을 그만두거나 규모가 획기적으로 축소되지 않는 한 백성의 부담이 줄어드는 건 아니었다.

또한 불교 통제정책과 맞물려 농민 대신에 승려를 동원해 일하게 하자는 안이 나오고 실행에 옮기기도 했지만 승려 또한 조선의 백성이긴 마찬가지였다. 더구나 조선 초기에는 수도 건설이라는 대역사大役事를 맞아 궁궐과 종묘, 관청 공사에 성곽과 도로, 행랑 공사 등 여러 공역을 비교적 단기간에 추진하면서 백성의 고통은 사실상 피할 수 없는 실정이었다.

사헌부 집의 허조가 상소해 토목 공사에 대해 논했다. "근래 몇 년 동안의 풍속을 보면 모든 일에 있어서 백성이 입을 폐해를 생각하지 않고 빨리 처리하려고만 하는데 토목과 건축 공사에서는 더 심합니다. 관청 하졸이 상관을 두려워해 작업을 무리하게 독촉하고 인부를 채찍질하니 사람이 소나 양과 다를 바 없습니다. 어리석은 백성이 어찌할 바를 모르고 앞다투어 피하다 나무와 돌에 부딪혀 다치는 경우가 잦습니다. 신이 지난해 봄에 춘주春州(춘천)에 가서 들으니, 공역에 쓸 나무를 베고 운반하다 죽은 자가 적지 않았다고 합니다."

-『태종실록』14권, 태종 7년(1407) 10월 8일

공사 강행으로 사고는 다반사로 일어났다. 다치거나 병든 사람뿐 아니라 사망자 발생도 끊이지 않았다.

임금이 궁성을 쌓은 인부를 돌려보내도록 명했다. 이 공사로 해를 입어 죽은 자가 모두 54명이다.

-『태조실록』13권, 태조 7년(1398) 3월 3일

비로소 시전市廛 좌우 행랑 800여 간의 터를 닦았다. (…) 사헌부에서 사람을 보내 점검하니 부역을 치른 장정 중에 죄를 지어 죽은 자가 11명이고, 병든 자가 200명이라고 아뢰었다.

-『태종실록』23권, 태종 12년(1412) 2월 10일

행랑 공사를 위해 풍해도(황해도) 수군을 태우고 서울로 오던 배가 강화 항구 인근에서 파손돼 물에 가라앉았다. 이 사고로 죽은 자가 17명이었다.

-『태종실록』28권, 태종 14년(1414) 8월 4일

밤낮없이 백성을 공사장으로 내몰아라

조선 초 부역 동원이 가장 많았던 공사는 경복궁과 창덕궁 등 궁궐 건설과 도성 성곽 축조였다. 태조 3년(1394) 천도가 결정된 뒤 거의 매년 공역을 일으켜 연간 수천에서 수만 명의 백성이 공사에 동원됐다. 경복궁 공사에는 전국에서 징발한 1만5000명의 장정이 투입됐으며, 목수와 석수石手, 와장瓦匠 등 공장工匠은 물론 승려까지 동원됐다. 승려들은 주로 궁궐터를 닦았으며 건물 공사에서는 징발된 장정과 교대로 작업했는데, 그 수가 수만 명에 달했던 것으로 보인다.[4]

> 대사헌 등이 임금에게 글을 올렸다. "궁실宮室제도에는 임금이 거처하는 전殿과 벼슬아치들이 집무하는 방이 있어야 하므로 크고 작은 건물의 수가 1000보다 적지 않을 것입니다. 그래서 공장과 이들을 돕는 잡부 수만 명을 써야 할 것이 온대, 농민으로 그 수를 채우면 필시 농사 때를 놓칠 것이니 염려스럽습니다. (…) 백성 가운데 중이 10분의 3이나 되는데, 이 중에서 부역할 수 있는 자가 3분의 2는 될 것입니다. (…) 이들 하급 부류의 중을 국가 공사에 동원한다고 해가 될 게 무엇이겠습니까? 원하옵건대 전국의 중들을 모아 공사하도록 하소서."
>
> —『태조실록』 7권, 태조 4년(1395) 2월 19일

이 시기 승려 중에는 고려 때부터 축적된 건축기술을 보유한 자가 많았으며, 규모를 갖춘 사찰에서는 설계에서 시행까지 공역 전반에 걸

친 인력체계까지 갖추고 있었다. 고려시대 승려 공장들은 사원 건축에 필요한 인력으로 시작해 점차 국가 공역에까지 나서면서 일반 공장 못지않은 기술력과 조직체를 보유한 집단으로 성장해왔다. 더구나 이들은 농사철에 제한을 받지 않아 농업 인력에 대한 손실 없이 공사에 투입할 수 있는 최적의 인력자원이었다. 승려는 조선 초기뿐 아니라 이후에도 궁궐과 관청 건축물 조성, 성곽 축조 등 국가 공역에 대거 동원됐으니, 조선 지배층은 불교 억압 정책을 펴면서도 한편으론 이들을 인력으로 활용해 국가재정 지출을 줄이는 이중전략을 구사했던 것이다.

일반 백성에서 공장, 승려 등 수만 명이 동원된 경복궁 공사는 단 10개월 만에 마무리됐다. 그 10년 뒤에 완공된 창덕궁 또한 1년 만에 공사를 끝낸다. 지금과는 비교조차 하기 힘든 당시의 기술과 장비 수준을 고려하면, 이렇게 단기간에 대규모 건축 공사를 끝낼 수 있었던 데는 결국 백성의 노동력이 가장 큰 몫을 차지했다고 볼 수밖에 없다.

공사기간이 짧아 작업은 밤낮없이 이어지는 경우가 많았다. 이 시기 국가 공역에서 야간작업은 일상화된 작업 관행이었다. 태조 5년(1396)에 실시된 서울 성곽 1차 공사에는 전국에서 징발한 11만8000여 명의 백성이 투입됐는데, 농사철을 피하려고 겨울철에 공사를 강행해 추위에 시달려야 했다. 게다가 밤낮을 가리지 않고 작업에 내몰려 고통은 배가되기 일쑤여서 불만이 높아지고 사고가 잦아질 수밖에 없었다. 결국 임금이 나서서 야간작업을 못 하게 하는 조처를 내려야 했다. 추위로 인한 일시적인 중단이었지만 이마저도 현장에서 제대로 지켜졌는지는 의문이다. 농사철이 닥치기 전에 공사 매듭을 지어야 하는 공역책임자와 현장 관리자에게는 임금과 같은 아량을 보일 여유가 없었으니 야간작업을 중단했다 해도 낮에 하는 작업의 강도를 더 높일 수밖에 없었을 것이다.

무리한 야간공사를 제어하기 위해 하루 작업 시간을 규정하는 조치가 없지는 않았다. 위에서 언급한 개천 정비사업을 보면, 태종은 통행금지를 해제하는 파루(새벽 4시 무렵) 이후부터 성문을 닫는 인정人定(밤 10시 무렵) 전까지만 공사하도록 지시했다. 그런데 이렇게 법령으로까지 한밤중 공사를 규제하려 한 것으로 보아 오히려 이 시기 국가의 제반 공역에서 심야공사가 빈번했음을 알 수 있다. 또한 개천을 정비한 지 3년 뒤인 1415년에 올린 사헌부의 상소에 박자청이 "밤낮으로 혹독하게 공사를 감독했다"는 내용이 포함된 사실을 고려하면, 심야공사 규제는 일시적인 조치였을 뿐 지속해서 실행되지 못한 유명무실한 법령이었던 것으로 보인다. 기록은 태종 이후에도 심야공사가 계속됐음을 전한다.

창덕궁 공사에 동원된 백성 중에 길에서 굶어 죽은 자가 있었다. (…) 공사를 지휘한 이명민이 아첨하기 위해 일을 성급히 추진하고 일꾼을 함부로 부렸다. 낮에 할 작업을 밤에도 계속하게 해 심한 추위에도 일을 그치지 않으니 일꾼들이 크게 괴로워했으며 굶어 죽는 사고가 잇따랐다.

－『단종실록』 7권, 단종 1년(1453) 9월 5일

왕가를 위한 궁에는 경복궁과 창덕궁 외에도 퇴위한 왕이 머무는 궁궐도 포함되었다. 개성에 있는 덕수궁은 태조가 물러난 뒤 머물렀고, 서울의 수강궁에는 태종이 상왕 시기에 거처했다. 이 수강궁은 태종 사후에 별궁으로 사용되다 성종 10년(1479) 들어 선왕의 왕비인 왕대비가 머물렀고, 이후 수리를 거쳐 이름을 지금의 창경궁으로 고쳐 부른다. 세종 초에는 도성 인근에 임시거처인 행궁 성격이 강한 이궁離宮도 여럿 마련했다. 도성 서쪽에 뒷날 연희궁으로 불린 서이궁을 짓고 도성 남동쪽 한강 지역에는 대산이궁을 두었다. 또한 도성에서 40리 정도 떨어진 경기도 양주 지역에 풍양이궁을 조성했다. 이들 궁궐을 짓거나 개축하는 일은 물론 백성의 몫이었으며, 창건 이후 계속된 증축과 수리 공사 또한 백성이 맡아야 했다.

임금이 명을 내렸다. "지금 궁궐 담이 낮으니, 이는 실로 있을 수 없는 일이다. 근래에 매 기르는 자가 죄를 범하여 궁궐 담을 넘어 달아났다. (…) 경복궁만 수리할 것이 아니라 창덕궁도 함께 수리하라."

―『연산군일기』 51권, 연산 9년(1503) 11월 4일

응교應敎 김진규가 임금에게 아뢰었다. "최근 수리를 끝낸 두 궁실 공사는 형편상 그만둘 수 없는 공역이었습니다. 다만, 4년 동안의 흉년 뒤에 전염병까지 창궐하고 재력이 모두 고갈된 이런 시기에 백성을 다시 부역에 동원했으니 참으로 때가 아닌 줄로 아옵니다." 김진규가 이렇게 말한 까닭은 이때는 창덕궁과 창경궁을 수리한 지 반년이 지났으나 그 공역

규모가 너무 컸기 때문이다. 이에 임금이 일렀다. "이런 시기에 어찌 까닭 없이 수리하겠는가? 능과 궁궐과 도성은 비록 흉년이라도 으레 수리하는 것이다."

-『숙종실록』 32권, 숙종 24년(1698) 11월 23일

궁궐은 최고 권력자의 거처이자 한 나라의 정사가 좌우되는 정치의 무대였으니, 정치권력의 권위를 높이고 존엄을 더할 규모와 외양을 잠시라도 멀리할 수 없었다. 위정자에게 백성의 땀과 피는 권력의 숭고한 행보를 위해서는 마땅히 지불해야 할 비용이었다. 민생을 챙기는 군주는 그다음의 일이었다. 그마저도 백성을 긍휼히 여겨 시혜를 베풀 듯 내리는, 속이 차지 않은 민생 돌봄이었지만 말이다.

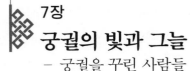

7장
궁궐의 빛과 그늘
- 궁궐을 꾸린 사람들

궁녀 혜정과 숙이, 궁궐에서 술을 빚어 팔고 아이를 기르다

숙종 43년(1717) 7월 초순, 궁녀 혜정과 숙이가 어명에 따라 큰 처벌을
받게 됐다. 왕궁의 금지 규칙을 어긴 죄로 혜정은 교살형에 처하고 숙
이에게는 장杖 100대를 치라는 명을 내렸다. 이들은 궁궐 내에서 술을
빚어 민간에 판매하다 적발돼 형조의 특별 조사를 받았는데, 혜정은
다른 죄까지 드러나 사형을 내린 것이다. 놀랍게도 혜정은 동생의 네
살 난 손자를 궐내에 데려다 키우고 있었다. 궁궐에 잡인을 금한다는
규정에 따라 혜정의 동생까지 잡혀 와 장 100대에 유배 처벌을 받았
고, 궁궐 출입 관리를 책임진 병조의 고위 관리도 조사를 받아야 했다.

그런데 임금은 특명을 내려 혜정을 사형에서 유배로 죄를 감한다. 그
러자 사헌부에서는 혜정뿐 아니라 다른 죄인에게도 관대하게 벌을 내
렸다며 엄한 처벌을 요청한다.

사헌부에서 전날 임금에게 올린 사안을 다시 아뢰었다. "사형을 내리지 않는 은전恩典이 비록 인명을 살리려는 인덕仁德에서 나온 것이지만, 법은 지극히 엄한 것이므로 혜정의 죄는 용서하기 어렵다고 봅니다. 청컨대 사형을 감면하라는 명을 속히 거두어주소서. (…) 궐내가 얼마나 엄중한 곳입니까? 나인內人(궁녀)들이 사사로이 술을 빚어 몰래 매매하였으니, 무엄하기로는 이보다 더 심한 일이 없습니다. 그런데도 형조에서는 해당하는 형률이 없다는 이유로 매우 관대한 처벌을 올렸습니다. 청컨대 나인 숙이를 정배定配하소서."

　　　　　　　　　　　　　－『숙종실록』 60권, 숙종 43년(1717) 7월 16일

　궁녀는 왕과 왕실 가족의 의식주 생활 전반을 꾸리고 양육까지 맡은 왕가의 가정부였다. 제사나 축하연 등의 의례와 의전을 준비하고 진행하며, 때로는 왕과 왕비의 명을 전달하며 내전의 재산까지 관리하는 궁궐의 전문직 일꾼이기도 했다. 왕과 왕실 가족은 이들이 없으면 매사에 왕족으로서의 품위 유지는커녕 생활조차 해나가기 어려웠다. 말하자면 궁녀는 왕족의 손과 발이었던 셈이다. 그래서였을까, 임금은 신하보다 궁녀에게 더 친밀감을 느꼈을 것이고, 이런 감정이 덕을 베풀고 인정仁政을 행한다는 왕도王道의 명분을 만나 감형을 하게 된 것으로 보인다. 그렇지만 사헌부를 앞세운 대신들의 요구를 마냥 무시할 수는 없었던지 혜정을 좀더 엄한 처벌인 외딴 섬에 정배하는 것으로 마무리 짓는다.

　혜정이 궁궐 법도를 어기면서까지 술을 빚어 판매한 까닭은 돈을 마

런하는 데 있었을 것이다. 동생의 손자를 데려다 궐내에서 양육했다는 사실을 고려하면 재물을 모아 본가를 도우려 했던 것으로 보인다.

궁궐을 꾸리는 백성

궁녀는 대체로 천민 출신이거나 가난하고 보잘것없는 양인 집안의 딸이었다. 내수사와 궁방, 관청에 예속된 여자 종들 가운데 선발하도록 법으로 정해놓았는데, 여기에 더해 양인 신분의 딸을 뽑아 올리는 불법 차출이 관행처럼 행해졌다.

> 내수사에 명해 양가의 딸을 뽑아 들여 궁녀로 삼게 했다. 내수사 관리
> 가 여러 날에 걸쳐 민가를 다니며 궁녀를 뽑으려 하니 마을이 소란에
> 휩싸이고, 10살이 넘는 딸을 둔 집에서는 앞다투어 시집을 보내 차출을
> 피했다.
> ―『효종실록』 11권, 효종 4년(1653) 9월 24일

조혼이 성행하자 아예 어린아이를 궁궐로 데려가는 경우가 늘어났는데, 세 살 정도의 여아를 차출해 궁녀로 삼기도 했다. 18세기 이후에는 양반의 서녀나 몰락 양반의 딸까지 궁녀로 들였다. 자발적으로 응하기도 했다지만 이는 소수에 지나지 않았다.

9품에서 5품에 이르는 품계를 받고 여관女官이라 불리는 이들 궁녀

외에 잡역을 맡은 궁궐 하녀도 넓게 본 궁녀에 속했다. 이들은 대개 궁녀가 부리는 천비賤婢로, 물을 긷고 아궁이에 불을 때는 무수리, 세숫물과 목욕물을 담당한 수모, 청소와 심부름하는 어린 계집종인 파지, 궁녀가 거처하는 곳의 살림을 도맡은 방자 등이었다. 이처럼 궁녀 대부분은 신분제의 굴레에 묶이거나, 힘없고 먹고살기 힘든 집안에 태어나 어쩔 수 없이 궁궐에 들어간 백성이었다. 딸을 궁녀로 넣지 않으려고 나름 청탁하는 부모가 있었으며, 궁녀의 하녀로 들어간 딸을 죽었다고 속여 빼내려다 처벌받은 아버지도 있었다고 한다.

궁궐 하층민이라 할 수 있는 이들 궁녀는 몇 명 정도였을까? 18세기 중반, 사도세자의 부인이자 정조의 친모인 혜빈 홍씨가 거처한 창경

순정효황후와 후궁, 상궁 등이 친잠례를 행한 뒤에 찍은 기념사진. (국립고궁박물관 소장)

궁 내의 혜빈궁에는 품계를 받은 궁녀가 38명이었으며, 그 아래 하녀가 40여 명으로 모두 80여 명의 궁녀가 있었다고 한다.[1] 세자빈궁 외에 대전과 대비전, 중궁전, 세손궁 등에 소속된 인원까지 합치면 조선시대 궁궐에는 대략 500~700명에 이르는 궁녀가 있었던 것으로 추정된다. 실제로 영조 때 실학자인 이익(1681~1763)이 쓴 『성호사설』에는 "지금 (1737) 환관이 335명이고 궁녀가 684명인데, 이들에게 들어가는 경비가 1년에 쌀 1만1430석이나 된다"고 기록돼 있다. 여기에 왕족이 거처하는 궁과 왕의 생모를 모신 사당 등에서 일하는 궁녀까지 합하면 그 수가 많게는 1000명 가까이 됐을 것이다.

궁궐 살림과 운영에 필요한 인력은 궁녀만이 아니었다. 왕명을 전달하고 시중을 드는 환관이 적게는 100여 명에서 많게는 200~300여 명에 이르렀고, 궐내에 있는 관청에서 정규 관원의 업무를 보조하고 실무 행정을 처리하는 별감과 서리 같은 중인 부류도 상당수에 달했다. 궁궐 청소와 노역에 종사하고 왕실에서 쓸 물품을 조달하는 하층민도 수백 명이나 궁궐을 드나들었다. 여기에, 왕을 비롯한 왕실 가족 경호와 궁궐 경비를 담당한 군사가 대략 2000명이었으니 모두 3000명이 넘는 백성이 궁궐 유지와 운영에 매여 있었다.

1890년대 중반에 조선을 네 번이나 찾은 여행가 이사벨라 버드 비숍은 경복궁에 자주 초대받았는데, 당시 궁궐과 거기서 만난 사람들의 모습을 이렇게 전한다.

나는 경복궁에 여섯 번 갔는데 궁궐의 복잡함에 대한 경이로움, 그 진

기함과 아름다움에 대한 경탄은 날로 커져갔다. (…) 조정 대신과 그들을 돕는 하급 관리들, 국왕 비서기관의 관료들, 심부름꾼, 거기에 궁녀들까지 왔다 갔다 하는 궁궐의 넓은 뜰은 그 자체가 하나의 도시인 것처럼 사람들로 가득 차 바쁘게 돌아가고 있었다. 약 800미터를 걸어가 섬처럼 꾸며놓은 정자가 멋들어지게 서 있는 아름다운 인공 호수에 다다랐다. 근처에는 세운 지 얼마 되지 않은 외국풍의 건축물과 왕과 왕비가 기거하는 조선식 건축물이 있었다. 왕비전으로 이어진 뜰에 도착해 통역원과 많은 환관, 두 명의 왕비와 궁녀, 그리고 왕비를 보좌하는 제조 상궁의 안내를 받았다.

　　-이사벨라 버드 비숍, 『조선과 그 이웃 나라들Korea and Her Neighbours』

우리 궁궐이 드러내는 "인간의 살내음"과 "삶의 체취"

이날 비숍은 의례를 행하는 근정전과 집무를 보는 사정전을 거쳐 후원 영역에 있는 왕비의 처소를 방문하고 만찬 대접을 받은 뒤 왕과 왕비를 알현했다. 비숍은 경복궁 여러 구역을 걸으면서 건축물 외양과 배치에 경탄을 드러내길 주저하지 않는다. 복잡해 보이는 궁궐 배치가 경이롭고, 진기한 건축물이 아름답다며 놀라움과 감탄을 아낌없이 쏟아낸다. 여러 건물의 구분과 동선 연결, 장식된 갖가지 구조물이 사람을 놀라게 할 만큼 훌륭했다고도 한다.

　당시 비숍이 느꼈던 궁궐에 대한 경탄과 관련해 유홍준은 매우 유용한 해석 틀을 제공한다. 유홍준은 저서에서 유럽인이 경복궁을 보고 가슴 벅찬 감동을 느끼는 이유로 "인간의 살내음이 살아 있는 궁궐"이라는 점을 든다.[2] 유럽의 궁궐은 한 건물 안에서 모든 것이 이뤄지는 데 비해 우리 궁궐은 근무 공간, 연회 공간, 생활 공간, 제사 공간, 살림집과 후원 등이 구역으로 나뉘어 있고, 그 각각의 권역에서는 왕이 집무하고 연회를 베풀고, 왕비와 생활하고 조상에게 제사를 지내고, 홀로 산책하던 자취가 그대로 느껴진다는 것이다.

"인간적 체취가 남은 궁궐"이라는 해석 방향은 창덕궁에서 확대되고 심화한다. 그는 의례를 치르는 인정전(외조外朝), 임금이 정무를 보는 선정전(치조治朝), 왕과 왕비의 침전인 대조전(연조燕朝)의 3조 배치에 대해 "경복궁에서는 이 3조가 남북 일직선상에 있지만 창덕궁에서는 산자락을 따라가며 어깨를 맞대듯 나란히 배치돼 있다. 그래서 경복궁에 중국식의 의례적 긴장감이 있다면 창덕궁은 편안한 한국식 공간으로 인간적 체취가 풍긴다고 하는 것이다"라고 한다.[3]

그러면서 남북 일직선을 피하고 자연 지형과 지세를 따라 건물을 배치한 효과를 건축가의 의견을 빌려 이렇게 덧붙인다. "창덕궁이 경복궁보다 더 편안하고 자연스러운 것은 시점의 이동에 따른 공간의 변화 때문 아니겠어요." 또한 정문인 돈화문에서 인정전에 이르는 길이 기역 자로 꺾였다가 다시 니은 자로 꺾이는 동선을 그리면서 공간이 자잘하게 분할돼 다수의 블록을 이루고, 이러한 점이 임금과 신하의 생활을 그리게 하고 결과적으로 창덕궁이 경복궁보다 더 삶의 체취가 느껴진다고 한다.[4] 정원에 대해서는 자연 그대로의 모습을 살리고 꾸민 태를 내지

외조, 치조, 연조가 남북 일직선상에 배치된 경복궁의 건물.

않는 편안한 공간이며, 이런 점 때문에 인간적 체취가 물씬 풍긴다고 본다.[5]

궁궐 건축물의 입지와 배치, 건축물 간의 동선, 인공구조물과 자연의 어울림이라는 눈에 보이는 현장을 "인간의 살내음"과 "삶의 체취"라는 정서 개념으로 묶어낸 그의 시선은 탁월하기 그지없다. 그렇지만 우리 궁궐은 다른 측면, 어쩌면 다른 의미의 "인간의 살내음"과 "삶의 체취" 또한 담고 있다고 본다. 그걸 에두르지 않고 말하면, 궁궐을 짓고 꾸려온 "백성의 땀과 눈물 내음", 궁궐이라는 성역에 뿌려진 "인간의 욕망과 삶의 피내음"이 될 것이다.

주변 산자락과 어우러지게 배치된 창덕궁의 건물.

우리 궁궐에 담긴 또 다른 "인간의 살내음"과 "삶의 체취"

궁궐에 발을 디딘 궁녀의 목표는 상궁이 되는 것이다. 대개 5품의 품계를 받는 상궁에 오르면 보수가 늘어나고, 식모와 침모가 배치된 거처가 따로 마련된다. 궁녀의 수령격인 제조상궁이 되면 개인비서에 해당하는 궁녀를 거느리고 내전의 재산을 관리하는 권한을 부여받는다. 어명을 전달할 때도 있어서 대신들도 함부로 대하지 못하는 위세를 갖기도 한다. 하지만 원칙적으로 30년의 연륜이 필요한 상궁의 지위가 어디 누구나 쉽게 닿을 수 있는 곳이겠는가? 동기 간의 경쟁과 질시를 이겨내고 윗전의 의중을 살피고 따라야 하는 모진 시간을 견디며 이지러진

길을 걸어야 했을 것이다.

제조상궁을 뛰어넘는 욕망을 품은 궁녀도 간혹 있었으리라. 임금의
승은을 입어 4품 이상의 품계를 갖는 숙원과 소용, 소의 등 후궁 반열
에 오르는 길이었다. 의지에 운이 겹치면 후궁 최고 지위인 빈에 오르
는 궁녀도 없지 않았으니, 세종이 총애한 신빈 김씨는 관아의 여종 출
신으로 빈이 된 궁녀였다. 왕후의 시녀로 임금의 성은을 입어 아들 6명
을 두니 후궁으로서는 가장 많은 자식을 둔 궁녀이기도 했다. 신빈 김
씨는 왕후와 사이가 좋고 행실이 곧았다고 전해지지만, 왕의 총애를 받
는 궁녀 중에는 부패한 관료세계에 발을 들이고 나름 권세를 휘두른
이도 있었다.

> 소용 임씨와 정씨, 상궁 김씨와 변씨, 이씨, 최씨가 있었는데 김씨의 전
> 횡이 심했다. 서로 더 많은 총애를 받으려 심하게 다투고 시기했다. 조정
> 의 권세가와 뇌물을 매개로 결탁해 무리를 이루어 매관매직을 일삼고
> 재물을 받고 죄인을 방면하니 궐문이 시장 같았다. 큰 집을 여러 채 가
> 지고 금과 옥을 쌓아둔 채 위세를 부리니 행인들이 눈짓으로 이를 비난
> 했다.
>
> ―『광해군일기』 130권, 광해 10년(1618) 7월 5일

하지만 자신의 욕구를 따르고 이득을 취할 수 있는 궁녀는 몇 되지
않았다. 대부분의 궁녀는 윗전의 횡포와 억압으로 눈물을 흘렸으며, 때
로는 빗나간 권력의 욕망에 결박돼 피를 바쳐야 하는 가련한 궁녀들도

있었다.

인조 24년(1646) 1월 초순, 정렬과 난옥을 비롯한 9명의 궁녀가 특별 재판정인 국청에서 신문을 받았다.[6] 수라상에 독극물이 든 전복구이를 올려 임금을 시해하려 했다는 죄명이었다. 궁녀 6명은 세자빈 강씨의 시녀였고, 3명은 수라간 소속이었다. 임금은 세자빈의 지시에 따라 궁녀들이 독이 든 음식을 올렸다고 의심하고 있었으며, 이날 신문의 초점은 이들에게서 그에 대한 자백을 받아내는 데 있었다.

> 궁녀 정렬과 유덕, 계일, 향이, 천이, 난옥, 일녀 등은 모두 자백하지 않 았고 난옥은 먼저 죽었다. 강빈(세자빈 강씨)과 내통해 독을 넣었다는 사 실을 자백받기 위해 압슬(꿇린 무릎 아래 사금파리를 깔고 무릎에 무거운 돌을 얹는 형벌)과 낙형(불에 달군 쇠로 몸을 지지는 형벌)을 가했으나 정렬 과 유덕은 강빈이 신임하는 시녀라 끝내 자복하지 않고 죽었다.
> ―『인조실록』 47권, 인조 24년(1646) 1월 3일

사실 이 전복구이 사건은 인조가 벌인 자작극으로 보고 있다. 왕위 계승자였던 소현세자가 급사한 뒤 남겨진 세자빈과 세손의 존재를 꺼 린 인조가 이들을 옭아맬 구실을 찾았고, 결국 시해 기도라는 계략을 꾸몄다는 게 중론이다. 소현세자는 이미 9개월 전에 의문의 죽음을 맞 았는데, 많은 이에게서 독살당했다는 의심을 받고 있었다. "청나라에서 세자를 등극시키고 지금의 임금을 볼모로 삼으려 한다"는 소문에 자극 받은 인조가 독살을 지시했다고 여겼다.

인조는 전복구이 사건 4개월 전에도 총애하던 후궁을 내세워 가짜 저주 사건을 일으키고 세자빈 강씨를 제거하려 했다. 소현세자 밑에서 일했던 궁녀 신생을 사주해, 세자빈 강씨가 임금과 새롭게 세자가 된 봉림대군(뒷날의 효종)을 저주하기 위해 궁궐 여기저기에 사람의 뼈와 구리로 된 흉물을 묻어뒀다고 고하게 했다. 신생은 신의를 지키고 죽음을 택한 궁녀들과는 다른 길로 내몰렸으며, 그 과정에서 자신의 이익을 챙기려는 욕망 또한 거부할 수 없었을 것이다. 결국 세자빈 강씨의 궁녀로 일하는 계향과 계환이 범인으로 지목돼 억울한 죽음을 당한다. 무엇이든 할 수 있다는 최고 권력자의 오만이, 권좌를 존속시키려는 권력욕이 잉태한 불안을 만나면서 무고한 이들의 목숨을 앗아간 것이다. 지배자의 끝 모를 권력욕을 만족시키기 위해서는 권세 서열의 맨 아래층에 있는 어여쁜 백성의 희생이라는 피의 제물이 필요했는지도 모른다.

18세기 중반에 생존한 궁녀 귀례와 상업은 정치세력의 권력다툼에 휘말려 뒤늦은 처벌을 받았다. 숙종 1년(1675) 봄, 모후인 명성왕후 김씨가 남인南人의 공격으로 궁지에 몰리자 서인西人 측에서는 남인세력과 친분이 두터운 왕족이 이전에 저지른 추문을 들추며 반격에 나섰다. 복창군과 복평군이 선대先代인 현종(재위 1659~1674) 때 궁궐에 마음대로 드나들면서 궁녀와 사통私通하는 무엄한 짓을 저질렀다며 압박을 가했다. 임금의 소유물 취급을 받는 궁녀를 범한 죄는 사형에 처할 수 있는 중죄였다. 이 사건의 당사자가 귀례와 상업이었다.

형장刑杖을 치며 신문한 결과 귀례는 사실을 말하며 승복했으나 상업은 사실대로 말하지 않았다. 의금부에서 죄를 자인하는 진술을 받은 뒤 법에 따라 처단하기를 청하니 임금이 답서를 내렸다. "그 죄를 보면 조금도 아까울 것이 없다. 그렇지만 당초에 정배하라는 명을 내렸는데 이제 와서 법대로 하면 마음이 편치 못하니, 이전과 같이 사형을 감면해 정배하라." 궁녀를 법에 따라 벌하면 이정(복창군)과 이연(복평군)까지 다칠 수 있어 임금이 이를 우려해 내린 판결이었다.

－『숙종실록』 3권, 숙종 1년(1675) 3월 16일

성도덕을 구실로 정적을 제거하려는 파벌 다툼이 없었다면 끝내 묻힐 수 있었던 사건이지만 상업과 귀례는 고통스러운 그 기억을 다시 안은 채 으스스한 정치투쟁의 한복판에 내몰렸다. 왕이 아닌 다른 남자를 가까이 한 죄를 감수할 수밖에 없는 처지였지만 정적 제거의 구실이 된 그 사건도, 그로 인한 권력다툼의 결과도 이들 궁녀의 의지와는 너무 먼 거리에서 일어나고 진행됐다. 당사자의 의지가 앞선 행위가 아닌데도 마땅히 처벌을 받아야 한다는 점에서 이는 억울한 단죄일 수 있었다.

물론 대부분의 궁녀는 "궐문에 발을 디디면 왕의 여자가 돼 평생 정절을 지켜야 한다"는 금령禁令을 따르며 살았다. 병들거나 나이 들어 궐문을 나선 뒤에도 혼자의 삶을 이어갔으니, 구속과 부림을 받는 생의 여정은 거부할 수 없는 운명과도 같았다. 이처럼 궁궐의 하층 백성 대부분은 맡겨진 일을 숙명으로 여기며 고된 노동을 감수했고 성심으로 국왕과 왕비, 그 일가를 모셨다. 그 과정에서 자잘한 실수를 하고 잠깐

의 나태를 보이기도 했지만 그건 궁궐의 주인인 지존의 입장에서 보면 덮기 힘든 죄가 될 수 있었다.

15세기 후반 성종 시기, 관아의 구실아치인 주인을 대신해 창덕궁에서 입직 근무를 서던 모지毛知는 궐문이 아니라 수구水口로 드나들다 사형을 당할 뻔했다. 궁궐의 담을 넘었다는 죄명인데 임금이 아량을 베풀어 교수형만은 면할 수 있었다. 영조(재위 1724~1776) 대 후반에 경희궁에서 일하던 하녀 작은년이는 불결한 제사 음식을 올렸다고 엄한 처벌을 받아야 했다.[7] 정6품 관료의 지휘 아래 행한 일이지만 벌을 피할 수는 없었다.

최고 권력은 출입을 제한해 궁궐의 위엄을 보이고, 정결한 의례 실행으로 왕가의 신성을 드러내려 했다. 장엄하게 지어지고 엄정하게 꾸려진 궁궐은 지배자의 권위를 높이고, 만년토록 번영하겠다는 왕조의 염원을 약속했다. 그 휘황하고 엄숙한 군주의 통치 행보에 충실하지 못한 하층 백성의 태만과 부주의는 왕가의 명예와 존엄을 해치는 불경한 짓거리였다. 그래서 지존의 광채라는 궁궐의 빛 너머 뒤안길에, 왕의 큰 덕德을 온 나라에 비추고 백성을 도탑게 이끌겠다는 궐문의 그늘에 민초의 땀과 한숨, 눈물과 피가 어김없이 어렸다. 그 땀과 눈물이 있어 궁궐이 지어지고 유지됐으며, 그 뒤안길과 그늘이 있어 지존의 영예가 빛났고 지배세력의 안락이 보장될 수 있었다.

조선 백성이 흘린 땀과 지배의 빛을 드높인 음지는 수백 년 세월을 넘어 지금의 우리에게 "인간의 살내음"과 "삶의 체취"를 느끼게 하는 밑거름이 되었다. 그건 편안함과 자연과의 어울림을 발하는 우리 궁궐을 존속시킨 가장 큰 힘이기도 하다. 백성의 그 땀과 음지는 선조가 남긴 또 다른 유산이니 "인간의 살내음"과 "삶의 체취"가 담긴 뜰 한편에 이를 올려놓는 작업은 고생을 한 조상의 희생에 답하는 최소한의 도리일 것이다.

8장
세종이 경복궁을 중건한 까닭

백악산에 올라 주산主山을 확인하다
– 경복궁 명당논쟁

재위 15년인 1433년 7월 중순, 세종은 여러 대신과 지관을 거느리고 경복궁 뒤쪽의 백악산(북악산)에 올랐다. 경복궁 터가 명당이 아니고 백악산이 주산이 아니라는 주장이 제기돼 이를 확인하려는 행차였다. 주산은 혈血의 기운이 흘러내리는 산으로, 풍수지리에서는 여기에 운수의 기운氣運이 달려 있다고 한다. 만약 백악산이 주산이 아니라면, 또한 풍수지리의 운수설을 받아들인다면 최소한 경복궁은 좋은 운수를 가진 궁궐은 아니게 되고 그건 왕가의 번영에도 해가 될 터였다.

주산과 명당을 둘러싼 논쟁은 보름 전에 시작됐다. 발단은 지관 최양선이 올린 상서上書였다. 천문과 지리를 맡아보는 서운관 관료 출신이기도 한 그는 도성의 주산은 백악산 동쪽 가까이 있는 산줄기이며, 명

당은 그 아래 창덕궁과 경복궁 사이에 있는 승문원 자리라는 의견을 올렸다.[1]

> 임금이 사정전에 나아가 지신사(도승지) 안숭선에게 일렀다. "최양선이 이렇게 아뢰었다. '경복궁의 북쪽 산은 주산이 아닙니다. 목멱산(남산)에서 바라보면 향교동의 연한 줄기, 지금 승문원 자리가 실로 주산이 되는 데 도읍을 정할 때 거기에 궁궐을 짓지 않고 왜 백악산 아래에다 지었을까요. 지리서에 말하기를 인가人家가 주산의 혈 자리에 있으면 후손이 쇠잔해진다 했사오니, 창덕궁을 승문원 자리로 옮기면 만대의 이익이 될 것입니다.'"
>
> ─『세종실록』 61권, 세종 15년(1433) 7월 3일

주산 문제가 조정의 안건으로 떠오르자 서운관 판사判事를 지낸 지관 이양달이 백악산이 삼각산(북한산) 보현봉의 맥을 잇는 주산이 틀림없다고 맞받았다. 이후 풍수지리에 일가견이 있는 관료들까지 양측으로 나뉘면서 논쟁이 가열되고, 현장 답사 뒤에도 의견 대립이 계속되자 이날 세종이 친히 산행에 나서게 됐다.

> 임금이 지신사 안숭선에게 일렀다. "오늘 백악산에 올라 지세를 한동안 살펴보았다. 또한 이양달과 최양선의 의견을 들은 뒤 여러 번 되풀이해서 자세히 보니 보현봉의 산맥이 곧게 백악으로 들어와 있어 경복궁 자리가 명당이었다. 승문원 내맥來脈도 보통은 아닌 것으로 보였지만 이양

달과 고중안, 정앙 등은 명당은 아니라고 했다. 그 터가 낮고 미약하며, 산수가 좀 곧으며, 마주 보는 남산이 높다는 사실을 그 이유로 꼽았다."

-『세종실록』 61권, 세종 15년(1433) 7월 18일

세종은 승문원 자리가 명당임이 분명하다면 거기에 100칸間 정도의 별궁을 지을 수도 있다는 의사를 나타내기도 했다. 하지만 결국은 신하들에게 경복궁 자리가 명당임을 확신시키고 논쟁을 서둘러 마무리 지었다. 사실 경복궁 자리가 명당이 아니라는 말은 창건 초부터 계속 나돌았다. 경복궁을 지을 때 중추원 첨서사 하륜이 "형세가 좋지 않아 산이 갇히고 물이 마르니 왕이 사로잡히고 족속이 멸할 수 있습니다"라는 글을 태조에게 올리기도 했다. 이후에도 경복궁 터가 불길하다는 설이 그치지 않다 세종 대에 들어 다시 전면화되기에 이른다. 이날 세종의 조속하고 과감한 결단은 그런 논란을 뒤로하고 수년 전부터 의욕적으로 추진해오던 경복궁 중건 정책과 관련이 깊었다.

경복궁은 태조에서 태종 대에 걸쳐 정무를 보는 외전인 정전과 편전, 생활 공간인 내전을 이루는 전각이 마련돼 남북으로 일직선상에 놓이는 기본 틀이 잡혔다. 여기에 여러 행랑과 누각, 부속건물, 궐내 관청이 들어서고 궁문과 궁성이 조성됐다. 그런데 경복궁은 태조가 왕위에서 물러난 뒤에는 임금이 거처하며 정무를 보는 법궁의 역할을 다하지 못했다. 정종은 개성으로 천도했으며 태종은 창덕궁에서 재위 기간 대부분을 보내며 정사를 펼쳤다.

한동안 임금이 거처하지 않던 경복궁을 다시 법궁으로 삼은 국왕이

세종이었다. 세종은 재위 7년(1425) 무렵 경복궁을 정식 거처로 삼고, 이후 기본 골격을 유지하는 선에서 전각을 증축하고 건물을 새로 짓는 중건사업을 펼치기 시작했다. 이는 경복궁을 명실상부한 왕조의 중심 궁궐로 삼기 위한 궁궐 운영 정책의 토대를 마련하는 작업이었으니, 주산을 둘러싼 논쟁은 경복궁 중건을 통한 군주의 위상 강화라는 세종의 정치 복안에 자칫 걸림돌이 될 수 있었다. 세종은 백악산 산행 사흘 뒤, 일상생활 처소인 강녕전 수리를 지시함으로써 경복궁 명당 논쟁에 확실한 종지부를 찍었다.

> 영의정 황희, 좌의정 맹사성, 나이 들어 우의정을 그만두고 물러난 권진 등을 불러 일을 의논하면서 임금이 일렀다. "강녕전은 나만이 지낼 곳이 아니고 만대에 전할 침전인데 낮고 좁으며 어둡기까지 하다. 늙어서까지 이런 침전에 거처하게 되면 잔글씨를 보기 어려워 정무 처결조차 어려울 것이다. 이제 고쳐 지어서 후대에까지 전해주고자 하는데 어떻겠는가?" 그러자 모두 좋다고 아뢰었다.
>
> ─『세종실록』 61권, 세종 15년(1433) 7월 21일

세종은 왜 경복궁 명당설을 지지했나?

산의 지세와 지맥 연결을 중시하는 풍수지리 원칙에 따라 궁궐터를 잡게 되면서 경복궁은 서울 서북쪽에 위치한 백악산을 등진 채 자리를

잡았다. 그러면서 궁궐 건축물이 높은 산과 비교돼 상대적으로 작아 보일 수 있는 모양새를 갖추게 됐다. 이러한 입지는 궁궐이 수도 가운데 위치해야 한다는, 유교에서 이상적으로 제시하는 도성 조성의 원칙과 부합하지 않는다. 도시 중심 지역의 평지나 비교적 높은 지대에 궁궐을 지어 웅장함을 강조하고 최고 권력자의 드높은 권위를 드러내는 중국과 일본을 비롯한 여타 나라의 조영 방식과도 상당한 차이를 보인다.

그러면 조선의 최고 권력자는 궁궐을 통해 권력의 위용과 군주의 권위를 과시하려는 욕구를 포기한 것일까? 그렇지 않았다. 경복궁은 그 욕구와 의지를 오히려 궁궐 뒤편의 산을 매개로 삼아 드러낸다.[2] 궁궐에서 산으로 연결되고, 다시 하늘로 이어지는 일체화된 경관을 통해 국왕의 위용과 권위를 전달하려 했다. 웅장한 산과 하늘의 권위에 기대어 왕의 위상을 드러내는 방식이었다. 자연과 세계의 원천인 하늘이 가진 신성함과 절대성이 산을 통해 내려오고 이는 다시 궁궐로 전해지니, 결국 하늘의 권위가 산을 매개로 지상의 최고 권력자인 왕에게 귀속되는 효과를 거두게 된다.

궁궐과 도성 설계자는 경복궁 영역에 진입할 때 '궁궐-산-하늘'의 일체화된 경관 경험을 극대화하기 위해 경복궁으로 통하는 도로망을 치밀하게 조성하고 교차 지점까지 전략적으로 설계했다. 숭례문에서 경복궁으로 바로 통하는 대로를 내지 않고, 동북쪽으로 우회 도로를 만들어 가로로 놓인 종로와 연결되게 했다. 이 우회 도로를 따라 종로에 이른 뒤에 서쪽으로 꺾어 잠시 걸으면 육조거리 앞 사거리(지금의 세종대로 사거리)가 나오고, 여기서 북쪽으로 난 길로 들어서는 순간 경복궁

1896년 무렵의 육조거리. 정면에 광화문이 보이고, 그 뒤로 백악산(북악산)이 솟아 하늘로 이어진다. (국립중앙박물관 소장)

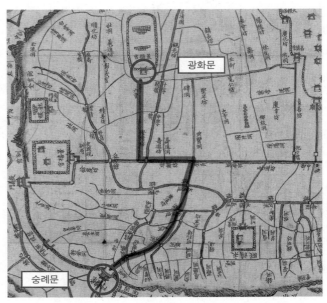

1830년에 제작한 「조선성시도朝鮮城市圖」의 일부. 숭례문에서 광화문에 이르는 대로가 곧바로 나 있지 않고 우회해 종로와 만나 이어진다. (서울역사박물관 소장)

이 그제야 외양을 드러낸다. 궁궐과 산과 하늘이 일직선상에 하나로 묶여 다가오며 웅장함을 연출하고, 시선은 금세 경외감으로 가득 찬다. 이어 육조거리를 따라 경복궁으로 다가가면 산은 차츰 사라지고 궁궐 전각이 점차 두드러지면서 어느새 시선은 위엄에 찬 궁궐 외양에 압도당한다. 산-하늘이라는 자연과 인공물인 궁궐의 일체화된 시각 경험은 결국 하늘의 권위를 궁궐의 주인인 왕의 권위와 동일시하는 인식으로 이어지게 된다. 이제 궁궐은 권력에 권위를 심어주는 위세와 존엄을 담은 일종의 표현물이며, 본능적 감정 반응과 함께 마음을 움직여 이 권위를 거부감 없이 받아들이게 하는 권력장치가 된다.

산을 매개로 하늘과 연결된 왕이라는 이런 위상을 드러내기 위해 돈의문(서대문)과 흥인지문(동대문) 등 도성의 어느 성문으로 진입해 들어와도 육조거리 앞 사거리에 이르러서야 경복궁을 처음으로 볼 수 있게 전체 도로망을 설계했다. 이러한 궁궐 조영 방식은 창덕궁과 창경궁, 종묘와 사직 등 다른 국가 건축물에도 유사하게 적용됐다. 이는 힘으로 강제할 필요 없이 눈으로 볼 수 있는 경관 연출만으로도 건축물의 위용과 함께 국왕의 권위와 존엄을 내면화시키는 정치기술이었다.

어쩌면 세종에게는 경복궁이 '궁궐-백악산-하늘'이라는 일체화된 경관을 충분히 보여준다면 정확한 명당자리가 어디인지는 부차적인 문제였는지도 모른다. 당시 세종의 정치 행로에는 경복궁을 명실상부한 법궁으로 재탄생시켜야 한다는 과제가 시급한 현안으로 놓여 있었다. 세종은 부왕父王인 태종 생전에 왕위를 물려받았지만 상왕上王으로 군림하는 태종의 영향력 아래 국정을 처리해야 했다. 즉위한 지 4년 만에 태종이 승하하면서 실질적인 임금이 되었지만 부왕의 그늘에서 완전히 벗어나는 길은 자신의 방식대로 국정을 이끌어나가는 정치체제의 정립이었다.

이를 위한 기반을 마련하는 방안 중 하나가 부왕이 중심 궁궐로 쓰던 창덕궁을 벗어나는 결단이었고, 개국 이념을 담은 경복궁을 온전한 법궁으로 만들어 자신의 정치 공간으로 삼는 사업이었다. 당시 세종은 명당 논란으로 경복궁 중건사업이 미뤄지거나 중단되는 걸 원치 않았던 것이다. 세종에게 풍수지리는 자손 번영을 약속한다면서 길지를 운운하는 운수론 이전에 군주의 권위를 높이는 정치수단이었는지도 모른다.

지배자의 권위 표상이라는 효과와 관련해, 풍수지리 자체가 하늘의 권위를 땅 위 인간의 권위와 연결하는 구조를 갖는다는 주장이 있다.[3] 풍수는 원래 하늘로부터 내려온 기운이 산에 내려앉고, 그것이 산줄기를 타고 내려와 산 자의 건물이나 죽은 자의 무덤에 솟아난다고 보는데 고려시대 이후 어느 시기부턴가 하늘이 사라지면서 땅의 논리가 되었다고 한다. 이 주장에 따르면 풍수지리는 피지배자들에게 통치자의 권위와 정치권력의 정당성을 자연스럽게 받아들이게 하는 정치 술책이자, 그 술책을 감추는 지식적 포장이 된다.[4] 세종은 풍수지리가 갖는 이런 현실적이고 실리적인 효과를 선택한 셈이다.

경복궁 중건과 의례 정비로 위계질서를 강화하다

세종은 궁궐 정책의 목적을 누각을 고치고 전각을 새로 짓는 규모 확대와 외형 꾸밈에 한정하지 않았다. 국가의례를 제대로 수행하는 예禮의 공간으로 경복궁을 탈바꿈시키는 데 더 큰 목적을 두고 건축 공사와 의례 정비를 병행해나갔다.

국가의례 실행은 궁궐의 규모와 구조에 직결되는 문제였다. 즉위·혼례·연회에 관한 가례嘉禮, 국상 의례인 흉례凶禮, 사신을 접대하는 빈례賓禮, 출정의식·열병의식·활쏘기 의식인 군례軍禮, 제사에 관한 길례吉禮 등 오례의 많은 의식이 궁궐을 행사 장소로 삼았다. 국왕을 배알하는 조회인 상참常參과 조참朝參, 경축일에 임금에게 예를 차리는 조하朝賀 의식도 궁궐의 외전에서 거행했다. 이런 의례를 제대로 수행하기 위해서는 의례 성격과 절차에 맞게 궁궐을 고치거나 의례를 궁궐 규모와 구조에 맞게 수정해야 하는데, 세종은 대체로 새롭게 의례를 정비해나가면서 이에 맞게 건물을 증축하거나 새 전각을 지었다.

경복궁 내에 마련한 동궁 전각이 그 한 사례다. 재위 9년(1427) 들어 세종은 왕세자 혼례를 앞두고 궐내에 동궁을 새로 짓도록 했는데, 이 무렵 동궁이 궐 밖에 있어 여러 전각을 연계해 의례에 맞게 혼례 의식을 치르기엔 어려움이 많았기 때문이다.[5] 불편함을 이유로 들었던 강녕전 개량도 의례와 연관해 이뤄졌다. 양로연 의식과 함께 왕비와 왕세자빈의 책봉례 의례를 새롭게 정하면서 추진돼 거의 새로운 건물을 짓는 수준이었다.

문제는 인력 조달이었다. 강녕전뿐 아니라 다른 여러 공역이 함께 추진되면서 인력 수급에 어려움이 가중되자 사헌부와 사간원에서 실정을 참작해 공사 시기를 재고해달라는 상소를 올렸다.

사헌부에서 상소했다. "강녕전과 경회루 보첨 개수하는 일, 궁성 쌓는 일, 남대문 토축을 고쳐 쌓는 일, 물시계 조성하는 일, 소격전 동네 두 군데 못 파는 일, 혜정교를 옮겨 개천을 파는 일, 가각고(문서 보관 관청) 서쪽 개천에 돌 쌓는 일, 장의동에 못 파는 일, 내사복시 뒤에 못 파는 일, 남대문 밖의 못에 석축을 쌓는 일 등으로 역군을 징발해야 합니다. 8월에는 경기도와 충청도의 수군 1500명을 데려와 부역시킬 예정입니다. (…) 백성이 노역에 지쳐 화평한 기운이 상하게 될까 두렵사옵니다."
　　　　　　　　　　　　　－『세종실록』61권, 세종 15년(1433) 7월 26일

사간원에서 상소했다. "지난 몇 해 동안에 건축과 토목 공사가 끊이지 않아 부역 일꾼들이 좀 쉬고 싶어 하옵니다. 올해는 일찍이 한재를 당해 곡식이 제대로 자라지 못했습니다. 게다가 홍수까지 나서 피해가 적지 않으므로 장래가 걱정되니 구제할 계책을 마련하시어 백성을 돌보아야 할 시기이옵니다. (…) 백성을 소중히 여긴 『춘추』의 뜻을 본받으셔서, 이 공사들을 일단 멈추시고 풍년을 기다려서 하시기를 엎드려 바라나이다." 그러자 임금이 일렀다. "아뢴 말은 가상하나, 부러진 들보와 동갈이 기둥은 불가불 고쳐야 할 것이다."
　　　　　　　　　　　　　－『세종실록』61권, 세종 15년(1433) 7월 27일

백성의 고역과 민심을 헤아려달라는 심정까지 내보였지만 세종은 경복궁 공역을 늦추지 않았다. 석 달 만에 강녕전 공사를 마무리하고 이듬해에는 유교와 정치 관련 서적을 보관하는 융문루와 융무루 공사를 실행했으며, 이후 내전 뜰과 강녕전 행랑 수리 공사까지 추진했다.

해마다 계속된 경복궁 공역 중 사정전 영역 공사는 왕권 강화와 관련해 좀더 특별한 의미를 갖는다. 재위 11년(1429) 되는 해에 사정전 수리를 시작해 이후 수년에 걸쳐 주변 행랑 배치를 새롭게 해나갔다. 사정전을 주요 공간으로 삼아 가례의 대부분과 빈례와 군례의 일부가 행해지는데, 이 무렵 이들 의례가 재정비되면서 그 격식에 적합하게 건물을 증축하고 의례 공간을 새로 조성한 것이다. 사정전은 의례의 시작을 알리는 국왕의 출발점이자 의례가 끝나면서 국왕이 자리를 잡는 공간이기도 해 그만큼 중요도가 높았다. 상참과 조참의 상세한 절차가 이 시기에 제도로 정착되면서 좀더 넓은 사정전이 필요하기도 했다.

상참은 상급 관청의 고위 관료를 비롯한 일부 관료가 매일 아침 조정에서 행하는 의례이며, 조참은 백관이 매달 네 차례 참여하는 의례였다. 이 조회 의례는 품계에 따라 예를 올리는 절차가 정해지고 그에 따라 의식이 진행돼 참가자들 간의 관계 양상, 곧 국왕을 정점으로 한 관료체계의 위계질서를 선명하게 보여주었다. 의례 규칙과 양식은 국왕을 중심으로 짜이고 추진되며, 왕은 의식 수행을 통해 최고 권력자로서의 위상을 신하들에게 분명하게 각인시킬 수 있었다.

국왕은 의례의 모든 과정을 볼 수 있는 위치에 서지만 시선의 대상에서 제외된 권력의 주체였다. 왕은 높은 곳에서 신하를 내려다보는 위

경복궁 사정전.

치에 자리잡고, 그 시선은 남쪽을 향한다.[6] 의례가 진행되면 왕 이외에
는 누구도 남향을 취할 수 없으며, 신하들은 북향을 한 채 몸을 구부
리고 시선을 낮추어야 한다. 물러날 때도 뒷걸음으로 상체를 구부린 채
자세와 시선을 유지한다. 의례가 되풀이되면서 동작이 자연스럽게 몸
에 익게 되고, 이러한 자세는 왕을 대하는 당연한 태도로 마음에 받아
들여진다. 몸을 낮추고 시선을 내리는 몸의 복종이 마음의 복종으로
이어지는 것이다.

왕을 대하는 이런 자세는 정해진 규칙과 양식 아래 행해지는 일반
의례에서도 마찬가지였다. 이 의례 수행은 대체로 복잡하고 긴 절차를

거치며 몸을 힘들게 유지하거나 움직여야 하는 상당히 힘든 작업이었
다. 그런데도 되풀이되는 의식 실행으로 몸이 격식과 절차를 자연스럽
게 따르도록 하고, 의식을 언제든지 수행할 수 있는 관례로 만들어나
갔다. 때로는 사전 연습을 통해 의례 시의 행동거지와 순서를 몸으로
익히게 했다.

> 경연에서 임금이 일렀다. "큰 제사는 공식 처소에서 의례를 연습하고 중
> 간 제사는 제례를 올리는 곳에서 연습을 한다. 그런데 작은 제사를 지
> 낼 때는 연습하지 않아 법도와 양식에 어긋나는 일이 있으니 마음이 편
> 치 않다. 이제부터는 작은 제사일지라도 제사 지낼 곳에서 의례 연습을
> 하도록 하고, 이를 늘 따라야 하는 예규로 정하도록 하라."
>
> —『세종실록』 61권, 세종 15년(1433) 윤8월 5일

특별한 양식과 위엄을 갖춘 공간에서 엄정한 규범과 절차에 따라 행
하는 의례는 엄숙하고 때로는 장엄한 분위기를 연출하며 의례 자체를
신성하고 거룩한 것으로 만들어나간다. 품계에 따라 서로 다른 역할을
갖는 참여 구성원들은 이러한 의례 과정을 반복해 거치면서 지위와 위
계에 따른 차별을 당연한 것으로 받아들이게 된다. 의례의 제도화는
결국은 차이를 만들어내는 권력 행위나 다름없었다.

세종은 의례제도를 정비하면서 임금과 신하, 신하와 신하 사이의 위
계질서를 확립하고자 했다. 의례 실행을 통해 자신의 지위에 상응하는
분별과 차등을 상기시키고 그에 따르는 역할과 책임 의식을 고취해나

갔다. 의례 질서의 수용이 권력의 위계질서 수용으로 이어지도록 했다. 이제 궁궐을 중심으로 행해지는 국가의례는 통치권위와 관료체계의 토대 마련에 필수불가결한 요소가 돼갔다. 세종은 의례가 가진 이런 기능과 역할을 명확하게 인식하고 의례 수행의 바탕이 되는 궁궐 공간을 정비해나갔다.

9장
누구를 위한 의례이고 예치인가?

의례 정치로 군신 간 견제와 화합을 이루다

즉위 초인 1420년, 세종은 그동안 유명무실하던 집현전을 재정비했다. 궁궐 내에 청사를 마련하고 학식에 능한 관료를 뽑아 왕실교육과 함께 국정을 보좌하게 했다. 집현전은 고려시대부터 있었지만 13세기 이후 폐지와 설치를 거듭하며 별다른 역할을 하지 못했다. 세종은 이런 집현전을 확대 개편해 실질적인 학문연구기관이자 국정자문기관으로 만들어나갔다. 집현전의 정원을 늘리고 지원을 강화했으며, 사서와 유교 윤리서를 펴내며 편찬사업까지 활발하게 추진했다. 이와 함께 집현전을 유교 의례와 제도를 연구하는 학술기관으로 육성하고자 했다.

임금이 일렀다. "도덕과 풍속 쇠퇴를 막기 어렵다는 경(변계량卞季良)의 말은 매우 좋은 의견이다. 그러나 예법과 제도를 의논하는 건 성인聖人의 일이다. 사대부의 두 아내를 함께 사당에 모시는 예법을 만일에 주공周公이 만든 것이라고 한다면 어찌 고치어 바꿀 수 있겠는가." 그리고는 상정소詳定所와 집현전에 명하여 옛 제도를 검토해 아뢰라고 하였다.

－『세종실록』 41권, 세종 10년(1428) 9월 24일

세종은 의례 절차와 양식의 기준을 정하기 위해 중국의 고례古禮를 해석하게 했으며, 현실에 적합한 규범을 도출하기 위해 예 전반에 대한 연구를 병행하도록 했다. 이는 궁궐 정비와 맞물려 진행된 사업이었는데, 의례 규범에 따른 궁궐 정비는 예라는 유교 지식에 기댄 정책이기도 했다. 세종은 유교의 예를 궁구해 의례 정립을 위한 학문적 근거를 마련하고 이를 기반으로 국가의례의 위상을 높이고자 했다.

이처럼 국가의례를 지휘하는 권력은 군사력이 뒷받침된 물리적 수단만이 아니라 예에 의해서도 작동되었으니, 권력은 지식이라는 토대를 가진 힘이었으며, 예라는 지식을 보유하고 관리하는 작업은 일종의 권력 행사가 되는 셈이었다. 예에 바탕을 둔 의식을 수행한다는 것은 그 의례를 주관하는 권력자의 의사와 지배를 받아들인다는 것이나 마찬가지였다.

하지만 신하가 있어야 국왕이 존재할 수 있으며 국왕의 권력도 이들의 지지가 있을 때 더 큰 힘을 발휘했다. 신권臣權 또한 왕을 정점으로한 지배체계와 왕의 권위 아래에서 힘을 얻을 수 있었다. 왕과 양반 관료는 대립 관계에 놓여 있으면서도 상호의존적 지배권력을 구성하며 그 행보에 서로 보조를 맞추었다.

세종은 군주와 신하 간의 이런 관계를 잘 알고 있었으며, 이는 궁궐 운영에도 반영돼 재위 22년(1440)에 경복궁 내에 교태전交泰殿을 건립했다. 왕비의 침전으로 쓰인 훗날의 교태전과 달리 이 시기의 교태전은 주로 가까운 고위 관료와 국정을 의논하고 신하들과 연회를 가지며 교류를 돈독히 하려는 용도로 세운 건물이었다.[1] 전각 이름을 통해서도 이를 알 수 있으니, 교태란 하늘과 땅의 기운이 화합해 만물이 평안하다는 뜻이고, 이는 군주와 신하 또한 조화를 이뤄 큰 뜻을 펼치자는 의도로 풀이된다.

경복궁 교태전.

교태전에 나아가 도승지 이극감을 인견하고 변방에 대한 일을 의논했으며, 체찰사의 군관 정산휘에게 명하여 군기軍器를 가지고 함길도(함경도)로 가게 했다.

－『세조실록』21권, 세조 6년(1460) 8월 1일

문무백관이 새해 아침에 하례하니, 교태전에 나아가 잔치를 베풀었다.

－『세조실록』30권, 세조 9년(1463) 1월 1일

국가의례는 신권을 유지하게 하는 제도이기도 했다. 국가의례에 참가한다는 것은 관료체계의 핵심부에 편입돼 자신의 지위를 국왕으로부터 인정받았다는 뜻이었다. 더구나 의례 수행 과정에서 스스로를 돋보이게 할 수도 있었으니, 문벌을 숭상하는 조선 사회에서 국가의례 참가는 자신과 집안의 평판을 높일 수 있는 계기가 될 수 있었다.[2] 사대부 관료들은 국왕에게 선택된 특별한 존재라는 자부심을 드러내며 자신이 참가한 의례의 실상을 기록하거나 궁중행사도를 제작해 후대에 전하기도 했다. 국가의례가 강요의 틀만으로 이뤄진 게 아니란 사실을 이를 통해 짐작할 수 있다.

국가의례는 왕의 언행을 규제하는 역할도 했다. 지엄한 대접을 받는 존재지만 국왕 또한 정해놓은 절차와 규범에 따라 움직여야 했다. 모두가 우러러보는 위치에 올라 모두를 감시하는 시선을 가졌지만 그건 신하의 권리와 권위를 인정하고 자신에게 부여된 규범을 지킬 때 지속될 수 있는 힘이었다. 의식을 치르면서 국왕 또한 이런 사실을 알게 모르게 깨닫게 되니, 국가의례의 마당은 왕과 신하의 상호작용과 의존을 배경으로 작동되는 지배권력의 현실을 보여주는 정치의 장이기도 했다. 세종은 권력의 이런 속성을 일찌감치 파악하고 궁궐 중건과 의례 정비를 병행하며 군주의 통치권위를 높이고 양반 관료가 중심이 된 지배질서의 토대를 닦아나갔다.

루이 14세와 세종

유럽에서는 프랑스의 루이 14세(재위 1643~1715)가 의례 정치를 행한 대표적인 군주로 꼽힌다. 절대왕정의 화신으로 불린 그는 궁궐의례를 통해 대귀족을 포섭하고 왕권을 공고히 해 자신을 인간 이상의 존재로 인식시켜 나간 권력자였다.

루이 14세는 권력 입지를 다지기 위해 먼저 웅장하고 화려한 베르사유 궁궐을 지어 권위를 과시했으며, 이어 궁궐의례를 새롭게 만들어 나갔다.[3] 대관식과 장례식, 입성식 등의 대규모 행사의례보다 왕의 기상과 취침, 식사와 만찬, 직무 등 궁궐에서 행하는 일상적인 행위를 의례로 조직해 신성한 이미지를 구축하려 했다.

기상 의례는 국왕 몸치장·신하 접견·예배 의식으로 구성됐으며, 그 각각은 다시 여러 단계로 세분됐다. 접견 의례만 해도 수석 시종과 의사·침실과 의상 담당 시종·지사·사제장과 국무대신·귀족·왕의 아들 등 여섯 단계로 나뉘었으며, 이 하위 절차에는 그에 적합한 상세한 규

루이 14세가 지은 베르사유 궁전.

칙과 엄격한 행위 양식이 요구됐다. 취침 의례에는 참석자의 서 있는
위치와 퇴거하는 순서까지 세밀하게 규정돼 있을 정도였다. 또한 절차
에 따른 의례 수행에는 신분과 지위에 따른 불평등한 역학 관계가 반
영됐다. 특히 왕은 의례에 참석할 수 있는 자와 가까이서 시중을 들 수
있는 자를 선택하고 구별해 그에 따른 총애에 차등을 두었다.

왕은 침실로 돌아와서 국왕 친견과 두 번째 접견에 참석했던 소수의 궁
정인만이 참석하는 취침 의례를 거행했다. (…) 왕은 주변 사람들을 바
라보고 촛대를 들고 있을 인물을 크게 소리 내 지명했다. 행운을 안은
이는 취침 의례 동안 촛대를 들고 서 있었다. 왕은 수석 시종의 도움을

받으며 옷을 벗었다. 귀족들이 그 자리를 떠나는 동안 왕은 고개를 끄덕이며 저녁 인사를 했다. (…) 이윽고 대신들과의 접견이 시작됐고 특권을 지닌 사람들만이 남게 되었다. 그들은 왕이 잠자리에 들 때까지 떠나지 않았다. 그 시간 동안 그들은 왕과 대화를 나눌 수 있었다.

-루이 드 루브루아 생시몽,
『루이 14세와 그의 법정, 그리고 섭정시대의 회고록 3』

궁궐의 일상의례 규칙은 점차 이들의 언행을 통제하는 규율이 돼갔다. 시간이 흐르면서 왕 주변의 세력가들은 의례 규범을 마땅히 수행해야 할 전범으로 거부감 없이 받아들였다. 예를 들면, 왕의 침실을 드나들 때 왕의 나이프와 포크, 냅킨을 담아두는 용기 앞에서 절을 했는데, 이는 왕이 부재해도 지키는 품행 규범이 됐다. 왕은 이러한 의례를 통해 자신을 누구와도 비교할 수 없는 우월한 존재로 인식시켰으며, 이는 결국 왕에 대한 신성화로 이어졌다. 궁궐에서 행하는 일상의례가 왕을 국가의 살아있는 상징으로 만들어나갔다.

루이 14세는 궁궐의례를 출생에 따른 신분질서를 기준으로 운영했다. 왕 스스로 지켜야 할 의례 규범을 만들어 자신과 대귀족을 차별화했고, 대귀족은 궁궐의례를 수행함으로써 정체성을 확립하고 명예를 과시해 하위 신분과 자신들을 구별했다. 대신 왕은 이들로부터 절대군주로서의 지위와 권한 행사에 대한 동조를 끌어낼 수 있었다. 궁궐의례를 통해 권력을 강화하려는 국왕과 신분을 지속시키려는 대귀족의 이해관계가 맞아떨어진 것이다. 궁궐의례는 정치세력이나 사회 집단의 불

만을 누그러뜨리고 권력 영속화를 꾀하는 문화적 장치이자 세련된 정
치도구였다.

　루이 14세라는 절대군주는 유아독존의 군주가 아니라 대귀족과의
관계 속에서 권력을 행사하는 지배자였다. 궁궐 경영과 의례를 중심으
로 한 그의 정치 형태는 왕의 권력은 다른 정치세력과의 상호의존적인
관계망에서 제대로 행사될 수 있다는 역사적 사실을 증명하며, 이는
세종 시기에 펼쳐진 의례 정치의 배경과 목적을 이해하는 데도 한 시
준점을 제공한다.

왕실 번영과 지배체제의 이념 토대를 다지다

세종은 재위 14년(1432) 들어 문소전을 세우고 창덕궁 내에 따로 있던
태조와 태종의 사당을 들여와 신위를 한 건물에 모신다. 이후 문소전
옆에 역대 임금의 어진을 모신 선원전까지 새로 짓는다. 문소전을 건립
하고 10여 년 뒤에는 왕위 승계 작업을 하면서 세자가 거처하는 동궁
근처에 계조당이란 별도의 건물을 세우고, 이곳에서 왕세자를 중심으
로 거행할 조참과 축하의식, 인견引見, 양로연에 관한 예법을 마련하도
록 했다.

　예조에서 임금에게 아뢰었다. "왕세자가 조참을 받을 때는 (거둥 신호인)
　초엄初嚴을 초고初告로, 이엄二嚴을 이고二告로, 삼엄三嚴을 삼고三告로

개칭하도록 하소서. 북을 쳐서 구분해 초고에 모두 모이고, 이고에 문밖에 나오고, 삼고에 뜰에 들어오게 하되, 광화문의 북을 치면 조회에 혐의스러우니 계조당 뜰 문밖에 따로 북을 설치해 치게 하소서."

–『세종실록』 102권, 세종 25년(1443) 10월 24일

문소전과 선원전, 계조당 설립은 역대 왕의 계보를 밝히고 선왕에서 국왕, 왕세자로 이어지는 왕위 정통성을 가시화하는 사업이었다. 경복궁이 명실공히 왕조의 법궁임을 밝히고, 왕세자의 권위와 위상을 높여 왕가 존속의 토대를 마련하려는 사전 정비작업이기도 했다. 중건사업으로 새롭게 변모해가는 경복궁은 세종의 왕실 안정 정책을 표상하는 상징물로 자리잡아갔다.

세종은 경복궁을 중건하면서 애민정신을 표방한 사업도 빠트리지 않았다. 재위 16년(1434)에 보루각을 세우고 여기에 자격루라는 물시계를 두었고, 4년 뒤에는 흠경각을 지어 자격루에 천문시계 장치를 결합한 물시계를 설치했다.

물시계는 조선 사회의 표준시계 역할을 했다. 물시계의 북소리와 징소리를 받아 광화문을 비롯한 문루에서 북과 종을 쳐 시각을 알렸다. 33회의 파루罷漏(새벽 4시 무렵) 소리에 성문이 열리면서 일상이 시작되고, 28회의 인정人定(밤 10시 무렵) 소리에 성문이 닫히면서 통금과 함께 순라군이 야경을 시작했다.[4] 통행금지를 어기면 파루 때까지 가두거나 매질을 했다. 정오를 전후한 오시午時에는 오전 업무를 끝내고 점심을 준비하는 때를 알려주었다. 시각을 알려 편의를 도모한다는 취지를 내

세웠지만 물시계는 백성의 일상을 제약하는 장치로도 쓰였다.

의정부에서 임금에게 아뢰었다. "국초國初에 사방으로 통하는 거리에 종
루를 두고 의금부의 물시계를 맡은 이가 시각에 맞춰 밤과 새벽에 종을
쳐서 (잠자는 때와 일어날 때의 조절, 업무와 일상의 구분 짓기 등) 만백성의
일상 행위를 제한하는 장치로 삼았습니다.[5] 그런데 그 물시계가 맞지 않
고 때론 담당자가 착오해 관아와 민간에서 일을 볼 때 이르거나 늦어지
게 되는 실수가 잦으므로 몹시 불편했습니다. 이제 병조 담장의 문과 월
차소 행랑, 수진방 동네 어귀 등에 시설물을 짓고 징과 북을 설치해 궁
궐의 물시계 소리를 받아 의금부까지 전하는 방식을 영구히 따라야 하
는 법식으로 삼게 하옵소서." 그러자 임금이 이를 따랐다.

—『세종실록』 77권, 세종 19년(1437) 6월 28일

물시계는 도성 출입을 제한해 하루에 활동할 수 있는 시간을 강제했
다. 누구에게나 똑같이 받아들여지는 표준시각을 알려 활동 시간의 기
준을 제시하고 다수 사람의 행동에 동시성을 부여해 생활과 직무에서
의 이탈을 막고 돌출 행위를 방지했다. 이는 일사불란한 사회질서를 유
지해 지배체계를 강화하려는 위정자에게 물리적 강제 없이 백성의 행
위를 제약하는 효과를 가져다주었다. 결국 세종이 설치한 물시계는 통
제의 수단이었으며, 그러한 수단을 궁궐에 두고 관리한다는 점에서 최
고 권력자의 권위를 나타내는 상징물이라 할 수 있다. 때를 맞춰 울리
는 보루각의 물시계 북소리는 모두를 내려다보며 감시하는 왕의 시선

이기도 했다.

특히 흠경각 물시계는 농민에게 도움을 주기 위해 설치했다며 그 취지를 자랑한다. 『서경書經』에 나오는 "공경함을 하늘과 같이하여 백성에게 절기를 알려준다"는 문구를 따와 흠경각이라 이름 짓고, 물시계 주위에 농사짓고 누에 치는 농촌 실상을 그린 빈풍도豳風圖를 진열해 농사의 어려움을 알 수 있게 했다고 한다.

임금이 우승지 김돈에게 명해 흠경각 물시계 설치에 대한 사실을 기록하게 하니, 이러했다. "(풀 먹인 종이로 만든) 산 사방에 빈풍도를 벌려 놓아 힘들게 농사짓는 백성의 모습을 떠올릴 수 있게 하였으니, 여기에는 이전에 없던 아름다운 뜻이 담겨 있다. 임금께서 늘 접촉하고 생각을 깨우쳐서 밤낮으로 근심하라는 뜻을 곁들인 것이다. (…) 하늘을 본받고 때를 좇음에 흠경하는 뜻이 지극하며 백성을 사랑하고 농사를 중하게 여기시니, 그 어질고 후한 덕이 주周나라에서와 같이 아름답게 되어 무궁토록 전해질 것이다."

―『세종실록』 80권, 세종 20년(1438) 1월 7일

흠경각 물시계는 태양을 비롯한 천체의 변화를 보여주고 매 절기를 알려주는 자동 천문 물시계였다. 이를 활용하면 절기에 따른 태양의 위치를 정확히 알 수 있고 그 절기에 농촌에서 해야 할 일을 백성에게 전달할 수 있었다.

그런데, 애민은 명목에 가까웠으며 정작 물시계를 더 필요로 한 이

경복궁 흠경각과 물시계.

들은 위정자들 자신이 아니었을까? 농
부들은 경험을 통해 절기의 변화를 몸
에 익혔으며 해야 할 작업 또한 모르지
않았으니, 농민을 통제하고 농업 생산
물을 늘려 수취제도를 강화해야 하는
위정자에게 더 긴요했을 것이다. 하늘
을 관측해 천체 운행을 파악하고 절기
를 알아내는 능력은 "하늘의 섭리를 체
득하고 자연질서의 원리에 따라 나라를
다스리는 왕"이라는 이미지를 백성에게
심어줄 수 있었다. 국왕은 누구도 거스
를 수 없는 하늘의 뜻을 이어받아 통치

를 펼친다는 지배의 이념이 형성되는 것이다. 이렇게 해서 왕은 백성과는 다른 존재로 인식되고, 결국은 왕과 신하가 체제 유지를 위해 고안한 도덕 규범과 신분제도까지 우주 자연의 섭리와 같은 자연적인 질서로 받아들여지게 하는 효과를 거두게 된다. 흠경각 물시계가 내는 북소리는 왕의 통치가 천리天理이자 신성하다고 고취하는 권력의 프로파간다였다.

당신들의 예치 국가

왕조 개창의 주역인 정도전(1342~1398)은 수도 서울을 설계하고 경복궁 건립을 주도해 건축과 토목 분야에도 일가견을 보인 정치가였다. 그는 국가운영 원리와 제도의 기본을 밝힌 『조선경국전』에서 "궁궐은 검소하면서도 누추하지는 않고, 화려하면서도 사치스럽지는 않도록 조성해야 한다"고 조언한다. 정조(재위 1776~1800) 또한 궁궐의 연혁과 위치, 용도를 기록한 『궁궐지』에서 "거처를 호사스럽게 하고 외관을 화려하게 해서는 안 된다"고 했다. 지금의 전문가들도 우리 궁궐을 평가할때 이들 권력자의 말을 빌려오길 그리 주저하지 않는다.

그런데 정도전은 궁궐의 역할에 대해서는 이렇게 주장한다.

> 궁원宮苑이란 조정을 높이고, 명분을 바르게 하기 위한 것이다.
>
> —정도전, 「조선경국전 - 공전工典」『삼봉집』 14권

이를 풀어쓰면, 궁궐은 임금이 신하와 정사를 논하는 조정의 권위를 높이고 이들 위정자를 우러러볼 수 있게 해야 하며, 명분을 바로잡기 위한 모범이자 밑바탕이 되어야 한다는 뜻이 될 것이다. 대체로 명분은 위치나 처지에 따라 합당하게 지켜야 할 분수를 이른다. 지위와 신분에 따라 지켜야 할 구별과 위계의 본분이 있으며, 삼강오륜으로 대표되는 도덕 신념을 따르는 절의의 행위가 있다. 법과 사회규범의 정당성에 따른 결단과 국가이념과 정치체제의 원칙을 지키는 대의적 행위를 이르기도 한다. 이러한 명분은 의리 정신에 바탕을 두고, 행위 규범이자 절차인 예법이라는 틀에 근거해 구현되는 게 일반적이다. 정도전의 말에 따르면 결국 궁궐은 신분과 직분 질서를 건축물 구조와 배치에 표상하고 또한 예를 수행하는 공간으로 삼음으로써 명분의 가치를 알릴 수 있게 지어야 하는 최고 존엄의 건축물이 된다.

정조는 정도전과 유사한 맥락이긴 하지만 한발 더 나가 궁궐이 제 역할을 다하기 위해서는 어떻게 해야 하는지 하는 방안까지 제시한다.

궁궐이란 임금이 거처하면서 정치를 하는 곳이다. 사방에서 우러러 바라보고 신하와 백성이 둘러 향하는 곳이므로 그 제도를 장엄하게 하여 존엄함을 보여야 한다. 그 이름을 아름답게 하여 경계하고 송축하는 뜻을 담아내야 한다.

―정조, 「경복궁지」 『궁궐지』

궁궐제도의 장엄함은 대체로 국가의례의 수행으로 드러나며, 건축물의 입지나 배치 양식 또한 여기에 상당한 영향을 미친다. 이름을 아름답게 한다는 말은 전각과 궁문 이름에 국가이념과 통치의 원칙을 담는다는 뜻일 것이다. 경복궁의 편전인 사정전思政殿은 백성을 생각하는 선정善政을 펼친다는 의미이고, 오래도록 큰 복을 누리라는 경복궁景福宮은 자손만대의 큰 번영을 누리기 위해서는 덕치를 행해야 한다는 전제를 함축하고 있다. 세종 또한 이 방안에 충실했다. 세종은 경복궁의 정문正門을 개축하고 이 문을 "군주의 덕과 바른 정치가 온 나라에 미친다"는 광화문이라 새로 이름 지어 통치의 명분을 더욱 탄탄히 하려 했다.

이제 정도전과 정조의 의견을 종합하면, 궁궐은 임금을 위시한 조정의 권위를 높이고 명분을 바로잡는 역할을 해야 한다. 이를 위해서는 호사스러운 거처와 화려한 외관이 아니라 의례와 같은 궁궐제도와 정치이념의 상징적 표현과 그 고취에 힘을 쏟아야 한다.

세종은 이러한 궁궐 조성 원칙에 가장 충실한 조선의 군주였다. 궁궐 건축물과 시설물에 애민과 인정仁政의 정치이념을 담아 널리 알렸으며, 궁궐 중건과 연관된 국가의례를 정비해 군신 간 위계를 분명히 하고, 한편으론 위정자 집단 전체의 권위를 높이고자 했다. 국왕 중심의 관료체계를 수립해 정치질서를 바로잡고 의리와 명분을 중시하는 정치 풍토를 조성하려 했다. 이는 궁궐이라는 하드웨어에 의례라는 소프트웨어를 장착해 예치 국가로서의 면모를 보이려는 야심찬 정책이기도 했다. 경복궁은 세종의 예치 이상이 실험되는 정치 공간이자 지배 이념이 발현되는 통치의 공간이었다.

예에 대한 세종의 관심은 궁궐 마당과 조정의 정사 현장에 한정되지 않았다. 유교 국가에서 예는 인仁을 실천하는 내면적 윤리와 사회질서 유지를 위한 행위 규범으로 드러나며, 의례는 이 행위 규범의 하나로 당대의 사회제도와 정치질서가 지향하는 가치를 최대한 담아내도록 짜인다. 세종은 이러한 유교 의례를 정비하고 보급해 사회제도에서 백성의 생활에 이르기까지 거의 모든 분야에 행위 양식과 규범을 확립하고자 했다. 그 지향점은 양반 우위의 신분제에 바탕을 둔 사회질서 정립에 맞춰져 있었다. 세종은 덕德과 교화로 다스리는 예치를 내세우고 인정과 애민정신을 표방하는 한편으로 법과 형벌을 강화해 신분제의 토대를 다져나갔다. 조선의 논과 포구, 마을과 저잣거리 또한 세종의 예치 의지가 발현되는 정치 현장이었다.

결국 예와 의례를 앞세운 통치는 인간과 사물의 올바른 배치였으며, 그 올바름이란 지위나 신분에 따른 분별을 수용하고 주어진 본분을 다하는 것이었다. 이렇게 해서 신분질서 사회의 틀이 견고해지고 그 내실 또한 한층 충실해질 수 있었다.

세종이 그린 그 예치의 나라는 현실에선 더 가혹했다. 신분제의 굴레에 갇힌 다수 백성의 고된 노동과 착취에 가까운 수취제도가 여전히 당연시되는 사회였으며, 인과 덕의 명분만 요란한 차별과 특권의 땅이었다. 백성을 어여삐 여겨 때때로 은전을 내리고, 백성을 위한다는 정책을 종종 펼쳤지만 그것은 지배질서 유지에 해가 되지 않는 선에서 이뤄지는 민생정책이라는 한계를 벗어나지 못했다. 세종은 왕조의 통치 기틀과 유교 정치의 토대를 다지고 인정仁政과 왕도정치를 추구해 성군聖君이라 평가받기도 하지만 과연 무엇을 위한 인정이고 왕도이며, 누구를 향한 성군인지 곰곰 생각해볼 일이다. 요샛말로 '그들만의 리그'는 아니었는지 말이다. 당신들의 질서를 위한 예치의 나라는 아니었는지 말이다.

10장
전쟁의 폐허에 지존을 세워라

다시 불거진 경복궁 명당 논란

경복궁 자리가 불길하다는 의견이 다시 조정 현안의 화두로 떠올랐다. 임진전쟁 때 불탄 경복궁을 일부 중건하기로 하고 공사를 착수한 1606년, 한 전직 관료가 상소를 올려 경복궁 공사에 이의를 제기했다.

> 임진난 뒤 병오년(1606)에 경복궁을 수리하려 하는데 전前 현령 이국필이 상소해 "경복궁이 길吉하지 못하니 마땅히 창덕궁을 세워야 합니다"라고 강하게 주장했다.
> –이긍익, 「지리전고地理典故 – 도성과 궁궐」『연려실기술』별집 16권

이 무렵 선조는 종실 가문의 집과 주위 민가를 개조한 임시거처에서 정사를 보고 있었다. 백성의 원망이 사무친다는 논란을 누르고 개

축과 증축을 거쳐 뒷날 경운궁(덕수궁)이 되는 그 행궁行宮이었다. 국왕 입장에서는 궁궐 공사를 한시라도 늦출 수 없는 실정이었지만 궁궐 재건은 더디기만 했다.

경복궁과 창덕궁, 창경궁은 전란으로 모두 폐허가 된 상태였다. 제대로 된 궁궐을 확보하려는 임금과 될 수 있으면 궁궐 재건을 늦추려는 신하들 간에 이견이 좁혀지지 않은 채, 전쟁이 끝난 1598년 수년 뒤에도 궁궐 공역은 시작조차 못 했다. 문묘와 관청 등 여러 공공건축물 공사가 함께 이뤄져 대규모 공역에 따른 물력 조달과 민심 동요의 부담도 무시할 수 없는 실정이었다. 전쟁을 치르면서 민심은 이미 크게 흔들린 상태였다. 왕실을 대하는 태도도 이전 같지 않아 심지어 경복궁 자리를 유흥지로 여기는 백성까지 나올 정도였다.

사헌부에서 임금에게 아뢰었다. "비어 있는 대궐터에 무지한 무리가 마음대로 드나들면서 술자리까지 벌인다기에 살펴보게 했더니, 이달 18일 초저녁에 동산東山의 산지기라 자칭하는 남녀 8~9명이 모여 노래를 부르며 술을 마셨다고 합니다. (…) 옛 대전大殿의 지엄한 자리에서 이처럼 무례한 짓을 하였으니 실로 통분을 금할 수 없습니다. 당직 부장은 금지할 생각도 하지 않았으니 이 또한 해괴하고 놀라운 일입니다. 파직시키소서."

—『선조실록』 175권, 선조 37년(1604) 6월 19일

궁궐터를 이대로 둘 수는 없었다. 수호 군사를 늘리고 금령 위반에 대한 처벌을 강화하든지, 아니면 궁궐을 재건해 지난 위용을 하루빨리

경복궁 동쪽에 조성한 창덕궁은 창경궁과 함께 동궐이라 불렀다. 「동궐도」는 이 두 궁궐의 건물은
물론 소소한 시설물까지 거의 완벽하게 재현해놓았다. (고려대학교 소장본)

되찾아야 했다. 결국 1605년 들어 그동안 미뤄오던 궁궐 재건 쪽으로
가닥이 잡히고 우선 경복궁을 중건하자는 데 의견이 모아졌다. 이듬해
에는 벌목 작업을 시작으로 공사에 들어갔는데 이번엔 공역 규모를 놓
고 논란이 일어 작업이 진척되지 않고 있었다. 이런 와중에 경복궁 터
에 문제가 있으니 창덕궁을 중건하자는 상소까지 올라온 것이다.[1]

선조는 기다렸다는 듯이 경복궁 공사를 중단하고 창덕궁 중건으로
방향을 튼다. 경복궁 중건 철회의 명확한 사유는 밝혀져 있지 않지만
풍수지리에 관심이 많았던 선조의 성향을 고려하면 최소한 이국필의
상소가 중단 결정을 자극하는 한 요인은 됐을 것으로 보인다. 선조는
세종과 달리 경복궁 터가 길하지 않다는 설을 받아들여 이를 기회로
삼아 창덕궁을 중심으로 한 궁궐 재건을 꾀했다.

전쟁으로 왕가의 권위와 존엄이 실추되면서 경복궁 또한 왕조 법궁으로서의 위상을 크게 잃은 상태였다. 불타버린 경복궁은 전쟁의 패배를 상징적으로 보여주는 곳이자, 백성을 남겨두고 북쪽으로 파천한 국왕의 무능과 무책임한 행위가 집약된 곳이었다. 선조는 백성에게 경복궁에 남아 도성을 지키겠다고 해놓고 밤을 틈타 몰래 달아났으며, 임진강을 건넌 뒤에는 일본군의 이용을 우려해 배를 없애버림으로써 남은 백성의 피란까지 어렵게 했다. 게다가 나라가 아직 완전히 넘어가지 않은 상태에서 적과 맞서 싸우기는커녕 명나라로 망명 신청을 하는 조급함을 보였다. 경복궁을 버리면서 시작된 선조의 이러한 선택은 백성의 안전은 고려하지 않는 극히 이기적인 작태로 비쳤으며, 이는 결국 국왕으로서의 위신 실추와 민심 이반을 부채질하는 행위였다.

경복궁을 성난 백성이 불살랐는지 일본군이 전소시켰는지는 명확하게 밝혀지지 않았지만 왕조를 상징하는 법궁의 파괴는 국왕에게는 수치이자 감추고 싶은 폐정을 드러내 보여주는 현장임이 분명했다. 전쟁을 막지 못한 실정失政, 거기다 백성의 안전까지 멀리한 위정자의 나태와 비겁을 상기시키는 공간이었다.

선조는 그런 경복궁을 재건한다 해도 떨어진 위신이 제대로 설 수 없다고 판단했는지도 모른다. 그보다는 아예 다른 궁궐을 법궁으로 내세움으로써 지난 허물을 가라앉히고 왕조의 새로운 위용을 보여 자신의 권위를 세우려 한 것은 아닐까?[2] 여기에 조급함까지 더해, 물력이 많이 들고 공사기간이 길어질 수밖에 없는 경복궁보다 상대적으로 규모가 적은 창덕궁을 지어 하루라도 빨리 지존의 존엄을 되살리고 싶어 했던 게 아닐까?

게다가 경복궁 터가 불길하다며 창덕궁 재건의 명분까지 제공된 상태였다. 풍수지리로 보아 창덕궁 자리가 오히려 길하며 전각에서 산, 하늘로 이어져 왕궁의 장엄함과 권위를 표현하는 데도 문제가 없다면 선조 입장에서는 창덕궁 재건을 굳이 마다할 까닭이 없었다. 이제 선조에게 창덕궁 재건은 지난 실정을 덮을 수 있는 위장막이자 과거와는 다른 시대를 열어가는 국왕이라는 이미지까지 알릴 최적의 수단이 될 수 있었다. 창덕궁 재건 추진은 새로운 권위를 세우려는 선조의 권력 이미지 창출 작업과 다름없었다.

선조, 궁궐 재건에 무리수를 두다

이 무렵 선조는 다른 궁궐 공역까지 벌이고 있었다. 거처하고 있던 행궁 구역에 궁궐의 핵심 건물인 정전에 해당하는 별도의 전각을 지어 의례 수행의 공간으로 삼고자 했다. 행궁을 더는 임시거처로 두지 않고 중심 궁궐을 보조하는 이궁離宮으로 삼아 그 격을 높이려는 공사였다.[3] 게다가 선조는 종묘 복원까지 서둘러 재정을 마련하고 재목과 기와 등 물자를 준비하는 사업까지 시작한 터였다. 여러 공역이 한꺼번에 추진되면서 백성의 고통이 가중되자 민심을 우려하는 목소리가 높아졌지만 선조는 계획대로 공사를 밀어붙였다.

사간원에서 임금에게 아뢰었다. "궁궐 공역은 매우 커 사소한 폐단은 본

디 돌볼 게 못 됩니다만 이번 공역에 들어갈 백성의 노역과 재력을 참작하면 감당해낼 도리가 없을 것입니다. 이를테면, 강원과 경기의 산간 고을 주민은 겨우 벌목을 시작했을 뿐인데 도망해 떠도는 자가 잇따른다 하니 매우 참담합니다. 여러 대를 이어 내려온 성대한 궁궐제도를 한꺼번에 모두 일으킬 수는 없을 듯합니다."

-『선조실록』204권, 선조 39년(1606) 10월 30일

봄에 축조를 시작해 별전이 완성되었다. 시어소時御所(행궁)가 협소해 임금이 거처하는 곳 북쪽에 별전을 건립한 것이다. 여름 첫머리(음력 4월) 농사일이 한창일 때 종묘 공사까지 시작해, 가뭄이 극심한데도 이를 걱정하기는커녕 농사를 방해하는 공역을 아울러 실행했다.

-『선조실록』210권, 선조 40년(1607) 4월 30일

1592년 전란을 피해 북쪽에 머물렀던 선조는 이듬해 서울로 돌아온 뒤부터 행궁에 머물며 경역을 넓히고 건물을 증설해왔다. 왕실 가족이 거처할 공간을 확장하고, 정무 처리를 위해 궐내각사를 짓고, 경비를 위해 목책을 둘러 행궁과 민가 사이에 완충지대를 조성했다. 임시 거처인 행궁이 궁궐의 면모를 조금씩 갖춰나갔지만 민가 피해는 피할 수 없는 현실이었다. 행궁 주위의 여러 집을 수용하고 민가를 철거시켜야 했다. 선조 스스로 "이즈음 매일 행궁 근처의 민가를 철거하느라 밤이면 가옥 허무는 소리가 끊이지 않는다"고 말할 정도였다.

이런 폐단 때문이었을까? 지존의 성역을 어지럽히는 불경한 사건이

경운궁(덕수궁).

일어났다. 1602년 말, 임금이 거처하는 대내大內 지척에 돌이 날아들고 담장 일부가 허물어지는 변고가 발생해 조정 대신들을 긴장하게 했다.

사헌부에서 임금에게 아뢰었다. "지난달 그믐날 밤에 대내와 매우 가까운 곳에서 돌을 던지고 담장을 허물어버린 변고가 일어나 사람들이 놀라고 내관들이 문을 열고 내다보기까지 했다고 합니다. 병조와 도총부에 소속된 숙직 관원들은 급히 달려가 변이 발생한 곳을 살피고 변을 일으킨 자를 서둘러 뒤쫓아 붙잡아서는 단단히 조처해야 마땅합니다. 그런데 한 사람도 기동하지 않은 채 내내 방치했다 합니다."

－『선조실록』 158권, 선조 36년(1603) 1월 3일

그런데 선조는 뜻밖에도 범인 색출은 그만두라 이르고 경계 책임만 묻도록 한다. 그리고는 임시거처가 제 모양을 갖추지 못해 경계와 단속

이 허술할 수밖에 없다는 말을 덧붙인다. 이어 담장이 낮고 행궁이 민가와 가까워 이런 일이 일어났다며 담장을 3리 정도 물려 쌓도록 명한다. 3리로 넓히면 경복궁 면적의 3분의 1 정도가 더 확보되는 셈인데, 여기에 더해 궐내각사까지 물려 설치하면 실제로 확장되는 경역은 더 넓어진다. 변고를 일으킨 범인을 불문에 부치라는 의외의 명령을 내린 데는 다른 의도가 있었던 것이니, 선조는 이 사건을 구실로 행궁을 아예 새롭게 조성하고자 했다.

돌멩이 투척 사건으로 시작된 이 시기 확장 공사가 행궁을 이궁으로 변모시키는 전환점이 되었다. 전쟁이 끝난 지 5년이 지나고 사림의 정통성과 도통道統을 상징하는 문묘 중건이 이뤄진 만큼 왕가의 권위와 왕통王統을 드러내는 궁궐과 종묘 재건은 국왕 입장에서는 매우 절실한 현안이었다. 행궁 성격의 거처에 오래 머문다는 사실 자체가 최고 권력자로서의 존엄을 훼손할 수 있다고도 여겼을 것이다. 백성의 고통과 고역을 동반한 권위와 존엄이었지만 말이다.

대사간 권희가 임금에게 아뢰었다. "궁 담장 공역이 매우 크고 담장 밖 가까이 사는 백성의 집이 헐리니 그 원망하는 소리가 하늘에 이른다고 합니다. 나라 살림이 매우 어려워 재정이 염려스러운데 어찌하여 급하지 않은 공사를 일으키십니까. 더구나 이곳은 오래 계실 곳이 아니니, 이곳 공역을 옮겨 옛터(경복궁)를 수축하거나 종묘를 새로 짓는 게 옳다고 봅니다. 자연재해와 변고가 심한 지금이 어찌 백성을 부릴 때이겠습니까."
      -『선조실록』164권, 선조 36년(1603) 7월 23일

선조는 담장 공사를 일시 중지했지만 행궁을 개선해 이궁으로 조성한다는 계획을 포기하지는 않았다. 재위 38년(1605)에 실질적인 정전인 별전 공사를 추진하는 한편 대신들이 행궁 확장의 대안으로 제시한 경복궁 중건까지 수용해버리는 과욕을 보이며 궁궐 재건 정책에 무리수를 던진다. 그러다 경복궁 터가 불길하다는 설이 불거지자 궁궐 재건 방향을 선회해 창덕궁을 왕조의 실질적인 법궁으로 삼고자 했다.

결국 2년 뒤 초여름 무렵에 행궁 별전이 완공되고 가을에는 창덕궁 재건에 들어갔다. 이 시기는 경복궁 일부 중건을 위해 준비한 물력과 인력으로 공사를 진행하면서 본격적인 공역을 준비해나간 때였다. 이처럼 선조는 임진전쟁 전과 같이 법궁과 이궁이라는 양궐체제를 통해 왕의 권위와 왕가의 위엄을 세우고 국왕이 주도하는 지배체제를 구축하려 했다. 하지만 전란 뒤의 민생을 외면하면서까지 이루려 했던 선조의 야심 찬 계획은 생전에는 달성되지 못할 꿈이었다. 창덕궁 공사를 시작한 이듬해에 선조가 승하하면서 재건 과제는 뒤이어 즉위한 광해군의 몫으로 남겨진다.

하지만 광해군이 가야 할 길에는 선조 때보다 더 험난한 여정이 기다리고 있었다. 부왕이 남긴 유산에 기대어 궁궐 경영을 시작할 수 있었지만 광해군은 부왕과는 다른 정치적 입지에서 다른 선택을 할 수밖에 없는 기로로 내몰렸다. 선택의 여지가 없다고 판단되자 광해군은 선대와는 다른 궁궐체계를 구축하고자 했고, 끝내 거기에 집착하며 고집스레 자신의 길을 걸어갔다.

11장
궁궐에 권력을 표상하라

왕조의 오랜 궁궐을 복원하다

광해군은 즉위 이듬해인 1609년 말에 창덕궁 공역을 1차 마무리한다.
정전과 편전에서 의례를 치르고 사신과 연회를 갖는 등 왕조의 법궁 역
할을 하는 데 큰 손색이 없을 정도로 전각이 복원됐다. 그런데 그동안
행궁에 머물며 정사를 펴던 광해군은 곧바로 거처를 옮기려 하지 않았
다. 오히려, 신하들의 만류를 물리치고 창덕궁뿐 아니라 이웃한 창경궁
경역에도 건물을 더 지으려는 의사를 거듭 내보였다.

임금이 일렀다. "전에는 세 곳에 대궐이 있어 일이 생기더라도 편리에 따
라 옮겨 거처했다. 이제 자전慈殿(임금의 어머니)께서는 창경궁에 사셔야
한다. 창덕궁은 주요 전각이 이전 제도대로 복구됐다고 하나 복도와 문
설주가 답답하고 음침해 환하게 소통된 곳이 없다. 침전은 궁녀들이 드

는 곳과 멀지 않아 잡다하게 떠드는 소리가 들린다. 나는 본래 심병이 있어서 떠드는 소리를 싫어하므로 거처는 반드시 소통되고 확 트인 곳이어야 한다. (…) 사정이 이러해 공사하려는 것이지 쓸데없는 공사를 좋아해 그런 것은 아니니 공역을 중단하기는 어려울 듯하다. 창경궁의 환경전과 영화당은 함께 짓지는 말고 여럿의 의사를 따르도록 하라"

－『광해군일기』 25권, 광해 2년(1610) 2월 13일

이렇게 신하들과 대립각을 세우던 광해군은 결국 공사가 마무리된 2년 뒤에야 창덕궁으로 거처를 옮겨 교서를 반포한다. 마침내 창덕궁이 왕조의 중심 궁궐로 다시 태어난 것이다. 이즈음 행궁에는 경운궁이란 이름을 내리니, 임진전쟁 뒤부터 왕가의 거처로 쓰이던 행궁이 비로소 이궁의 위상을 정식으로 확인받는다. 양궐체제를 계획했던 선조의 희원이 그나마 이뤄진 셈이다.

그런데 광해군은 창덕궁에서 계속 정무를 보지 않고 두 달 만에 경운궁으로 환궁해버린다. 이후 3년 넘게 경운궁을 거처로 삼아 정사를 펴는데, 이 시기에 영창대군을 추대하려 했다는 역모 사건이 일어나 정치세력 간의 권력다툼이 격해지기에 이른다. 광해군은 후궁 소생에 그것도 형을 제치고 왕위에 올라 정통성이 취약한 상태였으며, 게다가 어리지만 선조의 적장자인 영창대군이 있어 왕위가 늘 불안한 상태였다.

광해군은 전쟁이라는 다급한 상황에서 국난에 대비한다는 명분으로 피란지 평양에서 왕세자로 책봉됐다. 이후 임시조정을 이끌고 전국을 돌며 민심을 수습하고 군사 물자를 조달해 왕위 후계자로서의 면모를

보였다. 그런데 전쟁이 끝난 뒤인 선조 35년(1602)에 인목왕후가 계비로 들어오고 4년 뒤 적장자 지위의 영창대군이 태어나면서 광해군의 입지는 크게 좁아진다. 선조의 의중을 파악한 정치세력이 영창대군을 왕세자로 추대하려는 움직임을 보이면서 왕위 승계 다툼이 가시화됐다. 그 와중에 1608년 선조가 승하하면서 광해군은 겨우 왕위에 오를 수 있었다. 권좌에 올랐지만 왕권을 압박하고 위협하는 정치세력은 곳곳에 있었고, 역모를 우려하는 날이 길어지면서 주변에 대한 의심과 왕위 유지에 대한 불안도 커져갔다.

적통인 영창대군의 존재는 기회가 오면 언제든 왕위를 뒤흔들 수 있는 가장 큰 불안 요인이었다. 역모에 연루돼 강화도에 위리안치됐던 영창대군은 끝내 1614년에 아홉 살의 나이로 죽임을 당한다. 그러면서 영창대군의 생모인 인목대비와 한 궁궐에 지내기에는 극히 부담스러운 상황이 조성되고 광해군은 이듬해 창덕궁으로 다시 이어移御를 단행한다.

인왕산 아래에 두 궁궐을 지어라
– 광해군의 신新 궁궐 프로젝트

이후 광해군은 창덕궁에 거처하며 대규모 궁궐 정책을 야심 차게 추진해나갔다. 여러 궁궐 공역을 거의 동시에 밀어붙였는데, 먼저 창경궁을 본격 재건해 1616년에 공역을 마무리 짓는다. 뒤이어 새 궁궐 조성 사업을 일으켜 이듬해에 경복궁 서쪽에 위치한 인왕산 아래에 터를 닦고 이궁 역할을 할 인경궁 공사를 시작했다. 경복궁 남서쪽 돈의문(서대문) 지역에도 터를 마련해 또 다른 궁궐 조성을 서둘렀다. 당시 경덕궁이라 명명한 이 궁궐은 뒷날 새 이름이 부여돼 경희궁이라 불리며 지금에 이르고 있다. 광해군은 한시라도 빨리 창덕궁을 벗어나기 위해 이 두 새로운 궁궐 조성에 열정과 물력을 쏟아부었다.

『광해군일기』의 기록으로 추정하면 새로 짓는 두 궁궐은 합해서 7000칸 정도였다.[1] 광해군을 몰아내고 성립한 정권 때 쓰인 기록임을 고려해 다소 과장된 규모라 하더라도 창덕궁과 창경궁을 합친 크기는 됐을 것으로 보고 있다. 『궁궐지』에 따르면 창덕궁과 창경궁은 합쳐서 6000여 칸이었다고 한다.

재원 확보와 인력 조달은 어김없이 백성의 몫으로 돌아갔다. 궁궐 건축을 위해 베布와 쌀을 세금으로 내야 했으며, 수천 명의 백성과 승려가 공장工匠이나 역군役軍으로 동원됐다. 비용 면에서 보면 쌀은 한 달에 3000~4000여 석, 면포는 200여 동을 사용했다고 한다.

기존 궁궐 증축과 개축에다 규모가 만만치 않은 두 곳의 새 궁궐 조성까지 한꺼번에 추진되면서 민심이 요동치자 신하들의 반대가 거세졌다. 겸직하고 있는 공역책임자 자리에서 물러나게 해달라는 압박까지 하며 공사 중지를 요구하는 대신도 있었다.

형조 판서 조정趙挺이 약식 상소를 올렸다. 대략 이러했다. "두 궁궐 공사를 멈추어 인심을 수습하소서. 군졸을 뽑고 훈련해 위급한 사태에 대비하소서. 그리고 신의 본직本職과 겸임한 영건도감 당상의 직책을 다른 사람에게 맡겨주소서."

−『광해군일기』 128권, 광해 10년(1618) 5월 16일

이 무렵엔 북방에 전운이 감돌아 민심이 더욱 흉흉해지고 있었다. 여진족이 세운 후금(뒷날의 청나라)이 중원을 위협하자 명나라가 조선에 원병을 요구한 상태였다. 전쟁은 시간문제였고, 그 여파가 언제 조선으로 번질지 몰랐다. 정세가 점점 악화하면서 광해군의 지지세력인 대북파 내에서도 궁궐 공사에 대한 반대론이 만만치 않게 일었다.

지사知事 심돈이 상소했다. "'발이 차면 가슴을 상하게 하고 백성이 원망하면 나라가 상하게 된다'고 했는데 지금 백성의 원성이 극심합니다. (…) 한편에선 군병을 징발해서 출정하는 백성의 통곡 소리가 길을 메우고, 다른 한편에선 나무와 돌을 운송해 안으로 영차영차 하는 소리가 온 나라를 진동시킨다면 그 분위기가 어떠하겠습니까. 공사가 완료되기도 전에 나라의 근본이 먼저 무너지지 않을까 두렵습니다. 속히 궁궐 공사를 중지시키시고 방비하는 일에만 전념하소서. 두 궁궐 공사를 모두 중지시킬 수는 없다고 여기시면 한 궁궐에만 힘을 쏟아 속히 완공해 이어에 대비토록 하소서."

−『광해군일기』 127권, 광해 10년(1618) 윤4월 17일

다수 신하의 반대와 인심을 거스르고, 재정 마련과 인력 조달의 어려움이라는 현실마저 외면한 듯한 광해군의 궁궐정책 행보와 그 무렵

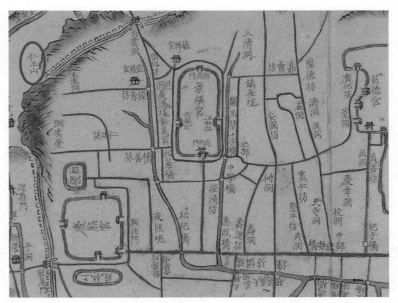

광해군은 인왕산 아래 지역에 인경궁을, 경복궁 남서쪽 돈의문(서대문) 지역에는 경덕궁(경희궁)을 조성했다. 지도는 『동여도』에 수록된 「도성도」의 일부. (서울역사박물관 소장)

보여준 실리외교라는 정책 행보 사이에는 실로 메우기 힘든 간극이 자리를 잡고 있다. 반론이 있긴 하지만, 광해군은 후금의 부상과 명나라 약화라는 변화하는 국제 정세를 읽어내고, 명과의 우호 관계를 유지하면서도 후금과의 관계도 악화시키지 않는 독자 외교를 펼쳐 전쟁 확대를 막아냈다는 평가를 받는다. 친명사대를 국시로 떠받들던 당시 지배층의 이념 지형을 어기며 중립외교를 실시해 중화 사대주의에 매몰되지 않는 과단성을 보여주었다고도 한다. 이런 점에 견주어 보면, 이 시기에 추진한 궁궐정책이 그토록 냉철한 현실주의자의 면모를 보인 그 군주가 행한 결단이라는 게 믿기지 않을 정도다. 이해하기 힘든, 거의 광기에 가까운 집착이자 어긋난 과욕으로까지 보인다.

광해군은 자신의 정치 생명을 위협할 수도 있는 궁궐 건설에 왜 그토록 매달렸던 것일까? 대립 관계에 있는 정치세력에게 비판과 지탄의 빌미를 제공하고, 그나마 소수인 지지세력의 결집을 흔들며, 임진전쟁 때 전국을 누비며 전투를 지휘해 얻은 민심과 백성을 살피는 위정자라는 이미지마저 허물어뜨리면서 끝내 얻으려 했던 것은 무엇이었을까?

광해군은 왜 새 궁궐을 짓고자 했나?
– 길지설, 왕기설, 왕권 강화

발단은 역시 풍수 문제였다. 광해군 재위 4년(1612) 11월, 조정은 다시 풍수 논쟁에 휘말렸다. 서울의 기운이 쇠했으니 교하(지금의 경기도 파주 지역)로 수도를 옮겨야 한다는 상소가 올라오자 대신 대부분이 극력 반대하며 연일 국왕을 압박하고 있었다. 광해군은 천도 문제를 의논하라며 예조에 이미 명을 내린 상태였다. 상소를 올린 이는 국가의례를 관장하는 통례원 소속의 6품 관리로 길흉을 점치는 술관術官이기도 한 이의신이었다. 상소는 임진년의 병란과 끊이지 않는 괴변, 조정 관료의 파벌 싸움, 심지어 도성 주변의 산이 벌거벗게 된 연유까지 수도 탓으로 돌리고 있었다.

대신들은 지리가 나라 성쇠에 영향을 미칠 수 없고 풍수설은 요설이라며 이의신 처벌을 재차 촉구했다. 하지만 광해군은 윤허하지 않은 채 천도 의사를 거두지 않았다. 그렇게 이듬해 봄까지 대립을 계속하다 대북파에 속한 대신들까지 반대 의사를 굽히지 않자 결국 광해군은 천도 의사를 거둔다.

풍수지리와 건축토목 공사에 대한 광해군의 관심은 재위 8년(1616) 들어 다시 표면화된다. 이번에는 천도가 아니라 인왕산 아래에 새 궁궐을 짓는다는 계획이었다. 일부 신하가 반대했지만 이때는 중론이 모이지 않아 광해군의 뜻대로 새 궁궐 조성이 추진됐다. 『광해군일기』는 천도가 어려운 상황에서 지관이 주장하는 '인왕산 길지설'에 기대어 궁궐 건축에 나선 것으로 기록하고 있다. 지관은 인왕이라는 이름 자체가 길하며 그곳에 거처하면 국운이 흥하고 태평시대를 구가할 것이라 했다고 한다.[2] 경덕궁은 이른바 '새문동 왕기설王氣說'이 배경이 돼 건립됐다고 전한다. 돈의문 근처 새문동에 왕기, 곧 왕이 태어날 기운이 서렸으며, 광해군이 이를 누르기 위해 그곳에 궁궐을 지었다는 설명이다.

새문동 왕기설이 전해오는 경희궁. 도성 내 서쪽에 자리해 서궐西闕이라 했다.

술인術人 김일룡이 새문동에 이궁 건립하기를 청했는데, 정원군定遠君의 옛집 자리였다. 임금이 그곳에 왕기가 있다는 말을 듣고 그 집을 빼앗아 관아에 편입했으며, 김일룡이 임금의 뜻에 영합해 궁궐 건립 의논이 있게 된 것이다.

－『광해군일기』 116권, 광해 9년(1617) 6월 11일

정원군은 선조의 다섯째 아들로 광해군의 이복동생이며, 뒷날 무력으로 광해군을 축출하고 임금이 되는 능양군(인조)의 생부였다. 결국 새문동 왕기설은 경덕궁이 들어선 자리는 정원군의 집이자 능양군이 왕위에 오르기 전에 살던 잠저이며, 광해군이 이들의 정치적 성장과 왕위 등극을 우려해 집을 빼앗고 거기에 궁궐을 지었다는 주장이었다.

하지만 최근의 연구는 이 설이 인조 때에 정원군을 원종元宗으로 추

존하면서 생겨난 조작임을 보여준다.[3] 새문동 집은 원래 선조의 또 다른 아들인 신성군信城君 집안의 것인데 이를 정원군의 집으로 대체했다는 것이다. 이렇게 되면 선조의 손자에 불과한 능양군의 즉위가 하루아침에 이뤄진 돌발 사건이 아니라 이미 오래전부터 배태돼 성사된 자연스러운 일이 된다. 능양군의 등극이 정변에 의한 찬탈이 아니라 왕기에 따른 당연한 절차라고 풀이할 수 있어 즉위의 정당성을 확보할 수 있었다. 또한 광해군의 새 궁궐 조성이 국가정책 수준에서 이뤄진 정당한 공역이 아니라 부상하는 정치세력을 억압하려는 목적으로 행한 사적이고 부당한 공역이 돼버린다. 이 입장에 서면, 정도正道를 회복한다는 뜻을 담은 반정反正은 반드시 일어날 수밖에 없는 정당한 거사가 된다.

한편, 광해군의 무리한 궁궐정책이 취약한 정통성을 보완하려는 나름의 왕권 강화정책이었다는 시각이 있다. 왕위 승계의 정통성이 취약해 정치 입지가 좁았던 광해군이 왕권 과시에 집착하고, 왕권 강화의 한 방편으로 지속적인 궁궐 건설을 추진했다는 설명이다. 직접 궁궐 조성을 계획하고 지휘하는 과정에서 왕의 권한을 강력하게 행사해 대립관계에 있는 신하를 누르고 권위를 높여 왕권의 기반을 탄탄하게 다지는 작업이라는 것이다. 실제로 광해군은 영건도감이라는 특별 공역 부서에 측근을 앉혀 지지 기반 확대를 꾀했고, 몸소 세세한 공역 사항까지 처리해 재정 운용을 주도하며 정치세력 간 다툼이 치열한 정국을 자신에게 유리한 방향으로 이끌고자 했다. 궁궐 자체보다 궁궐건축 과정에서 발휘할 수 있는 권한이 국왕의 권위를 상징하고 드높이는 매개물이 된 셈이다.

광해군은 왜 새 궁궐을 짓고자 했나?
- 새로운 궁궐 경영과 운영체계

왕권 강화라는 분석을 부인하긴 어렵지만 그렇더라도 뭔가 미진함이 남는다. 즉위 직후부터 지속된 그 대역사大役事가 과연 왕권 강화와 권위 과시의 수단으로만 활용됐을까? 인경궁과 경덕궁이 경복궁 서쪽의 위와 아래에 가까이 있다는 점을 주시하면 궁궐 경영체계와 이와 연동된 행정기관 활용, 나아가 나라의 중추인 수도의 공간 운용이라는 측면에서도 광해군의 궁궐정책을 들여다볼 수 있지 않을까?⁴ 단편적인 기록이긴 하지만 광해군의 경복궁 복원 의지를 전하는 『조선왕조실록』의 몇몇 기사는 이런 시각을 뒷받침하는 실마리를 제공한다.

수선도감修繕都監이 임금에게 아뢰었다. "경복궁 뜰에 깔아놓은 박석을 이전에 궁궐 짓던 때의 전례대로 우선 가져다가 (창경궁 공사에) 사용하고, 경기도와 황해도에서 박석을 운송해오는 즉시 충당하게 하소서." 이에 임금이 명했다. "윤허한다. 하지만 경복궁도 중건을 해야 하니 그곳 박석을 모두 가져다 쓰지는 말고 들여올 양을 헤아려 보고한 뒤에 가져가도록 해 허술해지고 유실되는 폐단이 없도록 하라."
-『광해군일기』 106권, 광해 8년(1616) 8월 14일

임금이 명을 내렸다. "앞으로 법궁(경복궁)을 중건하는 일이 있을 것이다. 그런데 완도와 변산 지역의 재목을 이같이 많이 베어내었으니, 선전관을

보내 함부로 베어낸 재목의 수량을 상세히 조사하도록 하라."

              -『광해군일기』 114권, 광해 9년(1617) 4월 27일

실제로 광해군은 인경궁 조성 전후를 즈음해 수차례 경복궁을 찾아 현황을 살폈을 뿐 아니라 건축 실무 담당자와 지관에게 입지와 좌향 등 궁궐터를 조사하고 의논하도록 했다. 후대에 사관이 삽입한 기사에 서는 광해군이 행각으로 된 긴 통로를 조성해 아예 경복궁과 인경궁을 연결하려 했다고 전한다.

경복궁을 중건하고 경복궁으로부터 각도閣道를 만들어 인경궁에 연결하 고자 했는데, 미처 시작하기 전에 반정反正의 거사가 있었다.

              -『광해군일기』 89권, 광해 7년(1615) 4월 6일

인경궁과 경덕궁 공사가 한창일 시기엔 경복궁을 중건해 인경궁과 통하게 한다는 말이 민간에 수년 동안 떠돌았는데, 이를 참작하면 사 관의 기사가 독단적인 추측에 그치지 않았음을 알 수 있다.

이러한 여러 사료를 종합하면 광해군은 경복궁을 중심으로 인경궁 과 경덕궁을 주로 사용하며 정사를 펼치겠다는 복안을 가지고 있었던 듯하다. 인경궁과 경덕궁에는 내전 중심의 궁궐 기능을 부여하고 경복 궁에는 대규모 의례와 국가행사를 치르는 역할을 주로 맡긴다는 청사 진이다. 이렇게 되면 창덕궁을 중심 궁궐로 사용할 때와 달리 임금의 주요 활동 공간이 경복궁 앞 육조거리에 자리한 중앙 관청과 가까워

훨씬 효율적인 정무 집행이 가능해진다. 정치와 행정을 담당하는 중추 기관 집결이라는 선택과 집중의 효과가 창출된다.

수도의 효과적인 공간 활용이란 측면도 고려할 수 있다. 창덕궁을 중심 궁궐로 쓰면 그 아래 인접한 종묘로 인해 연계 영역을 확장하기 어려운데, 궁궐의 중심이 경복궁과 인경궁 쪽으로 옮겨지면 그 아래 남쪽 지역을 한층 원활하게 활용할 수 있게 된다.

이렇게 보면, 광해군의 궁궐 경영 목표는 단순히 전쟁 전의 궁궐 위상을 되살리는 게 아니라 새로운 운영체계를 조성하는 데 있었다고 할 수 있다. 그것은 국왕의 권위를 드러내는 새로운 상징 공간을 창출하는 작업이기도 했다.

흔히 권력자는 자신의 방식대로 건축물을 짓고 싶어하고, 거대 건축에는 권력자의 심성과 욕망이 투영된다고 한다. 어찌 보면 광해군은 부왕 선조와는 다른 새로운 궁궐체계를 수립하면서 자신을 멀리했던 아버지를 부정하고자 하는 욕구를 발산했던 것은 아닐까? 선조가 재건을 시작한 창덕궁에서 거처하길 그토록 꺼렸던 까닭 또한 이러한 맥락에서 찾을 수 있을 것이다.

정통성 취약에 대한 과도한 열등의식과 역모에 대한 지나친 의구심이 왕위를 보전해준다는 풍수지리의 길지에 집착하게 만들고 그를 끊임없이 역사役事의 현장으로 내몰았는지도 모른다. 건축을 세상 속에 또 하나의 세상을 만드는 작업이라 하는데, 광해군은 궁궐이라는 또 다른 세상을 쌓아 자신에게 결코 우호적이지 않았던 이들과 맞서 싸우려 했던 건 아닐까? 전쟁의 고난까지 겪었지만 출생의 조건으로 인해 순탄하지 못했던 즉위 과정에 대한 울분을 가슴에 지니고, 즉위 후에도 다수 정치세력의 적대와 견제를 받으며 왕위 유지에 대한 불안에 시달려야 했던 그에게 자신의 의지로 쌓아가는 궁궐이라는 세상은 어쩌면 가장 정직하고 안전한 피난처였는지도 모른다.

12장
권력의 향방과 궁궐의 운명

몰락한 왕과 궁궐의 명암
- 창덕궁, 창경궁, 인경궁, 경덕궁

광해군이 추진한 새로운 궁궐정책의 유효기간은 그리 오래 가지 못했다. 광해군은 그의 두 궁궐이 완성되기 직전인 재위 15년(1623)에 왕위에서 쫓겨나는 운명을 맞아야 했다. 이른바 인조반정仁祖反正으로 불리는 정변이 일어나 광해군은 자신의 궁궐뿐 아니라 군주 반열이라는 왕조의 궁궐에서도 영원히 추방된다. 군주의 지위를 박탈당하고 일개 왕족에 불과한 군君의 지위로 추락했다.

국왕 축출의 명분은 종법으로 보면 어머니인 인목대비를 유폐하고 동생인 영창대군을 죽였으며, 명나라를 배신하고 오랑캐인 후금과 화친했으며, 과도한 토목사업을 일으키고 부정부패를 조장했다는 것이었다. 새 권력자 자신들은 잘못을 바로잡아 정당한 도리를 이룬다는 반정에 합당한 통치를 해나갔는지는 의문이지만 말이다.[1] 그런데, 광해군은 자신의 욕망과 의지를 쏟아부은 그 궁궐사업이, 왕권을 높여줄 것이라 기대했던 새로운 궁궐체계에 대한 모색 작업이 자신을 쫓아내는 명분의 하나가 되리란 사실을 알고는 있었을까?

광해군 몰락 이후 그가 짓고 중건한 궁궐도 새로운 운명을 맞았다. 창덕궁과 창경궁은 광해군을 몰아낸 정변과 이듬해 일어난 이괄의 난 와중에 파괴됐고, 인경궁은 철거돼 이들 궁궐을 복구하는 데 쓰이면서 자취도 없이 사라졌다. 정통으로 돌아가고 올바름을 세운다는 기치를 내걸며 권좌를 차지한 이에게 앞선 권력을 대표하는 상징물을 지우는 작업은 당연한 절차였을 것이다.

경덕궁은 새로 만들어진 새문동 왕기설 덕분에 존속할 수 있었다. 인조는 자신의 뿌리인 아버지 원종(정원군)을 상징하게 된 경덕궁을 이궁으로 삼고, 광해군이 부인하려 했던 창덕궁을 중심 궁궐로 삼아 전대와는 다른 궁궐 경영을 시도했다. 경덕궁은 영조 대인 1760년에 들어서 경희궁으로 이름이 바뀐다. 영조는 궁궐 이름이 원종의 시호인 경덕인헌정목장효대왕敬德仁憲靖穆章孝大王과 앞의 음이 같다며 함부로 부를 수 없으니 궁궐 이름을 바꾸도록 한다.[2]

임금이 돈의문 안의 궐호闕號(경덕궁의 명칭)가 장릉章陵(원종)의 시호와 음이 같다는 이유로 대신과 관각(홍문관과 예문관) 당상에게 빈청에 모여 대책을 의논한 뒤 아뢰라고 했다. 임금이 경희궁을 선택해 이로 고쳤다.
　　　　　　　　　　　－『영조실록』 95권, 영조 36년(1760) 2월 28일

영조는 신하들이 올린 창화昌化·창복昌福·경희慶熙에서 경희를 낙점
했다. '창'이 들어간 궐호가 아닌 '경희'를 선택함으로써 궁궐로서의 위
상을 높이려 한 조치였다. 창덕궁과 창경궁은 본래 경복궁을 보조하는
이궁이라는 위치에 있었다. 그러니 경덕궁에 '창'이 들어간 궐호를 쓰면
창덕궁·창경궁과 같이 아예 이궁의 하나로만 규정될 우려가 있었다. 영
조는 '창'이 들어간 궐호를 의도적으로 배제하면서 실제로는 법궁의 역
할을 하는 창덕궁에 상응하는 위상을 경희궁에 부여하고자 했다. 이후
영조는 사실상 경희궁에 상주하면서 이곳이 왕기가 서린 인조의 잠저
임을 강조하며 그 위상을 더욱 부각해 드러낸다.

> 경희궁은 인조가 등극하기 전에 거처하던 옛터다. 광해군 때 궁궐을 지
> 었는데 완성되자 곧 왕위에 오르셨으니 어찌 우연이겠는가? (경희궁의)
> 덕유당 북쪽에 바위가 있는데 세상 사람들이 왕암王巖이라 부르며 길한
> 일이 일어날 것이라 했다. 그래서 숙종이 서암瑞巖(상서로운 바위)으로 명
> 명하고 어필로 바위에 새겼다.
>
> ―영조, 「장락전기長樂殿記」

영조는 광해군이 왕기를 품은 터에 궁궐을 건축했다고 하면서도 완
공되자 바로 인조가 즉위했다고 단정함으로써 이곳을 인조 등극이라
는 상서로운 운명을 배태한 곳으로 상징화하고자 했다. 이는 경희궁을
인조 이래 효종과 현종, 숙종을 거쳐 자신에게 혈맥이 이어지는 왕통
의 신성한 출발지로 내세우는 작업이었다. 영조는 궁녀의 부림을 받는

영조 어진. 영조는 경덕궁의 명칭을 지금
의 경희궁으로 고쳤다.

무수리 출신의 후궁에게서 태어나 후사 없이 승하한 경종의 뒤를 이어
왕위에 올랐다. 생모가 미천한 신분 출신이었지만 효종과 현종, 숙종을
잇는 유일한 핏줄이라는 이유로 등극한 영조로서는 왕계의 정통성을
강조할 필요가 있었고, 그 한 방편이 왕기가 서렸던 경희궁을 드높이는
작업이었다.

　광해군이 그토록 떠나고 싶어했던 창덕궁은 인조 이후 경복궁을 대
신해 실질적인 왕조의 법궁 역할을 맡게 된다. 이 창덕궁은 18세기 후
반 정조(재위 1776~1800) 대에 들면 강한 권력과 확고한 권위를 가진

군주를 표상하는 궁궐로 새롭게 자리매김한다. 16세기 후반 사림 지배 체제 성립 이후 약화한 왕권을 강화하고 군주가 주도하는 정치질서를 정립하려 한 정조는 즉위 이듬해에 창덕궁의 정전인 인정전 마당에 품계석을 설치한다.

인정전 뜰에 품계석을 세웠다. 조하 때에 품계에 따른 행렬이 번번이 문란해졌으므로 품계에 따라 돌을 세워 등급의 줄을 정하도록 한 것이다.
—『정조실록』4권, 정조 1년(1777) 9월 6일

돌에다 정1품에서 종9품에 이르는 품계를 새겨 등급에 따라 배치했다. 어좌에서 볼 때 왼쪽(동쪽)에는 문반 품계석을 오른쪽(서쪽)에는 무반 품계석을 두었으며, 어좌에 가까울수록 품계가 높아졌다. 이러한 배치로 문무文武 구별과 신하들 간의 지위와 서열이 분명하게 드러났으며 왕과 신하 사이의 위계질서도 한층 뚜렷하게 가시화됐다.

서열에 따른 일사불란한 줄 세우기는 관료체계 내 각자의 위치를 상기시키고 그 정점에 누가 존재하는지를 자각시킨다. 자기가 행사하는 권력과 권한의 근거가 어디에 연원을 두고 있는지를 새삼 깨닫게 한다. 관료체계 내 힘의 서열을 드러내 보여주는 품계석은 결국 그 정점에 선 최고 권력자의 존엄과 권위를 과시하고 신하의 자발적 복종을 유도하는 정치도구이자 권력의 기호記號였다. 만지거나 눈으로 볼 수 없는 '의미'를 시각적 대상물로 드러내 보여주는 기호에 의한 구별 짓기인 셈이다.

영조의 경복궁
- 의례와 행사를 거행하라

경복궁은 그리 쉽게 재건되지 않을 운명이었다. 18세기 들어서도 재정 부족을 이유로 복구가 계속 미뤄지고 있었다. 과도한 궁궐 공사가 광해군 폐정의 핵심으로 지목된 탓에, 새 궁궐 조성이나 다름없는 경복궁 중건은 정치적으로도 부담이 될 수밖에 없었다. 다른 궁궐에 비해 생활하기에 불편하다는 실리적 판단과 길지가 아닐 수도 있다는 풍수지리 논란도 재건 의지에 어느 정도 걸림돌이 됐을 것이라 여겨진다. 창덕궁과 창경궁에, 경희궁과 경운궁이 있는 마당에 여러 부담과 잡음까지 감당하며 공역을 밀어붙일 여력도 의지도 충분하지 못했던 것이다.

하지만 군사를 배치해 지키게 하고 바닥 돌과 초석, 교량, 후원 숲 등 시설물과 녹지를 보존하는 수준에서의 관리는 멈추지 않았다. 경복궁은 여전히 조선 개국의 이상을 담은 왕조의 법궁으로 인식되고 있었으며 역대 왕실의 영화와 공적을 기억하고 기리게 하는 상징물로 남아 있었기 때문이다. 영조는 이 점에 주목해 경복궁을 자신의 정치력을 높이고 왕위 정통성을 확증하는 수단으로 활용했다.

영조는 즉위 초부터 이복형이자 앞선 왕인 경종의 죽음에 관계됐다는 풍문에 시달렸으며 게다가 숙종의 친아들이 아니라는 혈통에 대한 의심까지 받고 있었다. 재위 4년 무신년(1728)에 일어난 대규모 반란도 그 명분을 영조의 이러한 왕위 정통성 문제에 두고 있었다. 정권에서 배제된 소론과 남인 과격파가 주도하고 중간계층과 하층민까지 가담한 전국 규모의 난을 한 달여 만에 진압했지만 핏줄에 얽힌 정통성 문제는 이후 영조의 정치력 강화에 걸림돌로 작용할 수밖에 없었다.

영조는 이러한 정통성 시비를 잠재우는 방안을 경희궁 위상 강화와 일면 유사한 선대의 유적에서 찾았다.[3] 건국 이래의 왕실 자취가 담긴 경복궁에서 국가 의례와 행사를 거행해 왕조 법궁으로서의 역사성과 상징성을 부각하고, 나아가 태조에서 역대 군주를 거쳐 자신에게 이어지는 왕통의 반열을 과시하고자 했다. 선대를 추념하는 망배례를 올리고, 대신들에게 진작례進爵禮를 받으며 역대 왕들의 공덕을 되새겼다. 장차 조정을 이끌어갈 인재를 뽑는 과거를 실시하고, 교훈과 경계의 글인 훈유訓諭를 반포해 정치적 지향점을 제시했다. 경복궁은 폐허가 아니라 국왕의 정통성을 보장하고 권력 행사의 권위를 높이는 정치의 통로로 다시 기능하고 있었다.

> 경복궁 근정전 옛터에 나아가 임금이 손수 글을 짓고 일렀다. "오늘의 대소 신료도 역시 이 하교下敎를 본받고 있는가? 손자는 그 할아버지에게 의지하고 할아버지는 그 손자에게 의지하며 앞에 앉고 뒤에서 시중들고 있다. 구궐(경복궁) 터에서 널리 일러 깨우치게 하니, 역대 임금들께서 위에서 굽어보시고 많은 백성이 아래에서 모두 듣고 있다."
>
> ─『영조실록』 114권, 영조 46년(1770) 2월 8일

상上께서 경복궁에 행차해 문무 등준시登俊試를 베풀어 행하니 예부터 내려오는 조정의 관례를 따른 것이다. 옛날 성화成化 병술년(1466, 세조 12)에 세조대왕께서 친히 벼슬아치에게 시무책을 답하게 하고 이 과거시험을 등준이라 했는데, 309년이 지나 전하께서 그 자리에서 그 예를 행하니 옛 제도를 이은 것이다.

　　　　　　　　－홍지해, 『갑오재등준시방甲午再登俊試榜』 서序 (1774, 영조 50)

경복궁의 운명, 조선의 운명

하지만 왕조 법궁의 웅장한 외양까지 확인하는 데는 좀더 오랜 시간을 기다려야 했다. 19세기 전반 순조와 헌종 대에 중건 계획을 세우기도 했지만 이 또한 실행되지는 못했다. 결국 경복궁은 전쟁으로 무너진 지 270여 년이 지난 1860년대에 가서야 법궁의 본 모습을 드러낸다. 고종 (재위 1863~1907) 초반, 세도정치 아래 실추된 왕가의 권위를 회복하고 왕조의 부흥을 염원하며 경복궁 재건에 들어갈 수 있었다. 이 대역사大 役事는 영조가 미처 채우지 못한 채 남겨둘 수밖에 없었던 과제를 현실화하는 작업이기도 했다. 왕조의 뿌리를 재확인하고 정치 권위를 과시하는 공역이자 군주가 주도하는 지배질서의 지향점을 드러내는 정책사업이었다.

경복궁 근정전.

대왕대비(신정왕후)께서 교서를 내렸다. "경복궁은 규모가 바르고 크며 그 자리가 반듯하고 엄숙해 성인聖人의 마음자리를 우러러볼 수 있게 하거니와 법령과 시책이 모두 정당함에서 나오지 않은 것이 없다. 백성이 하나같이 복을 받은 것도 이 궁궐로부터 시작되었다. (…) 근래 우리 주상은 조종조祖宗朝께서 이 궁궐을 사용하던 그 당시의 태평한 모습을 그리면서 '왜 지금은 옛날처럼 못 되는가'하고 때 없이 한탄했다. 주상의 이러한 경복궁 재건 의지는 조상의 사업을 계승한다는 뜻뿐 아니라 넓고도 큰 도량까지 엿볼 수 있게 하니, 이는 백성의 복이다. 무궁할 국운의 터전도 실로 여기에 기초할 것이다."

–『고종실록』 2권, 고종 2년(1865) 4월 2일

그런데 그 속내를 보면 경복궁 공역은 고종의 아버지인 홍선대원군의 권력 기반으로 활용된 측면이 강하다.[4] 홍선대원군은 고종 초반에 국정 전반을 이끌며 실질적인 최고 권력자 역할을 하지만 관료기구 직책은 물론 공식적인 섭정의 지위도 가지지 않은 상태였다. 말 그대로 막후에서 정국을 주도하는 실력자였다.

과연 국왕의 아버지라는 위상만으로 그토록 강한 권력을 휘두를 수 있었을까? 어린 국왕을 대신해 수렴청정한 신정왕후가 홍선대원군을 신임하고 힘을 실어주었다지만 세도정치기를 거치며 국정을 장악한 대신들을 누르기 위해서는 관료기구와 재정을 통제할 수 있는 실질적인 권력 기반이 뒷받침돼야 한다. 홍선대원군이 이런 실권을 행사할 수 있는 장치가 바로 경복궁 공역을 주관하는 영건도감이었다. 홍선대원군은 자신과 연결된 인물들을 영건도감의 핵심 관료로 앉혀 재정을 관리하며 중건사업을 주도하는 한편, 이를 기반으로 조정의 정무와 재정, 서원 철폐, 외교 등 국정 전반에 영향력을 행사해나갔다.

영건도감은 경복궁 중건이 대체로 마무리된 1868년 이후에도 계속 존속해 종묘와 성균관, 관청 등 국가 주요 시설의 공역을 맡으며 정치권력 장악의 중추 통로 역할을 했다. 이 영건도감은 1872년에 철폐되는데 공교롭게도 그 이듬해에 홍선대원군도 원치 않는 정계 은퇴를 하게된다. 경복궁 재건을 권력 행사의 정치수단으로 이용한 홍선대원군의 책략은 궁궐 공사를 일으키면서 재정 운용을 주도하고 측근을 중용해 권력 입지를 다지려 한 광해군의 정치 수완과 유사한 면을 보여준다.

세종과 선조, 광해군, 영조, 정조, 흥선대원군……. 이들 조선의 군주와 최고 권력자는 궁궐을 수리하고 개축하며 때로는 소멸한 옛 궁궐을 되살리고 아예 새 궁궐을 쌓아 올리기도 했다. 권력의 영향력을 넓히고 권위를 높이기 위해 궁궐이라는 특별한 공간을 정치수단으로 이용했다는 점에서 이들의 궁궐 경영을 공간의 정치도구화라 해도 좋을 것이다. 궁궐을 대상으로 한 이들의 국가사업은 권력 기반을 확장하려는 고도의 정치 행위로 수렴됐으며, 여러 정치세력이 이합집산하는 다툼의 소용돌이로 빠져들었다. 궁궐은 욕망이 난무하는 권력 행사의 장이었으며 이익을 좇아 적대하고 작당作黨하는 정치의 공간이었다.

궁궐을 매개로 권력을 유지하고 강화하려 한 이들의 정치 행위는 권력이 어떻게 행사되어야 그 유효성과 지속성이 담보될 수 있는지를 보여주는 역사의 증거이기도 하다. 백성의 지속적인 지지와 후원을 받지 못한 상태에서의 정치 행위는 그 유효 수명이 그리 오래가지 않으며, 종래에는 정치적 권위는 물론 권력의 기반까지 무너뜨리는 역효과를 가져온다는 사실이다. 특히 광해군의 궁궐 경영이 그러했고, 흥선대원군이 주도한 경복궁 중건이 또한 그러했다.

국력이 쇠약해지고 국제 정세마저 혼돈으로 치닫던 19세기 후반에 왕권을 세우고 왕실의 중흥을 꿈꾸었다면 기세 높은 지붕과 그윽한 후원을 꾸미는 궁궐 재건은 그리 서두르지 않아도 좋았을 것이다. 착취기구로 변질된 관료제도를 쇄신하고 백성의 의식주 생활을 보장하는 민생정책을 시행하는 게 우선이었다. 최소한 궁궐 재건과 함께 사회제도 개혁을 실행해 백성을 위하는 정치를 했어야 했다. 오래가고 올곧게 빛나는 통치 권위와 탄탄하고 마르지 않는 권력 토대는 결국 백성의 눈과 귀, 일하는 민초의 손과 땀에서 나오며, 그건 백성의 의식주 생활이 충분히 보장될 때 가능하다는 말이다.

위정자들이 그토록 높이려 한 권위의 광휘는 궁궐이 아니라 실은 백성의 가슴에서 먼저 빛나야 했다. 그늘과 음지를 뒤로한 채 겉으로만 화려한 위장의 빛이 아니라 애민을 실천으로 옮기는 덕치와 왕도정치의 행보에서 나오는 빛, 지배층이 그토록 외쳤던 인정仁政의 통치를 실행하는 여정에서 발하는 그 빛 말이다. 그러했다면 왕의 권위와 왕조의 존엄은 농부의 논과 밭에서 장사꾼의 저잣거리에서 장인의 공방에서 어부의 뱃전에서 더욱 오래도록 빛났을 것이다. 하지만 군주와 정치 세력은 끝내 그 길을 선택하지 않았으니, 그들의 권위와 존엄은 빛을 잃었고 권력의 토대는 끝내 허물어졌다. 그러면서 왕조의 군주 반열도 더는 이어지지 못하고 비극으로 끝을 맺었다.

3부

조선 성城의 다섯 가지 비밀

|성곽과 읍치|

유럽의 성과 치소治所에서 조선의 성과 읍치까지

헨리 2세, 필리프 2세, 그리고 자치도시의 성곽

12세기 후반, 잉글랜드 왕국의 헨리 2세(재위 1154~1189)는 프랑스 서부 지역을 통치하며 아일랜드와 스코틀랜드까지 정복해 거대한 영토를 가진 제국을 건설해나갔다. 효율적인 통치와 지속적인 지배를 위해 제국 전역에 대규모 성을 쌓아 거점으로 삼고 영주와 제후를 통해 지역을 다스렸다. 특히, 통치권이 미치는 경계 지대에 집중적으로 배치된 성은 침입에 대비하는 방어막이자 이곳이 제국의 영토임을 과시하는 상징물이기도 했다.[1]

헨리 2세가 건설한 성은 이전의 성과는 여러 면에서 차이를 보였다. 흙과 목재가 아니라 돌로 성을 쌓았으며, 두께가 3미터가 넘는 성벽을 축조해 방어 기능을 크게 끌어올렸다. 성벽 바깥으로는 적의 접근을 차단하기 위해 폭이 수십 미터에 이르는 해자를 둘렀다. 성의 전체 외관은 견고하고 육중해 보이는 사각형을 취했으며, 성 내에는 지배권을 표시하는 사각형 석조 주탑을 높이 쌓아 올렸다. 이 주탑을 중심으로 그 주변에 안뜰이 펼쳐지고, 이는 다시 성벽으로 둘러싸였다. 성벽 안 쪽으로는 통치자의 생활과 업무에 필요한 시설을 마련해, 성이 군사 기 능뿐 아니라 사적 거주지이자 공적인 치소治所 기능까지 겸할 수 있게 했다.

하지만 헨리 2세가 중심이 돼 건설한 잉글랜드 왕국의 성은 그리 오 랜 영화를 누리지 못했다. 13세기 초, 프랑스 카페 왕조의 필리프 2세 (재위 1180~1223)가 잉글랜드 왕에게 속한 서부 지역을 장악하고 이 지 역 곳곳에 새로운 양식의 성을 건립하면서 헨리 2세 시대의 성은 역사 저편으로 급격히 잦아들었다.

사각형에서 원통형으로 바뀐 주탑은 필리프 2세 시대의 성에서 가 장 눈에 띄는 변모 중 하나였다. 투석기의 파괴력이 강화되면서 사각형 주탑은 충격에 견디는 힘이 점차 약해졌는데 원통형 주탑은 투석기의 탄환을 비껴가게 만들어 충격을 상당히 완화했다. 성벽 또한 하나의 커 다란 사각형 구조에서 다양한 굴곡을 준 다각형으로 변했다. 불규칙한 다각형 구조물과 복잡한 통로는 방어에 더 효과적이었으며, 굴곡이 생 기는 성벽과 성문에 원통형 보루를 쌓아 반격의 범위까지 넓힐 수 있 었다. 또한 총안과 난간, 돌출 회랑 등 여러 공격용 구조물을 만들어 활 과 석궁, 투석 무기의 활용도를 높였다. 이러한 변화는 피해를 줄이기 위한 소극적 방어전략에서 벗어나 적을 맞아 적극적으로 싸운다는 전 투 자세의 전환을 가져왔다.

필리프 식 건축양식의 두르당Dourdan성(위), 노르만 양식의 성채에 필리프 식 건축양식이 추가된 지조르 Gisors성(아래).

이제 통치자들은 굳이 높은 언덕이나 절벽을 낀 험준한 지대에 성을 두지 않아도 적을 막아낼 수 있게 되었다. 성은 평지로 내려왔으며, 지역민의 생활권역에서 일상의 풍경으로 자리잡아갔다. 웅장한 성의 위용이 지역민에게 더 자주 노출되면서 권력자의 존재 가치를 한층 강하게 각인시키고 통치의 효율성을 높였다. 이런 적극적인 방어용 성의 구조를 처음 적용한 곳이 당시 파리 서부 경계 지역에 쌓은 루브르성이었다. 필리프 2세는 통치 지역을 확장해 나가면서 헨리 2세 시대의 성에 더 높고 웅장한 원통형 주탑을 덧붙여 프랑스 왕가의 우위를 과시하기도 했다.

사실 이 시기 유럽의 성곽 구조 변화와 방어력 향상은 지금의 이스탄불을 중심으로 한 비잔티움 제국과 이슬람 세계의 선진 기술을 수용한 결과였다. 11세기 말에서 13세기에 걸쳐 서유럽의 기독교도들이 성지 탈환을 위해 이슬람 지역으로 원정을 감행해 여덟 차례의 전쟁을 치렀는데, 이 시기에 앞선 성곽 건축기술과 무기가 전해지면서 짧은 기간임에도 획기적인 발전을 이룰 수 있었다.

이후에도 변화는 이어졌다. 14세기 들어 통치의 공간인 성과 전투의 공간인 성이 분리됐다. 여느 문명권과 달리 서유럽에서는 아직 사적인 주거 공간과 공공업무 공간이 철저히 분리되지는 않았지만, 지역 권력자들은 이제 전투를 치르는 방어용이 아니라 거주를 목적으로 한 성을 화려하고 안락하게 조성하며 통치의 거점으로 삼았다. 이러한 변모는 서유럽에서 지역 분권적인 봉건체제가 약화하고 통합된 국가체제가 강화되는 추세와 맞물린다. 왕국 내부의 군사 충돌이 억제되고 중앙의 국왕을 중심으로 한 통치질서가 자리를 잡아갔으며, 대신 백년전쟁 (1337~1453) 같은 국가 간 대규모 충돌이 일어나는 시대로 접어든 것이다.

백년전쟁 시기에 실전에 등장한 화포는 방어와 전투를 목적으로 한 성에 큰 변화를 가져왔다. 화포의 집중 포격 대상이 된 성벽은 두터워졌고, 성벽 주위에 흙으로 둔덕을 쌓아 올려 방어 기능을 강화했다. 성벽에 포안을 설치해 적을 향해 포를 쏘았으며, 여러 종류의 화포를 장착한 포탑을 만들어 반격의 강도를 높이기도 했다.

무기가 발전하면서 도시를 보호하는 성에도 변화가 불가피했다. 구역별로 나뉘어 축조됐던 각각의 성곽이 도시 전체를 두르는 하나의 성곽으로 새로 건설됐으며, 성벽이 높아지고 두꺼워졌다. 성벽에는 원통형 탑과 보루를 설치해 전투력을 높였다. 이중 성벽을 쌓고 성벽 바깥에 해자를 두는 곳도 있었다.

이 시기 도시는 시민이 선출한 대표자와 관리가 행정과 재판을 해나가는 자치도시로 운영되고 있었다.[2] 비록 영주나 국왕이 허용하는 한도 내에서의 자치였지만 농촌 지역에 비하면 통제와 억압이 훨씬 덜했다. 도시민도 기본적으로 영주와 국왕 권력에 종속돼 법률상의 의무를 짊어지고 있었지만 일방적이고 자의적인 지배에서는 벗어난 일종의 자유민 취급을 받았다.

자치도시는 발전을 거듭했다. 영주에게 예속돼 가혹한 삶을 살아야 하는 농민들이 좀더 자유로운 신분을 얻기 위해 도시로 유입되고, 게다가 유통망이 확대되고 교역이 활성화되면서 인구가 급격히 늘어났다.

3만5000명 정도의 인구를 가진 상업도시에서 20만 명이 활동하는 대도시로 성장한 벨기에의 브뤼게 같은 자치도시도 있었다. 인구 증가는 도시의 경계를 넓혔다. 유입되는 인구를 수용하기 위해 성곽 외부에 별도의 거주지를 마련하고, 이곳에도 성곽을 덧대어 쌓았다.

도시민들은 성벽과 무기, 군사조직 등 방어체제를 갖추어 거주민의 안전뿐 아니라 상업 활동에 필요한 도시 내의 안정을 꾀했다. 누가 출입하고 무엇이 드나드는지를 감시하고 통제하는 성곽은 부랑자와 범죄자를 걸러내는 치안의 장벽이자 효율적인 세금 부과를 위한 관세의 장벽이기도 했다. 성곽은 자치 행정과 자유로운 상업 활동을 펴나갈 수 있도록 하는 버팀목이었으며, 이곳이 자유민이 사는 지역임을 표시하는 영역 경계의 역할까지 했다. 도시의 자치권을 보호하는 성곽 자체가 중세 도시민의 자유를 상징하는 건축물이었다.

이 시기 유럽의 성과 그곳에 마련한 치소治所는 외부의 적대세력을 방어하는 데만 목적을 두지 않았다. 성은 이곳이 왕조의 지배력이 미치는 영토임을 알리는 랜드마크 역할을 했다. 국왕의 현존을 알리고 왕권을 과시하는 권력 상징물이었으며, 통치의 권위를 드러내고 지배의 정당성을 합리화하는 기제로 작용했다. 성 내부와 외부를 경계 지어 영역을 나누고, 성에 사는 사람과 성 바깥에 거주하는 사람을 구별하는 장벽이기도 했다.

이방인이 본 서울 성곽[3]

아널드 새비지랜도어(1865~1924)는 고종 어진을 그린 외국인으로 명성을 얻은 인물이지만 정치나 외교보다 조선의 문화와 일상생활, 지리에 더 많은 관심을 가졌던 영국인이다. 탐험가이자 여행가이기도 했던 그는 1890년에 인천을 통해 두 번째로 조선을 찾았다. 도보로 서울 여정에 나섰는데, 마포나루를 건너 돈의문 앞에 이르러 독특한 체험을 하게 된다. 남자를 대상으로 한 저녁 통행금지가 시작될 무렵이어서 성내로 서로 들어가려는 인파에 휩쓸려 겨우 성문을 통과할 수 있었다.

나도 떼 지어 들어가는 사람들 사이에 섞여, 조랑말에 발을 밟히고 사람들과 부딪치며 황소와 얼굴을 가까이하기도 하면서 마침내 성문 안으로 들어갔다. 문지기들이 시간이 다 됐다며 행인들을 도성 내로 들어가도록 재촉하며 고래고래 소리를 질렀는데, 그때의 그 컬컬하고 선듯한 목소리를 지금도 생생하게 기억한다. (…) 마지막 사람이 통과하면 녹슨 돌쩌귀에 물린 커다란 대문에 빗장이 걸린다. 너무 늦게 도착한 사람들이 안으로 들여보내 달라고 애걸하지만 소리만 메아리처럼 울릴 뿐, 대문은 이튿날 해 뜰 때까지 열리지 않는다. 큰 맹꽁이자물쇠와 빗장은 굳게 잠겨 있으며 서울은 이튿날 아침까지 외부세계와 격리돼 있었다.

　　　　　　　　　　　　　　　　　　　　　　　　　－아널드 새비지랜도어,

　『고요한 아침의 나라 조선Corea or Cho-Sen: The Land of the Morning Calm』

통행금지는 남녀에 따라 시차를 두어 시행했는데, 밤 10시께부터 이튿날 새벽 4시께까지는 남녀를 불문하고 출입을 통제해 성문을 닫았다. 행정구역상 서울은 성 밖 10리를 포함하지만 성문이 닫히는 야간에는 성내와 바깥 지역이 성벽에 의해 완전히 분리된 상태였다.

서울 주민의 야간 활동을 통제하는 성문 폐쇄는 성안과 성 밖이 다른 세상이라는 사실을 좀더 분명하게 보여주었다.[4] 성벽은 수도를 성내와 성외 지역으로 나누는 단순한 경계에 그치지 않았다. 왕과 종친, 양반 관료, 중인, 부유한 상인 등 이른바 세력가들이 거주하는 성내는 신분제의 특권을 누리는 권력자의 세상이었다. 성 밖 서울에는 대체로 영세 상인과 임금노동자, 빈농 등 하층민이 관료와 세도가의 탐학 아래 힘겹게 생존을 이어가고 있었다.

눈으로 보기엔 모든 주민이 성문 안팎을 드나들었지만 사실 서울은 성곽을 두고 그 안과 밖이 분별되는 세상이었다. 성곽은 이곳과 저곳, 이 사람들과 저 사람들을 나누고 특권을 가진 자와 그렇지 못한 자를 구별하는 현실적 기제였다. 성안의 주민이 성 밖 주민과는 다른 존재이며, 성안의 세력가들이 수도의 실질적인 주인임을 드러내는 차별과 배제의 벽이기도 했다.

조선 성곽과 읍치에 새로운 권위를 세워라

조선(대한제국)의 내정이 완전히 일본의 관리 아래 들어간 1907년, 일

좌우 성벽이 철거된 숭례문.

본 관료가 위원장을 맡은 성벽처리위원회가 구성돼 서울의 도성 성벽 철거작업에 들어갔다. 교통 편리와 시설 근대화를 앞세운 도시개조사업의 하나로 추진돼 숭례문과 흥인지문의 좌우 성벽이 철거되고, 일제 강점기 들어서는 산지 성곽을 제외한 평지 성곽이 모두 헐렸다. 돈의문 (서대문)과 소의문(서소문), 혜화문(동소문) 등 성문도 철거됐으며 광희문은 자연붕괴 상태로 방치됐다. 그런데 숭례문과 흥인지문은 그대로 보존된다. 일제는 왜 이 두 성문을 훼손하지 않고 남겨두었을까? 더구나 숭례문은 조선의 왕도인 서울의 정문이지 않은가?

이에 대해 숭례문과 흥인지문이 건축물 자체가 우수하고 또한 우회도로 건설이 가능한 입지 조건을 갖추고 있어 지금처럼 보존될 수 있었다는 의견이 있다. 한편으로는 일제의 성곽 철거사업에 또 다른 속셈이 있었다는 주장이 설득력을 얻고 있다. 1592년 임진전쟁 당시 일본군이 서울 함락을 위해 입성한 곳이 숭례문과 흥인지문이며, 일제에게이 두 성문은 승전문이라는 유래를 지닌 곳으로 역사적으로 보존해야할 상징물이라는 것이다.[5] 더구나 당시 성곽 철거와 도시시설 건설에 관여한 다수의 일본인이 두 성문을 전승 기념물로 간주하고 있어 승전문 차원의 보존이라는 주장에 무게를 싣는다.

일제는 임진전쟁 시기에 북상하면서 돌파한 문경의 조령 관문과 전주의 풍남문도 보존했으며, 1894년 청일전쟁 때 승리를 거둔 평양전투와 관련된 다수의 성문과 누각 또한 기념물로 기렸다. 반면 일본군 격퇴와 저항에 관련된 전국의 성곽은 훼철하거나 방치했다. 항일의 상징인 성곽을 없애버림으로써 조선이 일본의 지배 아래 들어갔다는 사실을 분명히 보여주려 했던 것이다. 조선 왕조의 권위와 존엄을 짓밟음으로써 식민체제가 정당하다는 인식을 심어주려는 책략이기도 했다.

조선인 동화同化 정책에서 간과할 수 없는 것이 있으니, 조선인에게 항일의 계기를 제공하는 역사적 기념물이다. (…) 언제 왜구를 격퇴하고 방어했으며, 언제 피란했다고 알려주는 기념물을 한꺼번에 없애버리기는 곤란할 테니 점차 제거하는 방향으로 나아가야 할 것이다. 이는 민심 통일과 조선인 동화를 위해서 필수불가결한 방안이라 생각한다.
　　－아다치 겐조, 「조선의 재정문제와 선인동화정책」 『조선朝鮮』 32호(1910)

일본 중의원 소속 정치인의 이 시각은 개인 발언에 그치지 않고 일제의 식민지 정책에 반영됐다. 읍성 성벽이 헐려 일제가 건설하는 관공서와 신작로, 철도 등의 바닥 다지기 재료로 이용됐다. 지역 중심지이자 치소治所가 있던 전국의 읍치도 기존의 모습을 잃었다. 국왕을 상징하는 전패를 모신 객사는 헐리거나 식민통치기관의 청사로 쓰였으며, 지배층의 권위와 통치의 위엄을 보이던 누각은 대부분 파괴됐다. 동헌과 내아, 사령청 등의 건물은 우편소와 경찰서, 학교 등 공공기관의 건물로 전용됐다. 장대와 같은 군사시설이 일본인에게 매매됐으며, 읍치 시설물 자리에 여관과 점포가 들어서기도 했다. 조선 왕조의 권력 상징물이자 통치의 거점이던 읍치와 성곽이 이제 다른 지배자의 등장과 그 당당함을 알리는 건축물로 변모해갔다.

13장
조선 읍치는 왜 평지로 내려왔는가?

조정과 주민의 읍치 이전 갈등

문종 1년인 1451년, 고을의 행정 중심지인 읍치를 옮겨달라는 상언上言
이 올라왔다. 전라도 낙안군의 일부 주민들이 치소가 자리한 낙안면의
읍성이 살기에 불편하니 아예 읍치를 다른 곳으로 이전시켜 달라는 청
원이었다. 읍성은 군사방위를 주목적으로 하는 산성과 달리 외적 방어
와 함께 관아시설을 중심으로 한 행정 기능까지 갖춘 성이자, 때로는
그러한 성곽을 갖춘 취락지를 뜻했다. 그런 만큼 군사와 행정, 거주환경
등 여러 측면을 신중하게 살펴 설치할 곳을 정해야 했다.

공조 판서 정인지가 임금에게 아뢰었다. "읍을 옮기며 성을 쌓는 일은
중대한 사안입니다. 지금 공조에 내린 낙안군 거주민들의 상언을 자세
히 보면, '성안에 우물과 샘이 없다'는 핑계로 읍치를 옮겨달라 하는데,

이곳은 이전에 최윤덕과 정흠지, 박곤 등이 살펴보고 입지를 정한 곳입니다. 이제 와서 주민 수십 명이 올린 상언 때문에 갑자기 읍치를 옮기는 건 경솔한 처사인 듯합니다. 전에 보령의 성도 우물과 샘이 없다 하여 옮기자는 의견이 있었습니다만 풍수와 점술에 능한 김득수를 파견해 수맥水脈을 찾아내어 성을 옮기지 않았습니다. 이번에도 김득수를 보내어 살피게 하소서."

-『문종실록』 10권, 문종 1년(1451) 11월 5일

조정에서는 27년 전인 세종 6년(1424)에 낙안면의 평지에 성을 쌓고, 약 5킬로미터 남쪽에 위치한 고읍면에 두었던 읍치를 이곳으로 옮겼다.[1] 상언을 올린 주민들은 이전한 읍치를 다시 고읍면으로 되돌리고 싶어했던 것으로 보인다. 공조 판서는 이런 속내를 알아차리고 물이 부족하다는 호소를 읍치 이전을 위한 핑곗거리로 본 것이다. 낙안읍성을 쌓은 지 30년 가까이 지났지만 일부 주민들은 지난 읍치에 대한 미련을 버리지 못하고 있었다. 낙안읍성의 주민이 올린 상언은 조정에서 의욕적으로 추진하고 있는 새 읍치 조성을 중심으로 한 지방행정 정책에 대한 반대 의사로 비칠 수 있는 사안이었다.

새 읍치에 대한 거부 반응은 낙안읍성만의 문제가 아니었다. 울산에서도 읍치를 새로 마련한 지 10년이 지났지만 여전히 지난 읍성에 거주하며 새 읍치로 옮겨가길 꺼리는 주민이 있어 조정에서 한동안 논란이 일었다.

조선 초기에 지방 행정체계 정비사업의 하나로 조성한 낙안읍성. 관아시설과 성곽, 생활 공간인 민가, 자연경관이자 의례 영역인 숲 등을 제대로 갖추어 조선시대 계획도시의 면모를 전한다.

경상도 관찰사가 좌도 절제사가 올린 공문서와 울산군 주민의 청원에 따라 임금에게 아뢰었다. "경상도 병마절도사가 '군의 군수물자 창고까지 이미 새 성으로 옮겼는데 관리와 백성은 편히 살던 곳에서 옮기기를 싫어해 아직도 옛 성에 머물고 있다. (…) 관리와 백성을 새 성으로 들어가게 하고 옛 읍의 성은 헐어 관리와 백성의 고향을 떠나기 싫어하는 마음을 끊어야 한다'고 했습니다. 울산의 관리와 백성은 '군郡이 새 성에 들어가 병영성에 합하게 되면 수령과 향리, 하급 관속이 아침저녁으로 장군에게 문안을 드려야 하며, 때 없이 손님을 접대하고 치다꺼리해야 하므로 정작 업무는 제대로 수행하지 못하게 돼 곤란하다'고 합니다."

-『세종실록』 30권, 세종 7년(1425) 10월 18일

조선의 읍치, 산성에서 읍성으로 내려오다

조선 왕조는 개국 뒤 중앙집권적 지방 행정제도인 군현제를 정비하면서, 시기에 따라 차이가 있지만 대체로 300~330여 곳에 이르는 행정 구역에 지방관을 파견한다. 이와 함께 성곽 건설도 추진해, 왜구의 침입이 거의 평정된 15세기 초에는 충청도와 전라도, 경상도 해안 지역에 읍성 축조가 이뤄진다. 이는 고려 후기 왜구의 침입을 계기로 새롭게 추진한 축성사업의 연장선에 놓이는 정책이었다.

13세기 후반 들어 연해 지역에 침입한 왜구는 14세기 후반에는 내륙 깊은 곳까지 노략질을 감행했다. 그러다 고려 말에 이르면 화약 병

기가 강화되고, 왜구의 거점인 대마도를 정벌하면서 침입 빈도가 점차 가라앉는다. 이 무렵 고려 조정에서는 왜구의 침입에 대비하고 황폐해진 지역을 복구하기 위해 읍성을 중심으로 한 성곽 축조를 서둘렀다. 내륙의 군사거점과 큰 읍을 시작으로 해안 지역 요충지에도 읍성을 설치했으며, 이러한 흐름은 조선 초인 태종과 세종 시기를 거쳐 15세기 후반인 성종(재위 1469~1494) 대까지 이어졌다.

그런데 고려 말에서 조선 초기에 설치된 읍성의 상당수는 그 이전과는 다른 형태의 성이었다. 이전에는 대개 높은 방어력을 갖춘 산성이나 절벽 지형을 이용한 요새 성에 치소를 갖추었는데, 이 시기에는 주민이 거주하는 지역인 평지나 약간 높은 언덕 지대에 성을 쌓고 이곳에 치소를 마련했다.[2] 이른바 읍성으로, 성벽이 산지와 연결되지 않는 평지성과 성벽이 평지와 산지에 걸쳐 축조된 평산성이 주류를 이루었다. 이 무렵엔 개간이 활발하게 일어나 농경지가 늘어났으며 인구가 증가하고 거주지가 이동됐다. 이런 요인들이 읍성의 입지 변화에 영향을 미쳤을 것으로 본다. 산성 치소는 유사시 거주민을 수용하는 데 한계가 있고, 조세 수취 규모가 커지는 데 따르는 창고를 마련하는 데도 무리가 있었다. 취락 이동과 확산에 따른 왕래의 불편함도 무시할 수 없었다.

이 시기 읍성은 주로 해안 지역에 집중적으로 설치됐다. 이는 외적 방어라는 군사 목적 외에도 효율적인 대민 통치를 위한 정책적 선택이기도 했다. 해안 지역이 개간돼 인구가 유입되고 대규모 취락이 형성되면서 교통과 조세 징수 등 행정 편의를 위해 읍치를 옮길 수밖에 없었다.

특히 세종(재위 1418~1450) 시기에는 방위정책이 산성 중심에서 읍성을 위주로 한 방어전략으로 전환되면서 읍성 축조가 본격화된 시기였다. 축조 기준과 요건을 구체적으로 마련하고 읍성 조성을 지방행정과 통치정책이라는 거시적 안목에서 계획적으로 추진했다.

> 병조 판서 최윤덕이 고을의 성을 축조할 때 지켜야 할 조건을 임금에게 아뢰었다. "충청도, 경상도, 전라도 각 고을의 성 중에서 방어가 긴요한 연변沿邊의 고을들은 산성을 없애고 모두 읍성을 쌓을 것이며, 그 읍성으로 소용이 없을 듯한 곳은 이전대로 산성을 수축하도록 하소서. (…) 민가의 수가 적고 또 성을 축조할 만하지 않은 고을은 인접한 읍의 성으로 옮겨 함께 들어가도록 하소서. 각 고을에 쓸 만한 옛 성이 있으면 수축하고, 쓸 만한 옛 성이 없으면 가까운 곳에 새 성터를 마련해 신축하게 하소서."
>
> —『세종실록』43권, 세종 11년(1429) 2월 10일

조정에서는 요건을 따지되 되도록 읍성을 쌓는다는 기본방침 아래, 각 읍성을 일시에 쌓으면 무리가 따르므로 지역과 규모에 따라 축성 시기를 조절한다는 방안까지 마련했다. 이뿐 아니라 성터를 결정할 관료를 조정에서 별도로 파견해 지방관과 협의를 통해 축성을 추진하도록 했다. 읍치의 입지, 곧 새 읍성이 들어설 위치 선정에 적극적으로 관여해 주민 의사보다 중앙 정부의 뜻을 우선해 관철한다는 계획이었다. 문종 때 공조 판서가 낙안읍성을 두고 "최윤덕과 정흠지, 박곤 등이 살펴

보고 입지를 정한 곳"이라 한 말이 이 제도를 염두에 둔 발언이었다. 낙안과 보령, 울산 등지에서 일어난 마찰은 조정의 이런 읍성 정책이 일부 주민에게 제대로 수용되지 못한 결과였다.

그것은 옛 지배체제인 고려의 제도를 버리고 새 왕조의 변모된 정책으로 통치의 효율성을 높이려는 위정자와 지난 시기의 제도 아래 편리와 이익을 계속 누리려는 읍성 주민과의 갈등이기도 했다. 이런 민심을 멀리하면서까지 조선의 국왕과 위정자들이 새로운 읍치제도를 통해 얻고자 한 것은 무엇이었을까?

평지로 내려온 읍치는 어떻게 통치 권위를 드러냈는가?

낙안읍성은 동서가 길고, 모서리를 둥글게 처리해 타원형에 가까운 사각형 형태를 갖춘 성이다. 성벽 높이는 평균 3~4미터이며 성곽 둘레는 약 1400미터에 이른다. 산을 배경으로 관아가 들어서고 그 앞으로 민가가 자리해 조선시대의 읍치 경관을 충실히 보여주는 읍성 중 하나로 손꼽힌다. 산줄기에 둘러싸인 넓은 평야 지대에서 북쪽의 금전산 방향으로 치우친 지점에 위치해 풍수지리 측면에서도 손색이 없는 곳으로 보고 있다. 668미터 정도의 비교적 높은 금전산을 주산으로 삼아 좌우로는 좌청룡과 우백호에 해당하는 산줄기를 거느리고 앞으로는 안산을 갖추었다. 비교적 고른 높이의 산줄기와 그에 에워싸인 너른 들판은 아늑함과 안정감을 선사한다.

이런 조건을 갖춘 낙안읍성은 전체적인 형태에서 볼 때 수도인 서울의 지형·지세와 경복궁의 입지를 닮아 있으며 읍성 구조도 경복궁을 중심으로 한 서울 도성과 거의 유사하다는 평가를 받는다.[3] 낙안읍성은 조정의 치밀한 설계에 따라 조성된 계획도시라 할 수 있다. 고현면의 평지에 자리한 읍치를 그리 멀지 않은 평야 지대로 군이 옮긴 까닭이 도성과 유사한 읍성 터를 찾고자 한 위정자의 의도에 있지 않았나 하는 짐작까지 하게 한다.

낙안읍성의 중심도로는 동문과 서문을 잇는 약간 굴곡진 동서대로와 남문에서 북쪽으로 향하다 이 동서대로 중간에서 만나는 남북대로로, 크게 보면 T자형 구조를 보인다. 국왕을 상징하는 '전殿'이란 글자를 새긴 패를 모셔놓은 객사는 동서대로 북쪽 구역의 동쪽에 위치하고, 수령 근무처인 동헌은 그 서쪽에 자리잡아 남북대로에서 곧바로 관아 건물에 진입할 수 없는 구조로 설계됐다. 동서대로와 만나 몸을 서쪽으로 틀어 잠시 걸은 다음 시선을 북쪽으로 돌려야 산 아래 자리한 동헌을 볼 수 있다. 이러한 도로망과 건물 배치는 서울 도성의 대문에서 경복궁에 이르는 경로와 유사한 형태를 보인다. 숭례문에서 경복궁에 이르는 직선의 남북대로가 없는 서울 도성에서도 동서대로인 종로에 접어들어 서쪽으로 꺾은 뒤 육조거리 앞 사거리에 이르러 북쪽으로 시선을 돌려야 경복궁을 볼 수 있다. 낙안읍성 객사 또한 위치만 다를 뿐 이와 유사한 진입로 구조와 건물 배치 형태를 갖추었다.

이처럼 낙안읍성 설계자는 서울 도성의 도로망 구조와 궁궐 배치 형태를 그대로 옮겨와 성의 도로망을 짜고 관아 건물을 배치했던 것으로

낙안읍성의 동헌(위)과 19세기에 제작한 낙안읍성 지도(아래). 성곽 내 좌측 상단에
동헌과 내아 등의 관아시설이 그려져 있다. (규장각한국학연구원 소장)

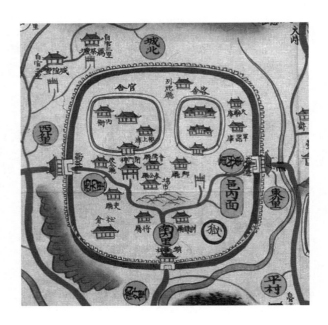

보인다. '궁궐-산(백악산)-하늘'의 일체화된 경관 경험으로 국왕의 권위와 존엄을 드러내는 경복궁과 유사하게 낙안읍성 또한 '관아 건물-산(금전산)-하늘'이라는 하나로 연결된 경관을 보임으로써 국왕을 대리해 통치하는 수령의 권위를 살리고 결국은 왕조의 존엄을 드높이려 한 것이다. 설계자들은 일체화된 경관 경험의 효과를 최대화하기 위해 금전산 자락에서 약 800미터 전방에 관아 입지를 잡았으며, 남북도로를 정북 방향이 아니라 동북 방향으로 내는 치밀함까지 보였다.

읍성 내의 도로망 구조와 건물 배치를 통한 경관 연출은 전라도 나주읍성에서도 확인할 수 있다. 나주읍성의 중심도로는 사방 4개의 성문에서 시작하는 대로인데, 어느 성문에서도 객사까지 직선으로 이어지지 않고 다른 대로를 만나 우회해야 객사에 닿을 수 있다.[4] 서문에서 시작한 도로는 북문에서 남쪽으로 내려오는 대로의 중간에서 만나며, 남문이 시발점인 대로는 동문에서 객사를 향해 오는 도로의 중간에서 만나는 구조를 갖췄다. 동서대로와 남북대로가 직교하지 않는 이런 도로망 구조는 외부의 시선을 차단해 객사가 쉽게 접근할 수 없는 신성한 권위 공간임을 표현하는 방법이자, '객사-산-하늘'의 일체화된 경관 경험을 유도하는 장치이기도 했다. 정문인 남문에 들어서면 객사가 보이지 않지만 진입로를 따라 들어가면 일체화된 경관이 나타나기 시작해 점차 산이 사라지고 객사가 조금씩 크게 시야에 잡혀온다.

읍성 건설에 적용된 새로운 형태의 도로망 구조와 시설 배치는 조정이 그 지역을 효과적이고 질서 있게 장악하는 수단이었다. 볼 수 있는 것을 제한하고, 의도한 특정 경관만을 보여준다는 점에서 이는 시선에 의한 통제전략이자 통치방식이었다. 본다는 것은 그 대상인 경관이 허용하는 한도 내에서의 감정을 가져오고 이는 다시 사고와 행위를 제한하는 틀로 작용한다. 특정한 방식으로 보게 되면 그 보는 방식을 결정하는 자의 의도에 따른 사고와 행동을 하게 마련이다. 물리적 강제 없이 보는 것만으로도 자신을 스스로 규제하고 제어하게 된다. 조선의 위정자들은 보는 틀과 방식을 결정해 보는 자들의 감정과 사고, 행위 양식을 조정하고자 했던 것이니, 주민들은 보이지 않는 시선의 권력이 항시적으로 작동하는 통치 공간 속에 살고 있었던 셈이다.

뒷산을 배경으로 풍수원리에 따라 조성된 읍성은 세종 치세인 1430년대를 지나면서 조선시대 읍성의 전형으로 자리잡았다. 거제와 사천, 안의, 울산, 남해, 동래의 읍성이 그 대표적인 사례이며, 이러한 추세는 조선 후기까지 이어져 하동, 영일, 영양, 자인 등지에서 읍성을 새로 쌓고 읍치를 이전했다.

이보흠이 거제현 읍성에 대해 이렇게 기록했다. "(1432년에) 주상전하(세종)께서 의정부 우찬성 진양晉陽 정상공鄭相公 분奔에게 음양을 살피고 샘물을 찾게 한 뒤, 관아를 옛 관아 남쪽 10리쯤 되는 곳에 옮기도록 명하였다. 북쪽으로는 큰 바다에 닿아 있고 삼면이 산에 가로막혀 있으며, 높고 낮은 땅과 찬 샘물 등이 갖추어져 영구한 터가 될 만하였다."

–「경상도 거제현 성곽 – 읍성」 『신증동국여지승람』 32권

숙종 28년(1702)에 섬강(섬진강)을 관문으로 삼고 진주의 악양과 화개 등 네 면을 나누어 소속시키고, 이듬해에 읍치를 진답면 두곡으로 옮겼다가 그 이듬해에 도호부로 승격시켰다. 영조 6년(1730)에 읍치를 나동으로 옮겼으며, 영조 21년(1745)에는 항촌으로 옮겼다.

-김정호, 「경상도 하동현 - 연혁」『대동지지』

이들 읍성 또한 산과 하늘의 권위에 기대어 통치자의 위상을 드러내고 이를 백성에게 내면화시키는 정치기술이 동원된 지배전략의 산물이었다.

14장
읍치에 왕조의 존엄과 권위를 표상하라

객사와 동헌을 기념비적 건축경관으로 조성하다

성종 재위 19년(1488) 가을, 홍주목(지금의 충청남도 홍성군) 목사 송요년(1429~1499)은 동헌 집무실에서 재정 현황을 정리해놓은 문서와 장부를 검토하고 있었다.[1] 행정 실무를 담당한 통판通判(판관) 조말생과 함께 공역에 필요한 물력 정도와 가용 가능한 재정 상태를 검토하는 중이었다. 홍주목에는 여러 군현이 속해 있어 충분하지는 않지만 물력은 그런대로 댈 수 있는 상태였다. 이윽고 장부를 물린 목사가 통판에게 일렀다.

"객사는 빈객을 접대하는 곳이며 그곳 대청大廳은 삭망(초하룻날과 보름날)에 주상전하께서 조회를 받는 궁궐의 정전과 같은 곳이외다. 그런데 지세가 낮아 위엄이 없고 협소하기도 해, 예를 행할 곳이 마땅치 않소이다. 더군다나 지은 지 오래돼 장차 무너질까 두렵소이다. 그러니 퇴

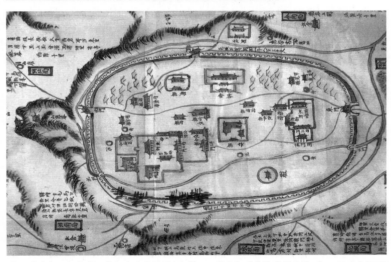

위는 안회당으로 불리는 홍주읍성의 동헌. 아래는 19세기에 제작한 홍주읍성 지도. (규장각한국학
연구원 소장)

락한 객사를 새로 고쳐 세워 관아의 위엄과 예를 다시 일으켜야 하지 않겠소."

목사는 2년 전 홍주목으로 부임한 뒤부터 객사 중건에 뜻을 두고 있었지만 사정이 여의치 않아 미뤄오던 차였다. 이런 의중을 알고 있었던 통판은 흔쾌히 동의했다. 공역 결정이 나자 공사는 빠르게 진행돼, 주민을 동원해 재목을 모으고 석재를 캐내 객사를 거의 새 건물 수준으로 지어 올렸다. 객사 중건은 이듬해 봄에 마무리되었다.

조위가 홍주목 객관(객사)에 대해 이렇게 기록했다. "이 토목 공사와 청사廳舍 건축 하나로만 송후(송요년)를 칭찬하기에는 충분하지 않다. 그렇지만 객관 중건이라는 그의 업적을 계기로 느낀 바 있으니, 요즈음 각 주군州郡을 살펴보건대 근년 이래로 거의 모두 새로 중수해 기울고 낡은 객사가 열에 두서넛도 없을뿐더러 이 모두가 매우 화려하고 커서 옛것의 갑절이나 된다. (…) 한 관아 공역이 송후에게는 이익도 손실도 없을 것이지만 이로써 나라의 태평함을 볼 수 있을 것이요, 그다음으로 수령의 현명함과 능력을 알 수 있을 것이니, 이를 어찌 가벼이 평가하랴. 뒤에 오는 이들도 이를 직접 보고 송후의 어짊과 오늘의 융성을 머리와 가슴에 담을 것이니, 송후의 이 공적이 어찌 아름답지 않으리오."

－「충청도 홍주목 궁실 － 객관」『신증동국여지승람』19권

위정자들은 읍치의 관아시설 자체로도 통치자의 위용과 권위를 드러내려 했다. 읍성 내에 왕권을 상징하고 통치의 권위를 높이는 건물을

지어 읍치를 신성한 공간으로 만들어나갔다. 객사와 동헌이 가장 규모가 크면서도 격식과 위엄을 갖춘 건축물이었다.

객사는 관료의 숙소로도 쓰이지만 무엇보다 국가의례를 행하는 예의 공간이었다. 임금이 있는 궁궐을 향해 절하는 망궐례를 비롯해 국왕이 임명해 내려보낸 관료를 맞이하거나 국왕의 명령서를 받아들일 때 행하는 의례가 이 객사에서 거행됐다. 신하로서 국왕 앞에서 치러야 할 의례에 일일이 참가할 수 없으니 객사에서 대신 하도록 했다. 객사는 지방 통치가 수령이란 대리자를 내세운 국왕에 의해 이뤄지고 있다는 사실을 보여주는 상징적 건축물이었다.

윤상이 예천군 객관에 대해 이렇게 기록했다. "무릇 주군州郡에 관사를 설치하는 목적은 임금의 명을 받은 신하가 왕화王化를 선포하는 때를 기다려 의례를 행할 곳을 준비하는 데 있다. 그래서 비록 아주 작은 고을이라 할지라도 없앨 수 없는 것이다. (…) 객관이 완공되니 뜰 층계가 높고 커서 심한 더위를 피할 수 있고 마루가 트이고 칸살이 넓어 의례를 행할 때 읍揖하는 예를 올릴 공간이 넉넉하다. 서늘한 곳과 따뜻한 방까지 따로 만들었으니, 외관과 실질이 모두 알맞게 되었다. (…) 임금의 명을 받은 신하를 우대하고 왕명을 존중하니 공경함이 이루 말할 수 없다. 어짊과 공경함을 갖추었으니 수령의 직책을 다한 것이다."
－「경상도 예천군 궁실 – 객관」『신증동국여지승람』 24권

객사는 수령이 일하는 동헌과 거처인 내아를 합친 것보다 더 큰 경

동익헌과 서익헌을 갖춘 낙안읍성 객사(위)와 고창읍성 객사(아래).

우가 많았다. 단일 건물로도 지었지만 대개 날개채인 동익헌과 서익헌, 대청, 하마대下馬臺 등 다양한 시설을 마련했다. 특히, 임금의 전패를 모신 전청殿廳과 그 좌우에 맞붙여 설치한 동익헌과 서익헌은 국왕을 중심으로 좌우로 늘어선 궁궐의 조정을 연상하게 한다.[2] 동익헌에는 중앙에서 내려온 문관이 머물고 서익헌에는 무관이 묵었는데, 이는 궁궐에서 의례를 행하거나 조정회의를 할 때 국왕을 중심으로 동쪽에는 문관이 자리하고 서쪽에는 무관이 자리한 행렬과 유사한 구도를 취한다. 궁궐의 조정을 본뜬 객사는 국왕의 권위가 현존하는 지존의 공간인 셈이었다. 그런 만큼 객사는 국왕의 존엄과 통치의 권위를 나타낼 수 있도록 위엄과 격식을 갖추어야 했다. 16세기 전반에 편찬된 인문지리서인 『신증동국여지승람』에서 객사에 대한 기록을 궁실 항목에 분류해 넣은 까닭도 이런 태도와 인식 때문이었다.

조위가 홍주목 객관에 대해 이렇게 기록했다. "기유년(1489) 봄에 낙성을 고하니, 지난날 낮았던 것이 높아지고 좁았던 것이 넓어졌다. 모퉁이와 뜰을 높이고 규모와 제도를 확장해 흰 회로 바르고 단청으로 채색하니, 높고 크고 미려해서 한 고을의 미관美觀을 이루었다."
　　　　　　　　 －「충청도 홍주목 궁실 – 객관」 『신증동국여지승람』 19권

평안도 도안무찰리사都按撫察理使 최윤덕에게 왕명서를 내렸다. "도절제사 이각이 이렇게 아뢰었다. '강계부는 방어하는 요충의 땅이니 마땅히 그 관사를 웅장하게 지어 나라의 위세를 보여야 할 것입니다. (…) 옮겨

울에 남도에서 올라오는 군인들과 본부에 들어와 지키는 백성을 부역시
켜 재목을 베고, 봄이 되면 관사를 지어 남 보기에 장엄하게 하소서'"
    -『세종실록』 70권, 세종 17년(1435) 11월 23일

관아시설 전체는 객사와 동헌을 중심으로 배치됐다. 일률적이지는
않지만, 객사는 대개 관아 뒤편이나 읍성 내 북쪽에 자리했으며, 그 주
변에는 주로 내아를 두었다. 내아 앞에 동헌이 들어서고 그 전면에 여
러 행정시설과 민가가 위치했다. 주요 출입문인 남문을 지나 행보가 깊
어질수록 위계가 높은 건물을 만나게 되는 구조로, 처음 보이는 것이
나중에 보이는 것을 위해 설치돼 있다는 느낌이 들도록 했다. 또한 동
헌과 내아, 책방 등 수령을 위한 건물군과 대민 업무를 보는 질청, 식생
활 물품을 조달하는 관청 등 향리층이 주로 쓰는 건물군을 구분해 위
계에 따른 구역 분별을 분명히 했다.

관아시설 조성에 권력 관계가 반영됐다는 사실은 건물 배치뿐 아니
라 좌향을 통해서도 알 수 있다. 왕의 권위를 상징하는 객사는 남향을
취하도록 했고, 원칙적으로 다른 건물들은 객사와 동일한 방향을 피하
도록 했다. 기본적으로 정남향은 왕만이 사용할 수 있도록 한 건축규
범을 적용한 결과로, 객사의 전청에 전패를 모시고 북향해 배례를 올리
도록 한 조치이기도 했다. 지형 때문에 읍의 진산이 서향이나 동향이
될 경우에도 객사만큼은 남향을 취하도록 했다. 관아시설의 핵심인 객
사와 관아 또한 위엄을 갖춘 차별화된 외양으로 주민에게 지배자의 권
위와 통치의 정당성을 효율적으로 주입하는 지배장치의 하나였다.

성현成俔이 중수기重修記에 이렇게 적었다. "한 도道에 중요한 곳은 주州와 같은 곳이 없고, 한 고을에서 긴요한 거주지는 객관만 한 것이 없다. (…) 그 구조와 뜰을 반드시 장엄하게 조성해 백성이 모이면 바라보아 위엄을 느끼고 두려워하도록 해야 한다."

—「전라도 광산현 궁실 − 객관」『신증동국여지승람』 35권

평범하지 않은 장치를 하거나 주위를 압도하는 건축 경관은 대개 주위 자연환경보다 더 확고하게 마음에 각인된다.[3] 예를 들면 프랑스 파리의 에펠탑과 이탈리아 피렌체의 두오모 성당은 자연환경보다 더 깊고 오래도록 사람들의 마음에 남는다. 이를 문화경관의 자연화라 일컫기도 한다.

위정자들은 종종 이런 심리 작용에 주목해 자신의 의사를 관철하고 권력 욕구를 충족하려 한다. 예를 들면 특별하게 조성한 건축경관에 권력자의 존엄과 통치이념을 드러내는 장치를 하고, 건축물을 보는 사람이 이를 의심 없이 받아들이도록 했다. 건축경관이라는 매개체를 통해 존엄과 이념 같은 추상적인 메시지를 구체적인 형상으로 나타내 자연스럽게 수용하도록 하는 것이다. 건축물을 통한 권력의 표상, 문화경관을 통한 권력의 재현으로 위정자의 권력 의사와 행위가 관철되는 셈이다.

고려 말 이후 평지로 내려온 읍성 또한 그러했다. 조선시대 들어 위정자의 존엄과 통치의 정당성을 표현할 시설을 갖추고 장치를 덧댐으로써 마침내 위계와 권위를 갖춘 조선식 읍성으로 새로이 탄생했다.

읍치, 존엄과 무시의 공간

읍성 안에 거주하는 이들은 대부분 행정 실무를 맡은 향리와 잡역을 수행하는 관노, 사령 등의 하급 관속이었다. 이들 외에 치안과 군사 업무를 담당하는 포졸과 군인이 거주하는 읍성도 있었다. 하위 신분층에 속하는 자들은 읍성 주변에 거처를 두고 업무를 수행하기도 했으며, 규모가 협소한 읍성은 관아시설만 두고 민가는 아예 성 밖에 두기도 했다.

양반들은 대부분 지방도시에 해당하는 읍성 지역을 벗어난 향촌 마을에 거주했다. 조선시대에는 '읍성 지역 거처'라는 거주지 조건이 신분과 지위를 유지하는 데 필수불가결한 요인으로 작용하지는 않았다. 양반 신분을 유지하게 하는 주요 토대는 관직과 토지였다. 양반들은 이런 토대를 유지하고 다지기 위해 향촌 마을에 거주하며 자신들의 토지가 확보된 향촌 사회에 영향력을 행사했다. 이와 함께 관료체제를 좌우하는, 권력이 집중된 수도 서울을 중시하면 되었다.

지방분권체제 아래에서는 통치권력을 분담한 지역 지배자가 지방사회에 막강한 영향력을 행사해 이들이 거주하는 읍치 지역의 중요성이 매우 높았다. 봉건시대 유럽 사회가 그러한 경우였다. 그런데 중앙집권체제인 조선 사회에서 지방관은 국왕을 대리해 다스림을 펼치는 관료체계 내의 한 구성원에 지나지 않았으며, 지방관이 거처하는 읍치는 수도를 대신하는 중간자 역할에 그쳤다. 이런 배경 아래 위정자들이 정사를 펴는 수도의 역할과 위상이 그 어느 시대보다 높아, 읍치는 양반의 경제력과 영향력을 좌우하는 공간적 위상을 크게 가지지 못했다. 최소한 지방관과의 관계를 악화시키지만 않는다면 향촌 세거지에 거주하면서도 자신들의 지위를 유지할 수 있었다.

읍성이 향리 집단과 하급 관속이 생활하는 거처로 정착되면서 읍치 지역은 권력에 기대어 사는 향리와 하층민이 거주하는 곳이라는 인식이 양반층을 중심으로 형성됐다. 그러면서 읍성 지역은 국왕의 존엄과 권위가 발하는 곳이면서도 한편으로는 양반에게 경시당하고 멸시받는 이중적인 성격을 가진 공간으로 변모했다.

성스러움과 정치술책
– 읍치의 두 얼굴

읍치에는 관아시설 외에 다양한 제사시설도 마련됐다. 향교에 설치한 제향 공간에서는 유교 성현에게 제례를 올렸으며, 사직단에서는 곡식신과 토지신에게 제사를 지냈다. 성황사城隍祠는 지역 수호신에게 고을의 안녕과 주민의 복을 기원하는 제의 공간이었으며, 여단厲壇은 억울하게 죽은 귀신이 해악을 끼치지 않도록 하기 위해 제사 지내는 곳이었다.

예조에서 여제厲祭 의례를 마련해 임금에게 아뢰었다. "서울과 지방의 각 관아에서 매년 봄 청명일과 가을 7월 15일, 겨울 10월 1일에 제사를 받지 못하는 귀신에게 제례를 올리도록 하소서. 그 제단은 성 북쪽 바깥의 교외에 설치하도록 하소서. (…) 제사를 주재하는 관리는 서울에서는 개성유후사 당상관이나 한성부 당상관으로 하고, 지방에서는 그 고을의 수령으로 하소서."

-『태종실록』 7권, 태종 4년(1404) 6월 9일

산천단과 성황단에 제사를 지내고, 중신을 보내 북교에서 여제를 지내라고 명했다. 또 임금을 가까이서 모시는 신하를 보내 험천, 쌍령, 금화, 토산, 강화에서 싸우다 죽은 장사들을 위해 제사를 지내도록 했다. 험천 등 다섯 곳은 병자년 난리 때 싸움터였다.

-『현종실록』 14권, 현종 9년(1668) 3월 19일

이들 제사시설은 대체로 성곽 외부에 많이 설치됐는데, 제사 공간을 읍성 외부에 둠으로써 성곽을 경계로는 성스러운 공간과 속된 공간이 표면상으론 구분되지 않았다. 이러한 입지는 조선 사회의 독특한 제례 양식이라는 평가를 받고 있다. 유럽이나 이슬람 국가에서는 신앙 공간을 도시 중심부에 두고 있었으며, 같은 문명권인 중국에서도 도시 내에 사찰을 흔하게 설치했다. 일본의 오래된 도시에서도 사찰과 신사를 어렵지 않게 볼 수 있다.[4]

지방도시인 읍치의 외부에 제의 장소를 둔 까닭을 도시 내에 사찰을 둔 고려 사회와의 차별을 강화하고 "귀신을 무시하진 않지만 멀리한다"는 유교 지침에 따른 시책이라고 보는 시각이 있다. 여기서 좀더 나아가면, 이는 관아시설을 비롯한 현실의 권력을 상징하는 권위 공간을 읍

치 중심에 배치하고 신앙과 희원의 제례 공간을 읍치 주변에 두어 지배 권력의 존엄을 높이면서도 종교적 권위까지 끌어안겠다는 통치전략의 산물이라는 해석이 가능해진다.

특히 성황단은 차별하되 말살하지는 않는다는 조선 지배층의 신앙에 대한 기본자세를 잘 보여준다. 성황신은 성벽城과 해자隍를 뜻하는 명칭에서 드러나듯이 성곽으로 둘러싸인 특정 지역의 수호신에서 유래한 제례 대상으로, 지역에 따라 다양한 형태의 제사가 행해져왔다. 또한 신의 형상을 나타낸 그림을 걸고 무당이 참여하는 등 유교 가치에 맞지 않는 음사淫祀 성격이 강했는데, 조선 초에 이를 유교 예제에 근거해 정비한 뒤 국가의 공식 제례 마당에 받아들인다. 하지만 군현제의의 하나로 제도화된 이후에도 토착적이고 음사적인 요소를 모두 지울 수는 없었다.

왕권을 중심으로 한 국가체제 편입이라는 민간신앙에 대한 이런 태도는 백성이 믿는 신앙을 내심으로 인정하는 차원이라기보다 다수의 백성이 널리 믿는 신앙을 허용할 수밖에 없는 현실 차원의 선택이었다. 기복 신앙의 성격이 약한 유교사상을 지배이념으로 내세운 조선 지배층은 백성의 마음 깊이 자리한 신앙심을 근절하기보다 유교식 예제로 정비해 체제에 편입하고 차별을 두어 통제하는 정책이 더 효율적인 통치 방안이라 보았다.

더구나 형식적으로라도 수령이 제사를 주관하도록 해 위정자가 고을의 풍요와 백성의 안전을 위해 온 힘과 마음을 다한다는 정치적 선전효과까지 거둘 수 있었다. 유교 예제에 따른 제사는 복을 비는 데 중

점을 둔 민간제사와 달리 주재하는 자의 권위를 드러내고 제사 대상의 공덕을 기리는 데 주안점을 두었다. 결국, 대리자를 내세운 국왕이 제례의 실질적인 주관자로 부상하게 되고 왕은 불길하고 사악한 기운을 물리치고 길하고 선한 화평의 세상을 가져올 권력자로 포장된다. 그러면서 읍치의 제사시설은 지상의 통치자와 우주 자연의 성스럽고 신령한 힘을 연결하는 매개체로 거듭났으며, 국가의 특별한 보호를 받으며 신성시되었다. 제단을 중심으로 그 주변 30보(약 55미터) 내에는 벌목과 경작이 금지되고 통행 또한 제한됐다.

관官 주도로 제례가 준비되고 실행되면서 수령의 권위는 단단해졌고, 수령을 내려보낸 국왕의 은혜로운 덕은 향촌 마을 곳곳으로 퍼져나갔다. 성황제를 비롯한 지역 제사는 주민들의 다양한 신앙 성향을 한데 모으고, 지역사회 여러 계층의 서로 다른 이해를 수렴해 갈등을 완화하는 사회통합의 구심점으로 자리잡았다. 제단은 공존의 명분을 빛나게 하는 화합의 마당이었으며, 제례는 신분제와 사회제도, 정책 실행 등에서 공공연히 행해지는 차별과 특권이라는 사회모순을 희석하는 정치수단의 하나가 되었다. 국왕의 대리자인 수령이 주관하는 읍치의 제사 의식은 성곽 안팎을 드나들며 현실 권력의 권위와 지배의 정당성을 강화하는 고도의 정치책략이었다.

15장
굴욕의 성, 혹은 충절의 성

정조, 남한산성에 올라 절치부심하다

대신들의 보좌를 받으며 행궁을 나선 정조(재위 1776~1800)는 성내가
내려다보이는 남한산성 서장대에 올랐다. 특별히 황금 장식이 달린 갑
옷까지 갖추어 입은 상태였다. 1779년 8월 초순, 남한산성 체류 사흘째
인 이날은 성을 수비하는 군사훈련인 성조城操가 예정돼 있었다.

　여주에 있는 세종과 효종의 능을 참배한 뒤 환궁하는 길에 들린 여
정이지만 정조는 능행보다 오히려 이곳 남한산성에서의 행사와 정무에
더 힘을 쏟는 모습을 보였다. 임시로 설치한 어좌에 앉자마자 49년 전
선대왕인 영조가 행차했을 때와 같이 북을 치고 피리를 불라고 명령했
다. 선왕 때의 관례를 행함으로써 선대왕의 뜻을 이어받아 정사를 펼치
고 있다는 심정을 드러내려는 의도적인 지시였다. 집권 초기 흔들리는
왕위 기반을 의식해 선왕으로부터 자신에게 이어지는 왕실의 계통을

남한산성 서장대.

과시하고자 하는 뜻도 담겨 있었다.

우리 숙조肅祖(숙종)와 영고英考(영조)께서는 효묘孝廟(효종)의 포부를 이
어받아 그 뒤를 따랐다. 중화(명나라)의 멸망을 통탄해 선왕이 남긴 뜻과
사업을 받들어 계승하는 도리에 극진하지 않으신 것이 없으셨다. 이는
왕위를 이어받은 내(정조)가 법도로 삼을 만하다고 하겠다.

－『일성록』, 정조 3년(1779) 8월 9일

사실 정조의 여주 능행은 효종(재위 1649~1659)이 사망한 지 2주갑
周甲(120년)이 되는 해를 맞아 그 유지를 받든다는 취지 아래 행해진 행

차였다. 효종은 1637년 병자전쟁(병자호란) 때 청나라에 굴복한 수치를 씻고 한편으론 사대의 나라이자 임진전쟁 때 구원병을 보내준 명나라 와의 의리를 지킨다는 대의명분 아래, 실현 가능성이 희박한 북벌정책 을 추진했다. 이후에도 조선의 국왕과 위정자들은 강성한 문명국이 된 청나라를 제압할 힘을 갖추지 못했다는 사실을 알면서도 이미 멸망한 명나라와의 의리를 강조하고 조선이 중화 문화의 맥을 잇고 있다는 소 중화 사상을 견지했으며, 이를 통치이념의 하나로 삼았다. 숭명배청은 그 실현 여부를 떠나 지배층을 결집하고 민심을 모으는 지배 이데올로 기로 여전히 작동하고 있었다.

이날의 남한산성 성조는 15년 만에 거행되는 행사였다. 정조가 지켜 보는 가운데 모두 1000여 명의 군사가 동원돼 일사불란한 움직임을 보 였다. 성조는 군대의 지지와 호위를 받는 국왕이 살아 있는 권력이라는 현실을 일깨우는 군사훈련이자, 국왕을 중심으로 군사들이 결집할 때 최대의 강병 효과를 얻을 수 있다는 사실을 보여주는 군사력 증강의 시범장이었다.

정조는 군사훈련을 참관하면서 병자전쟁 뒤 평화가 계속돼 군대 기 강이 약해진 현실을 지적하며 국가방위를 위한 사전 준비라는 이번 군 사훈련의 의의를 강조했다. 병자전쟁 같은 국가 재난과 수치를 다시 당 하지 않으려면 군사훈련을 게을리하지 않고 성곽 관리도 철저해야 한 다는 뜻을 담은 지시였다.

태평한 날이 오래되어 군사 관련 일이 폐기되거나 해이해져 병사는 환난에 대비한 준비가 미흡하고 성곽은 보루가 되기에 부족하다. 생각이 여기에 미치니 어찌 한심하지 않겠는가. 이런 까닭으로 능에 참배하고 돌아가는 길에 여러 날의 수고로움을 마다하지 않고 군사훈련 현장을 친히 보려는 것이니, 이는 편안하고 즐거운 것에 길들여진 장졸들에게 떨쳐 일어나고자 하는 뜻을 알리려는 것이다.

-『일성록』, 정조 3년(1779) 8월 9일

군사훈련이 끝난 뒤, 정조는 성벽과 성문 등 남한산성 곳곳을 친히 찾아 시설을 점검하고, 한편으론 병자전쟁 당시의 전투 현장을 확인하며 패배와 굴욕의 쓰라린 상처, 그 치욕의 역사를 떠올렸다.

이곳을 지나는 여느 사람도 모두 통탄하고 비분강개하는데 하물며 나(정조)의 마음이야 말할 게 있겠는가. 이제 이 망루에 올라 남쪽에서 오는 큰길을 굽어보며 병자년의 일을 상상하니 또렷이 눈에 보이는 듯하다. 당시 김류 등이 강화도로 옮겨 머물기를 청해 성조聖祖(인조)께서 밤에 이곳 남문을 나갔는데, 빙판에 길까지 험해 말을 버리고 걷는 지경에 이르자 성으로 돌아올 수밖에 없었다. 이곳을 보고 지난 일을 그려보니 감회로 목이 멤을 금하지 못하겠다. 어느 시대고 난리를 맞아 파천하는 괴로움이야 있지만 너무 급해 어찌할 바를 몰랐던 병자년의 우리 조정 같은 경우가 어찌 있었겠는가.

-『일성록』, 정조 3년(1779) 8월 9일

남한산성은 패배와 굴욕의 역사를 떠올리게 하는 상흔의 성이었다. 복수 의지를 다지게 하는 역사적 상징물이자 군사력 강화를 꾀하는 국방 거점이기도 했다.

조선의 성곽정책과 두 번의 전쟁 패배

병자전쟁 때 인조는 서울 도성을 버리고 남한산성에 들어가 1만 4000여 명의 인원으로 청나라에 대항했지만 군사력 열세를 극복하지 못했다. 45일 동안의 항전은 한강 상류의 나루인 삼전도의 굴욕으로 끝을 맺었다. 인조는 남한산성을 나가 청나라 황제에게 세 번 절하고 아홉 번 머리를 조아리는 치욕의 항복의식을 치러야 했다. 조선은 명나라와의 관계를 끊고 청나라에 복속된 신하의 나라로 전락했으며, 수십만 명의 백성이 청나라로 끌려가 노비와 군인으로 모진 고통을 당했다. 국왕과 대신들은 남한산성을 왕조의 권위와 생명의 안전을 지켜줄 보루로 여겼지만 결국은 패배를 인정하는 쓰라린 고통의 현장으로 남게 되었다.

남한산성 항전이 실패한 원인은 여러 가지로 분석된다. 지방군이 청나라 군대의 후방을 공격해 적진을 교란하는 전략이 실패하면서 국가 수뇌부와 주력 부대가 성내에 철저히 고립되었다는 점을 우선으로 꼽는다. 임진전쟁 때처럼 전국에서 의병이 일어나길 기대했지만 당시의 민심은 집권층의 바람과 동떨어져 있어 이마저도 실현되지 않았다고 본다. 성에 충분한 식량을 비축하지 못해 장기 항전을 치를 기반이 탄탄하지 못했고, 세자가 피란한 강화도가 함락되면서 결국 항전을 포기하게 됐다고 본다.

국왕과 위정자들은 임진전쟁의 경험을 거울삼아 외적 침략에 대비한 새로운 방어전략을 수립했지만 또 한 번의 패배를 받아들여야 했다. 임진전쟁 초기에는 일본군의 전력을 과소평가해 직접 맞서 싸우는 전략을 택했지만 병자전쟁 때에는 전력 차이를 인정하고 정예군을 내세워 대항하기보다 장기 항전으로 물리쳐야 한다는 판단을 내렸다.[1] 또한 임진전쟁 때의 성곽전투 경험에 비추어 서울 성곽의 방어력이 약하다는 사실을 새삼 깨달았기 때문에 서울 방어를 포기하는 전략을 수립했다. 임진전쟁과 달리 명나라의 구원병을 기대하기 어려운 상황에서 독자적인 장기항전의 근거지를 마련해야 하는 실정이기도 했다.

이런 현실에서 피란과 항전의 구심점으로 선택한 곳이 강화도와 남한산성이었다. 서울에서 멀지 않고 방어에 유리한 지형을 갖추었다는 게 선택의 이유였다. 전쟁이 일어나면 국왕이 먼저 강화도로 건너가 장기 항전을 펼치며 전쟁을 지휘한다는 계획이었지만 예상보다 빠른 적군의 진격에 피란로가 막히면서 인조는 급히 남한산성으로 들어갈 수밖에 없었다.

조선의 위정자들은 전란의 가능성을 간과하지 않았지만, 전쟁 대비에는 허술한 면이 한둘이 아니었다. 적군의 기동력을 정확하게 파악하지 못했으며, 게다가 요충지만을 방어하는 전술을 택해 서울까지 속수무책으로 길을 열어주고 말았다. 임진전쟁을 겪으면서 강한 군사력을 가진 대규모 외적에 맞서려면 대형 산성이 필요함을 절감하고 나름대로 대비에 나섰지만 식량과 무기 마련, 군사훈련 등 전쟁 준비에 철저하지 못했던 게 사실이다.

임진전쟁은 조선의 성곽정책을 재고하는 전환점이었다. 전쟁 초기에 조선군은 경상도 해안과 내륙 고을의 읍성 어느 곳에서도 일본군을 제대로 방어하지 못했으며 서울 도성도 마찬가지였는데, 이는 읍성과 도성 모두 대규모 전투에 대한 방어력이 취약했기 때문이다.[2] 평지나 약간 높은 언덕 지대에 들어선 규모가 크지 않은 읍성은 성벽 높이가 대개 5미터 안팎이어서 외적의 공격을 막아내기 어려웠다. 대규모 인원과 우수한 무기를 갖춘 적군에 맞서려면 해자와 옹성 등 이중 방어시설이 필요했지만 이마저도 제대로 갖추지 않았다. 읍성과 입지가 유사한 서울 성곽에도 10미터 이상의 높은 성벽과 해자가 설치되지 않았다.

이렇게 방어력이 낮은 성은 조선시대의 독특한 양식으로 평가받는데, 이는 위정자들이 소규모 외적의 침입만을 상정하고 성벽을 구축했기 때문에 나타난 결과로 보고 있다. 여기에는 방어력 증강보다 왕조의 존엄과 통치의 권위를 우선해 드러내기 위해 뒷산 배경의 경관 연출을 중심으로 한 풍수원리를 중시했다는 사실도 큰 영향을 끼쳤다.

이렇게 평지나 구릉지대로 내려온 읍성 중심의 성곽정책은 산성 관리마저 소홀히 하는 결과를 가져왔다. 게다가 조선 건국에서 임진전쟁에 이르는 200년 동안 대규모 외적의 침입이 없어 상당수가 전투용으로 사용하기 힘들 정도로 방치된 상태였다.

비변사에서 임금에게 아뢰었다. "우리나라는 삼국 시대에서 고려 말기
에 이르기까지 외환이 그치지 않아 전쟁이 말할 수 없이 잦았지만 지탱
해 지켜낼 수 있었던 것은 장점을 가진 산성이 있었기 때문입니다. 옛사
람들은 환란 대비를 하면서 이 산성에 가장 큰 관심을 두었는데 태평세
월이 지속한 뒤로는 축조하지 않았습니다. 그래서 흉적이 일어나 승승장
구하니 이르는 곳마다 우리 군대가 패주하기에 급급합니다. 달아난 백성
마저 몸을 숨길 곳이 없어 적의 칼날에 죽게 하였으니 말하기에도 참혹
합니다."

— 『선조실록』, 46권, 선조 26년(1593) 12월 3일

그런데 험준한 지형에 축조된 일부 산성은 일본군의 공격을 막아내
는 데 탁월한 효과를 보였다. 행주산성과 인천산성이 급경사 지형을 이
용해 승리를 거둔 대표적인 산성이었다. 이후 조정에서는 기존 산성을
수리하고 산지에 성을 쌓는 데 힘을 모았다. 피를 흘려야 했던 전쟁의
쓰린 경험은 조선의 성곽방어체제가 읍성에서 산성 중심으로 방향을
틀게 하는 계기가 되었다.

이런 정책 전환 추세에서, 전쟁이나 내란이 일어나면 왕가의 피란처
이자 항전의 거점으로 삼기 위해 정비한 성이 남한산성이었다. 남한산
성의 전신은 7세기 후반에 신라가 당나라와의 전쟁을 위해 축조한 주
장성이었다. 고려시대에는 외침이 있을 때 한시적으로 이용했으며, 조선
시대 들어 방어 성곽으로 그 중요성이 논의되다 임진전쟁 시기에는 방
어성으로 삼았다. 이후 1624년(인조 2) 들어 대대적인 개축을 단행해

2년 뒤 견고한 방어력을 갖춘 새로운 산성으로 선보인다. 경기도 광주부의 읍치를 산성 내로 이전시키고 거주민을 모집해 산성도시의 면모까지 갖추게 한다.

그런데 임진전쟁 후 38년, 조선의 위정자들은 전쟁이라는 비극적이고 값비싼 대가를 다시 치르고서야 외적 격퇴에는 방어력을 갖춘 성곽 시설 외에도 필요한 게 더 있다는 사실을 깨닫는다. 그것은 각계각층의 사회 구성원이 서로 화합하는 인화人和였다.

임금(정조)이 북문루에 이르러 신하들에게 음식을 내리고 하교했다. "성이 뭇 봉우리 꼭대기에 있고 좌우의 산골짜기가 언틀먼틀 가파르니 본래 험한 땅임이 분명하다. 위급할 땐 믿을 만하다마는 병자년에 적과 결전하지 못하고 성이 떨어지는 치욕을 면치 못했으니, 대개 지세의 유리함만을 믿어서는 부족하다는 말이 이를 두고 이른 것이다. 『역경易經』에 '왕공王公은 험한 지세를 이용해 나라를 지킨다' 했는데, 이런 지세의 이로움에 인화까지 마땅히 갖추었다면 어찌 청나라 군대를 걱정했겠는가."
　　　　　　　　　　　　　　　　-『정조실록』, 8권, 정조 3년(1779) 8월 9일

병자전쟁 중 남한산성에 들어간 조정 관료와 사대부들은 성 바로 앞에 적을 둔 위급한 상황에서도 격렬한 이념 대결을 벌였다. 이들은 화친하자는 주화파와 끝까지 맞서 싸우자는 척화파로 나뉘어 그나마 하나로 모아야 할 지도력을 소진했으며, 성내 군사들도 대립 구도에 이끌려 전투 의지에 동요를 보이기도 했다. 왕실과 조정이 민심을 얻지 못

해 임진전쟁 때와 같은 의병이 일어나지 않았으며, 청나라 군대의 위력에 눌린 탓도 있었지만 지방 지원군도 대체로 격렬한 전투 자세를 보이지 않았던 것으로 보인다. 남한산성은 견고한 성으로 다시 태어났지만 그것만으론 강한 외적을 제압하기에는 부족했다. 성은 사람이 지키는 것인데 왕실과 조정이 백성의 지지와 호응을 얻지 못하면 누가 성을 성심껏 수호하고, 지탱할 물자를 흔쾌히 내어놓겠는가?

남한산성, 굴욕의 성에서 충절의 성으로 변신하다

정조는 남한산성 북문에 잠시 머물며 병자년 당시의 전투 현장을 살폈다. 이 무렵 북문은 전투에서 한 번도 지지 않고 모두 이겼다는 전승문全勝門이란 이름을 가지고 있었다. 남한산성 행차에 앞서 성곽을 크게 수축하면서 북문에 새 이름을 내렸는데, 그 이름과 달리 북문 아래 골짜기는 조선군 수백 명이 한꺼번에 전사한 비극의 장소였다. 체찰사 김류의 지시로 특별히 선발된 300여 명의 군사가 청나라 군인을 섬멸하려 북문을 나섰다가 복병의 기습공격으로 거의 전멸을 당하는 참사를 겪었던 곳이다. 정조는 이날 제물과 제문을 보내 이들을 제사 지내도록 했으며, 북문에 이르러서는 사당이 있는 성 아래 산골짜기까지 확인하며 이들의 넋을 위로하는 정성을 보였다.

　무릇 옛 싸움터를 지날 적이면 슬프고 분한 마음이 가슴에 사무쳐 오래전 그때 사람들을 위문하고픈 마음과 슬퍼하는 감정을 금할 수 없었다. 내(정조)가 이곳에 친히 나와 제례를 행하라고 명하니, 마치 충성스럽고 굳센 혼백이 아직도 산골짜기 곳곳에 머물러 있는 듯하다. 심히 측은해 눈물이 떨어짐을 금하지 못하겠다.

-『일성록』, 정조 3년(1779) 8월 9일

남한산성은 병자호란 당시 전투를 벌이다 사망한 이들을 기리는 충절의 성이기도 했다. 이날 정조는 북문 전투 사망자 외에도, 고립된 국왕과 군대를 돕기 위해 성 바깥인 험천과 쌍령 지역에서 전투를 하다 죽은 군사들의 혼령을 위로하는 제사까지 지내도록 했다.

두 전투 모두 시신마저 제대로 거두지 못한 패배의 전투였지만, 위정자들은 임금에 대한 충성과 신념을 굽히지 않고 의리를 다했다는 절의의 명분을 담아 사망자들을 위한 사당을 지었다. 패배한 전투지인 북문에 전승문이란 이름을 달아 굴욕의 자괴감을 감추고 패전의 쓰린 역사를 희석하려 했듯이 동원된 군졸과 전투 지휘관은 싸움터에 버려진 패배한 군인이 아니라 왕조와 대명의리對明義理를 위해 오랑캐인 청나라 군대에 맞서 싸우다 목숨을 던진 대의명분의 승리자로 다시 태어났다. 거기에는 비참한 죽음을 영웅적 행위로 포장해 외부의 적에 대한 분노를 일으켜 계층 간 단결을 꾀하고 지배층의 전쟁 패배에 대한 책임을 은폐하려는 정치권력의 음험한 책략이 작동하고 있었다.[3]

척화파 인물들을 배향한 남한산성 내의 현절사顯節祠에 이르면 지배층이 사당을 건립한 속내가 좀더 뚜렷해진다. 숙종 14년(1688)에 설립

남한산성 현절사.

한 현절사는 남한산성에서 척화를 주장하다 청나라에 잡혀가 죽은 이른바 삼학사인 홍익한·윤집·오달제와, 인조가 항복하려 하자 자결을 시도했던 김상헌과 정온의 위패를 모신 사당이다. 강경하게 척화를 외치고 끝까지 대명의리를 지킨 조선 사대부의 꿋꿋한 절개 정신을 기린다는 뜻을 담고 있었다. 정조는 남한산성에 행차하기 전부터 현절사 제례를 준비하라며 특별한 관심을 쏟았다.

명령을 내렸다. "온왕묘와 현절사에 조정에서 해마다 향화香火(제사)를 바치는 것은 모두 옛 도읍을 생각하고 곧은 충절을 높여 장려하려는 아름다운 법에 관계된다. 어가가 이르는 날에 관원을 보내어 하사한 제문과 제물을 갖추어 제례 지내도록 하라."

―『일성록』, 정조 3년(1779) 7월 23일

현절사는 남한산성을 찾는 사대부와 관료가 반드시 들러 참배해야 하는 성소聖所와 같은 공간이었다. 광주유수로 부임해 현절사 배향으로 첫 업무를 시작한 관료가 있었으며, 광주부의 역대 수령은 누구나 현절사를 극진히 관리했다. 지배층은 현절사에서 고개를 숙임으로써 중화 문명과 사상을 본받아 계승하겠다는 의지를 다졌다. 청나라를 배척하고, 중화의 나라였던 명나라와의 의리를 지킨다는 존주대의尊周大義와 대명의리를 다짐했다. 현절사는 그러한 시대정신을 드높이고 확산하는 진원지 중 하나가 되었으며 삼학사와 김상헌, 정온은 선비정신을 구현한 기개와 의리의 화신으로 자리매김했다.

척화의 정신을 잇는 대명의리론 강조의 이면에는 전쟁 패배로 인한 굴욕의 역사와 수모의 상처를 가리고 평정을 얻으려는 조선 지배층의 내심이 자리하고 있었다. 치욕의 장소였던 남한산성에 현절사를 세워 삼학사의 척화 결단과 죽음을 영구히 떠올리게 함으로써 패배의 전쟁을 대의명분을 위한 거룩한 전쟁으로 삼고자 했다. 이 또한 전쟁의 책임을 가리고, 흔들리는 지배질서를 다잡아 통치의 효율을 높이려는 정치전략의 하나였다.

남한산성 현절사는 특정 정치집단이 세력을 확장하는 수단의 하나로 작용하기도 했다. 척화파의 정치적 계승자임을 자부한 노론세력은 현절사 제례를 당파 내 결집의 구심점으로 활용했으며, 자신들을 시대정신을 구현하는 대명의리론의 정통으로 자처해 이념과 도덕 위상에서 우위를 확보하고자 했다. 이는 주화파의 정치적 후예인 소론계를 비난하고 배척하는 근거가 되기도 했다.

문장가로도 이름을 날린 관료 출신 유한준(1732~1811)은 남한산성에서 "하늘이 청음淸陰(김상헌)을 있게 하였으니, 땅인들 명길鳴吉(최명길)을 어찌할 수 있었으리"라는 말을 남겨 주화파의 핵심인 최명길을 비하했다. 척화파의 거두인 김상헌은 '청음'이라는 예의를 차린 호로 이르고, 주화파를 이끈 최명길은 '지천遲川'이라는 호를 두고도 이름만 부름으로써 주화파와 그 계승자들에 대한 은근한 멸시를 조장했던 것이다. 더구나 김상헌은 '하늘'과 연관시키고 최명길은 '땅'에 관련지어 상하 우열의 위계까지 규정하려는 속내를 담는다.

　　남한산성을 충절과 대의명분의 성지로 만들려는 국왕과 지배층의 집요한 책략 아래, 전쟁의 원인은 어느덧 성벽 아래 그늘로 잠겨들었다. 전쟁의 고통과 희생에 대한 책임을 져야 할 이들과 그 후예는 존주대의와 대명의리를 실현하는 뜻 높고 고상한 계층으로 격상했다. 그러면서 굴복과 수치의 성은 불의에 맞서 항거해 대의를 실현한 이념과 정신의 승전지로 변신했다.

16장
성곽, 권력 행사의 보루가 되다

인조, 남한산성 개축으로 추락한 권위를 세우려 하다

병자전쟁의 참화를 겪은 1637년 그해 12월 하순, 인조는 특별히 대신과 비변사 당상관 등 조정 핵심 인사들을 불러들여 어전회의를 열었다. 외적 침략이 걱정되니 이에 대한 대비책을 마련하자는 자리였다.

인조는 이번엔 북쪽이 아니라 남쪽의 일본이 침범할 조짐을 보인다고 여겼다.[1] 이 무렵 민간에는 전쟁 뒤의 혼란을 틈타 왜적이 쳐들어올 것이란 소문이 퍼져 있었지만 사실로 받아들일 만한 직접적인 정황은 포착되지 않고 있었다. 그런데 엿새 전에 일본 사신이 요구사항을 담은 문서를 전달한다며 경상도 동래에 도착하자 인조는 왜적이 침입을 기도하고 있다는 소문이 사실일지 모른다며 우려를 나타냈다. 서울까지 와서 외교문서를 전달하겠다는 사신의 요청을 거절한 채 대신들과 먼저 논의를 가질 정도로 외침 소문에 민감한 반응을 보였다. 일본은 본

토의 사신을 직접 보내지 않고 대마도를 내세워 조선과의 외교 사안을 처리해오고 있었다. 불과 11개월 전에 청나라에 무릎을 꿇어야 하는 굴욕을 당한 국왕이지만 왜적 침략을 걱정하는 태도에는 남다른 데가 있었다. 변괴 현상까지 끄집어내 이를 침략의 징조로 보기까지 했다.

> 임금이 일렀다. "말라죽은 나무가 지난여름에 저절로 섰는데 올해 또 이런 변이 있으니 이는 큰 변고가 있을 조짐이라 매우 근심스럽다." 그러자 영의정 이홍주가 아뢰었다. "요즈음 왜구를 근심합니다마는 그 정황이 나타나지 않으니 염려할 정도는 아닌 줄로 압니다."
>
> ―『인조실록』 35권, 인조 15년(1637) 12월 22일

대신들이 아직은 이상 동향이 포착되지 않는다고 재차 안심시켰지만 인조는 수군의 군기를 점검하고 인원을 보충할 방책을 논의하라고 일렀다. 유사시 항전할 곳으로 남한산성을 지목해 군량을 지금의 4000석에서 2만 석으로 늘리고, 화포를 쏠 수 있는 포루 설치를 준비하라고 명령했다. 이를 위해 병조 판서 이시백을 남한산성 증축 공사책임자로 임명한다. 전쟁 뒤 청나라와 맺은 "성곽 축조와 수리를 금한다"는 규약에 대해서는 일본의 침략을 막아내는 것은 청나라 국방과 안보에도 도움이 된다는 말로 설득하자고 했다.

비상대책 회의가 열린 지 한 달 뒤, 일본에서 외교사절이 다시 파견됐다. 이들이 전한 요구사항 대부분은 사신 대접과 교역 의례의 격을 높여달라는 것이어서 이는 자칫하면 국가 간 분쟁의 소지가 될 수 있

었다. 특히, 일본 사신이 절하는 예를 차리는 장소를 지금의 단상 아래에서 단상으로 올리고, 진상하는 물건을 봉해 올린다는 봉진封進이라는 표현을 없애달라는 요구는 조선 국왕의 권위와 직결된 문제였다. 인조는 대신들의 수락 요청에도 불구하고 이 조항에 대해서는 끝내 윤허하지 않았다. 이를 조선 국왕의 권위를 실추시키고 자신이 이끄는 조정을 비하하고 조롱하는 의사로 받아들인 것이다.

> 임금이 일렀다. "일본은 우리나라가 추악한 오랑캐에게 굴욕당한 사실을 알고 우리를 업신여기고 깔보는 마음을 가졌음이 틀림없다. 일본 사신이 '그대로 왜관에 머물러 있으면서 여러 가지 일을 점검해 바로잡으려 한다'고 한 말은 이곳 사정을 탐지하려는 데 불과하거나 본토와 조응하려는 계책일 것이다. 바람이 순조로운 절기가 닥쳐오니 매우 우려할 만하다."
>
> ─『인조실록』36권, 인조 16년(1638) 1월 26일

인조는 대부분의 대신과 달리, 일본의 요구를 조선 조정에 대한 도전 행위로 간주하고 사신 파견 자체를 정탐 행위로 규정해 왜적의 침략 기도를 기정사실로 삼았다. 외침 분위기가 조성되자 이제 인조는 침략에 대비한 국방 조치를 과감하게 내렸다.

> 임금이 일렀다. "절대로 지금의 외교 규정을 다 바꿀 수 없다. 요즘 변괴가 매우 잦아 남쪽에서 북쪽으로 뻗치는 조짐이 있다. 닥쳐올 환난에

대한 방비를 조금도 늦출 수 없다. 전라도의 수군은 경상도 통영統營에 집결시키고 충청도 수군은 전라우도로 보내라. 독운사督運使를 보내 속히 서쪽 지방의 군량을 운송하라. 국경 수비를 맡은 군장의 급료를 제대로 지급하고, 포를 내고 군역을 대신하는 관행을 막도록 하라. 지방군을 모아 편제를 정비하고 전투태세를 갖추도록 하라. (…) 군기시와 내궁방內弓房에 저장된 활과 화살을 모두 남한산성으로 실어들이라."

－『인조실록』 36권, 인조 16년(1638) 1월 26일

인조는 충분한 무기를 갖추도록 지시하는 한편 강화도와 조령 등 요충지의 산성 점검과 함께 남한산성 증축과 포루 설치를 서두르라고 최종 결단을 내렸다. 그렇게 인조는 군사권을 휘두르는 강인한 군주의 위용을 대신과 백성에게 보여주고 있었다. 군권 행사를 통해 국왕의 존엄과 권위를 다시 세우려는 의도가 다분히 엿보이는 비상조치였다.

광해군을 몰아내고 정변 공신의 추대로 왕위에 오른 인조는 애초부터 왕권의 토대가 취약할 수밖에 없었다. 게다가 병자호란 때의 항복의식으로 그나마 가지고 있던 군주로서의 권위마저 크게 훼손당했다. 군주 입장에서는 실추된 왕권을 회복하기 위한 방책이 정책 추진에서 우선될 수밖에 없는 상태였다. 인조는 일본 사신의 무리한 요구를 빌미삼아 불안을 가중하고 전시와 유사한 상황을 조성해 자신에게 주어진 군사권을 최대한 활용함으로써 실추된 존엄과 권위를 높이고자 했다. 그러면서 남한산성은 다시 항전지로 선정됐고, 성곽 증축과 정비는 왕권 강화를 위한 정치수단의 하나로 활용됐다. 전시에는 외적 침탈을 막

는 방어기지였던 성곽이 일상이 찾아오자 정치권력 행사의 통로로 변모한 것이다.

그런데 군주의 권위를 실으려 했던 남한산성의 신설 포루는 이듬해 다시 헐어야 할 운명이었다. 청나라 사신이 이를 알아차리고 철거를 요구하고 나선 것이다. 인조는 다시 한번 강한 군사력 앞에서 무릎을 꿇을 수밖에 없었다. 왜적 방비를 구실로, 남한산성 내 군량미와 증축한 성벽은 그대로 두어도 된다는 허락을 받아냈는데 인조와 대신들은 이 것으로 그나마 조선 군주의 권위를 지켜냈다고 만족해했을까?

북벌정책의 실상과 성곽 정비

인조 이후에도 성곽은 군주권 강화를 위한 정치수단으로 종종 등장해 조선 역사의 흐름을 좌우한 굵직한 국가정책과 맞물림으로써 그 존재감을 드러낸다. 더구나 병자전쟁 이후 대규모 외침이 없는 평화 시기가 이어지면서 성곽은 군사 방어라는 본래의 기능보다 국왕이 주도하는 정책 관철의 물질적 토대로 작용한 측면이 강했다.

17세기 중반 들어 인조의 뒤를 이어 효종이 즉위하면서 청나라의 조선에 대한 강압책은 점차 완화되었다. 외교 기조가 온건해지면서 조선에서는 반청 정책을 가시화할 수 있는 사회 분위기가 조성됐다.[2]

효종은 즉위 초부터 군사력을 증강하고 군비 마련에 착수해 북벌정책을 추진해나갔다. 수도권 방위를 담당한 훈련도감, 어영청, 수어청 등

남한산성 동문.

중앙 군영을 확대 개편해 인원을 늘리고 기병으로 구성된 별마대와 화
포를 전문으로 다루는 별파진 등 특수부대 양성에 힘을 쏟았다. 또한
삼남의 지방군에 군무를 담당하는 지휘관인 영장營將을 파견해 지역
방위체제를 강화했다. 이 영장제도에서 북쪽 지역은 제외됐는데, 이는
다분히 청나라를 의식한 조치였다.

감시가 완화됐다고 하지만 청나라는 아직 조선 조정에 전폭적인 신
뢰를 보이지는 않았다. 이런 분위기에서 성곽정책은 대대적인 개축보다
편제 정비와 인원 증강에 주력했다. 광주와 양주, 죽산, 원주의 군사를
남한산성 지휘 군영인 수어청 관할로 두고, 남한산성을 지키는 군사를
크게 늘렸다. 인조 시기의 1만2700명의 세 배가 넘는 4만 명 규모로 유
지했으며, 화포를 담당하는 군사까지 확충했다. 강화도는 해안가를 중
심으로 소규모 성곽인 보루를 여러 곳에 쌓고 진영鎭營을 설치했다.

강화도 갑곶돈대.

한편으론 보루 건설을 위해 대대적인 노비 추쇄를 벌였다. 관청에 소속된 시노비寺奴婢만도 약 12만8000명을 새로 확보해 공사 인력으로 투입하거나 신공을 거둬 군사비용으로 삼았다.

하지만 시간이 지나면서 군비확충사업은 여러 가지 폐단을 드러냈다. 재정난이 갈수록 심해졌으며, 지지세력조차 북벌이 실현 가능성이 거의 없는 무모한 계획이라는 현실을 직시하면서 발을 빼는 추세였다. 여기에 자연재해와 흉년까지 겹쳐 징발과 조세 수취로 신음하는 백성을 더한 고통 속으로 몰아넣었다.

이조 정랑 김수항이 상소했다. "신이 지난겨울에 충청도를 왕래하며 대로변의 여러 읍을 보았는데, 한쪽에선 백성이 무기를 만들고 수리했으며 한쪽에선 화약을 제조하고 있었습니다. 내포內浦 지역에는 성을 쌓느라 승병을 징발해 사찰이 거의 텅 빌 정도였습니다. (…) 백성의 힘을 소진해 성곽을 완성하고 백성의 피와 땀을 짜내 창고를 채운다면 이는 원망을 불러들일 소지가 되니 믿을 만한 대책으로 삼기 어렵습니다. 안전한 곳으로는 강화도와 남한산성보다 나은 장소는 없습니다. 그렇지만 군사를 훈련하고 식량을 비축하며 성을 수축하는 것은 장래를 바라는 계책에서 나온 정책인데, 백성을 동원해 큰 공사를 일으켜 원망을 불러들인다면 위급할 때 어찌 민심의 힘을 얻을 수 있겠습니까?"

─『효종실록』 16권, 효종 7년(1656) 2월 27일

이렇게 무리를 하면서 북벌정책을 고집한 효종이 끝내 얻고자 한 것

은 무엇이었을까? 민심 이반을 일으키는 무리한 군비정책 추진, 정책 자체의 실현 불가능성, 공격적 전력 강화보다 방어적 군비 비축에 무게를 둔 시책 등을 들어, 북벌을 내세우며 밀어붙인 정책의 상당수가 실제로는 정국 주도권을 장악하기 위한 정치수단이었다는 데 대체로 동의하는 편이다. 이 시기 북벌정책의 실상은 효종의 정책에 보조를 맞춘 송시열을 중심으로 한 서인西人 산림세력의 북벌론 실상을 보면 그 내막이 좀더 뚜렷해진다.

송시열의 북벌론은 "중화를 존중하고 이적夷狄(오랑캐)을 물리친다"는 기본 입장에는 차이가 없지만, 실천 방안으로는 군비 증강에 앞서 군주의 수신과 성리학적 명분 실현이 시급하다고 주장한다. 청나라를 제압하기 위한 구체적이고 현실적인 대책이 모자랐으며, 대체로 정치이념을 선전하려는 경향이 짙었다. 청나라에 대한 반감과 복수라는 시대 조류에 편승해 정치적 입장을 합리화하고 서인세력의 입지 확보와 자신의 정치적 영향력을 키우기 위해 북벌론을 내세웠다고 본다.

국왕을 비롯한 위정자들이 내세운 북벌의 기치와 담론은 패배한 전쟁에 대한 책임과 전쟁 후의 위기를 모면하려는 통치 이데올로기의 하나이기도 했다. 백성의 관심을 북벌이라는 외부 문제로 돌림으로써 산적한 사회 문제에 대한 불만과 비판을 잠재우고 민심을 하나로 결집해 나가고자 했다. 결국 국왕의 북벌정책이나 정치세력의 북벌론은 권력 강화를 위한 정치수단이라는 틀을 크게 벗어나지 못했으니, 이 시기의 성곽정책 또한 본래의 역할은 멀리한 채 정치력 확장을 위한 통로로 기능할 수밖에 없었다.

새로운 성곽 건설로 정국 주도권을 장악하라

정조가 주도해 1796년에 완공한 수원화성 또한 권력 행사를 뒷받침하는 군사 기반 토대로서의 역할을 무시할 수 없다.

화성은 입지와 시설 면에서 보면 방어 역할을 충실히 하는 성곽으로 평가받는다. 특히 삼남을 배후지로 두고 서울 남쪽을 보완하는 외곽 방어기지로 자리매김해 수도권 방어체제라는 면에서 그 중요성이 두드러진다. 서울 북쪽으로는 북한산성과 대흥산성, 서쪽으로는 강화성과 문수산성, 동쪽으로는 남한산성이 구축돼 있는데, 화성이 건설됨으로써 서울을 사방에서 호위하는 수도권 방어체제가 완결된다.[3]

그런데 정조는 일반 군영이 아니라 국왕 호위부대 성격이 강한 5000명 규모의 장용영 외영을 화성에 주둔시켜 경기 지역을 방어하는 총융청과 수어청의 군사력을 견제하게 한다. 이는 화성을 국왕 권력을 뒷받침하는 군사적 거점으로 삼으려는 의도였다. 정조는 즉위 초부터 노론이 주도하는 정치세력이 자신의 정치 행보에 걸림돌이 된다고 여기고 국왕 호위를 담당하는 장용영을 발족시켜 왕권의 실질적 토대가 될 군사 기반을 구축하고자 했다. 총융청과 수어청을 비롯한 중앙 5군영 운영에는 이미 집권 정치세력이 깊이 관여하고 있어 새로운 군영을 설치해 군사권을 행사할 수 있는 폭을 넓히고, 이를 왕권 강화의 무력 기반으로 삼으려 했다.

정조는 또한 화성 건설 시기부터 수원 주변의 용인과 안산, 진위, 시흥, 과천에 있는 1만3000여 명의 군사를 장용영 외영의 지휘체계 아래

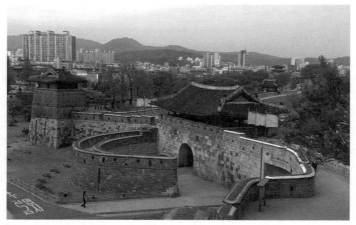
수원화성 화서문.

두어 거대 규모의 군영을 조성했다. 이를 다섯 부대로 나누어 수원 지역의 중앙과 동서남북을 각각 담당하게 함으로써 서울 도성의 방위체제와 유사한 5위 체제로 운영했는데, 그 중심에 화성 성곽이 자리하고 있었다. 화성은 외적 방어와 수도권 방위체제의 일환이라는 구실로 축조됐지만, 집권 정치세력인 노론의 권력 기반을 흔들고 군주의 정치력 행사를 지지하는 버팀목으로 작용했다.

  정조의 정치 행보에 대립각을 보였던 노론의 화성 건설에 대한 입장을 보면 화성 축조의 목적이 좀더 분명해진다. 노론 인사들은 축성을 논의할 때부터 화성 축조와 장용영 설치에 비판적이었으며, 공사가 한창 진행 중일 때는 군주 측근의 비행을 들추며 공역 추진에 대한 불만을 표시했다. 공역이 거의 끝나갈 무렵엔 흉년을 이유로 공사 중지를 요청할 정도였다.

민간에서도 화성 축조에 대한 비판 여론이 없지 않았다. 정조의 화성 건설을 중국 진시황의 폭정에 빗대는 비난 여론이 일었는데, 이로 미루어 볼 때 화성 조성에 대한 반감 분위기가 꽤 넓게 형성돼 있었음을 알 수 있다. 화성 축조를 국방정책이라기보다 왕권 강화를 위한 정치책략으로 보는 이들도 상당했다는 증거이기도 하다.

> 봉조하奉朝賀 김종수가 내각에 장문의 편지를 보내왔다. 내용은 이러했다. "근래에 일종의 흉론凶論이 전라도 지역에서 충청도로 전파되고 있습니다. 다섯 가지 조항으로 돼 있는데, 이는 망극한 무고로서 감히 말하기조차 힘든 흉언입니다. 첫째는 진나라처럼 축성을 한다는 것입니다. 다음은 한나라처럼 매관을 하고, 수나라처럼 사치가 성행한다고 합니다. 그다음은 당나라처럼 여자가 정치를 어지럽힌다고 하며, 마지막은 전례典禮에 관한 일입니다."
>
> –『정조실록』 45권, 정조 20년(1796) 7월 2일

호의적이지만은 않은 여론과 세태 속에서, 공역 기간 10년을 예상한 수원화성은 단 2년 6개월 만에 둘레 5.7킬로미터에 이르는 대형 성곽으로 선보인다. 정조 입장에서는 성곽 공사에 따르는 조정과 민간의 시비를 줄이고 자신의 정치구상을 한시라도 빨리 실현하기 위해 화성 조성을 단기간에 끝내고 싶었을 것이다. 왕권 강화의 토대를 마련하려는 군주와 자파의 이익을 놓지 않으려는 정치세력의 힘겨루기가 오히려

화성 완공을 앞당긴 요인이었는지도 모른다.

성곽, 정치세력의 권력 기반이 되다

성곽 축조와 정비는 당파 간의 정치력 확장과도 관련이 깊었다. 국가 방위시설로서의 성곽정책은 축조 단계에서 끝나는 게 아니었다. 지휘관을 임명하고 수천수만의 군병을 뽑아 배치해야 하며, 군량과 병기를 비롯한 물자 확보와 지속적인 수리가 필요해 군권軍權뿐 아니라 국가재정과도 직결되는 정책이었다. 각 당파는 자파의 인물을 성곽책임자로 삼음으로써 군권을 확보하고 재정 운용에 대한 영향력을 넓혀 세력 확장을 꾀하고자 했다.

숙종(재위 1674~1720) 초에 집권세력이 된 남인南人은 많게는 여러 도道의 군정과 민정을 총괄하는 도체찰사부를 부활시켜 군권 장악에 나섰다.[4] 도체찰사에 임명된 남인의 거두 허적은 자파에 속한 인물들을 군사지휘관으로 임명하고 개성 지역에 대흥산성을 축조해 지휘본부를 둔다. 서흥, 곡산 등 주변 여러 곳에서 군량 충당을 위한 둔전屯田을 확보해 주둔군을 양성하고, 1만8000여 명의 무과 급제자를 선발해 대부분을 도체찰사부에 귀속시켰다. 이어 평안도 용강에 황룡산성을 쌓고 강화도에는 40여 개에 달하는 돈대를 축조해 성곽 훈련을 강화하며 군사권을 확장해나갔다.

성곽 축조를 비롯한 관방 정비의 표면적인 목적은 이 무렵 청나라에서 일어난 난의 여파로 언제 침략 전쟁이 일어날지 모르니 이에 대한 대비책을 마련해야 한다는 것이었다. 반란 진압으로 청나라의 감시가 소홀해 그리 어렵지 않게 군사력 증강에 나설 수 있다는 이점도 있었다. 남인 핵심 인사들은 이런 기회를 이용해 군사권을 확실하게 거머쥐고 권력 토대를 다져 정치적 영향력을 확대하려 했다.

이에 서인 측에서는 남한산성의 군사력 강화를 통해 남인의 군권 장악을 견제했다. 여기에는 외척이자 서인 계열에 속한 김석주가 나섰다. 그는 숙종 초에 남한산성을 관할하는 수어청의 군사책임자로 활동하면서 성곽 수비 군병을 8000명에서 2만 명으로 늘리고, 둔전과 땔나무 산판을 확충해 군사력 증대의 기반을 강화했다. 더구나, 남인이 장악한 훈련도감에 소속된 둔전을 남한산성에 들임으로써 남인의 세력 확장에 분명한 반기를 들었다.

집권세력 교체가 빈번하고 갈등과 반목이 피를 부를 정도로 정국이 경색된 숙종 시기에 성곽정책을 둘러싼 정치세력 간 다툼도 그 강도를 더해갔다. 그 와중에 남한산성은 정치력 강화의 기반을 마련하려는 위정자들이 벌이는 권력투쟁의 장으로 다시 떠올랐다.

남한산성 외성外城 중 하나인 봉암성은 숙종 12년(1686)에 축성됐는데, 이는 남인을 축출하고 집권세력이 된 서인이 주도해 건설했다. 서인은 남한산성 관할권을 장악한 뒤, 남한산성 동북쪽 성곽 바깥에 외성인 봉암성을 쌓았다. 이 지역은 병자전쟁 당시 청나라 군대가 산성 내부를 살피는 기지로 삼은 곳이었다.

남한산성의 또 다른 외성인 한봉성은 다시 집권세력으로 올라선 남인이 숙종 19년(1693)에 축조했다. 남한산성 본성本城 동쪽 바깥에 위치한 한봉은 청나라 군대가 화포를 설치한 곳으로, 당시 이곳에서 쏜 포탄이 인조가 머물던 산성 내 행궁 지역까지 날아와 조정이 위기에 처하기도 했다.

어느 정치세력이나 축성의 명분은 뚜렷했다. 병자전쟁 때의 경험을 들어 적의 공격에 취약한 지점을 보완해야 한다며 성곽 공사를 밀어붙였다. 하지만 그 이면에는 국가 핵심 군사시설인 남한산성을 자신들의 영향력 아래 놓기 위한 정치적 목적이 자리잡고 있었다.

숙종 15년(1689)에 정권을 되찾은 남인은 어느 때보다 남한산성 장악에 적극적으로 나섰는데, 이는 숙종 초기 집권 때의 군사기지 확보 전략이 남긴 쓰라린 경험에 따른 정치적 포석이었다. 당시 도체찰사부와 대흥산성을 중심으로 한 남인의 군사력 증강이 오히려 모반을 꾀한다는 빌미를 제공해 결국 실각하게 됐던 것이다. 남인은 서인세력의 힘에 밀릴 수밖에 없었던 요인 중 하나가 남한산성과 그 지휘 군영인 수어청을 장악하지 못했기 때문이라 판단하고 재집권 시기에는 남한산성 운용에 힘을 쏟았으며, 그 핵심사업이 한봉성 축조였다. 그런데 한봉성은 축성이 거의 끝나갈 무렵에 공역이 중단되는 불운을 맞는다. 숙종 20년(1694)에 다시 집권세력으로 등장한 서인 측에서 한봉성이 방어전략 측면에서 필수불가결한 외성이 아니라며 공사 중지를 요청했다.

이조 판서 윤지선이 임금에게 아뢰었다. "봉암에 성을 쌓은 뒤로는 그곳에서 총알이나 화살이 한봉에까지 미치니 적이 한봉에 오르더라도 걱정할 바가 아니었습니다."

　　　　　　　　　　　　　　　　－『비변사등록』, 숙종 21년(1695) 4월 5일

호조 판서 이세화가 임금에게 아뢰었다. "봉암성은 적이 비록 한봉에 올랐다 해도 방어할 만합니다. 그런데도 기어이 주위를 넓혀 한봉성을 쌓으려 했습니다. 이는 긴요하지 않은 일이었습니다."

　　　　　　　　　　　　　　　　－『비변사등록』, 숙종 21년(1695) 4월 14일

남한산성 외성 중 하나인 봉암성. (경기도 남한산성세계유산센터 소장)

무력은 지배와 통치의 힘이자 권력의 원천이었다. 합법화된 무력 집단인 군대는 외적 침입을 방어하고 내란이나 폭동을 제압하기 위한 물리력으로 출발했지만 종종 정치권력과 밀착돼 권력투쟁의 도구로 떠올랐다. 국가방위라는 군대 본연의 임무에 비추어 보면 이는 변질임이 분명하다. 임진전쟁 뒤에 중앙군영인 5군영이 정비되면서 변화를 보인 조선의 군대는 병자전쟁으로 북벌론이 대두된 이후에는 본래 책무와 아예 다른 역할을 자주 떠맡았다. 군주 개인이나 특정 정치집단의 권력 행사를 뒷받침하는 물리적 기반이 된 것이다. 조선 후기 성곽은 권력을 강화하고 이익을 취하려는 세력이 운용한 정치 책략의 토대이자 권력 행사의 버팀목이었다.

17장
서울 성곽의 안과 밖은 다른 세상이었다

서울 성곽
– 치안의 울타리이자 왕조 권위의 상징물

영국 출신의 선교사 윌리엄 길모어(1858~1933)는 1880년대 후반에 설립된 근대식 공립 교육기관인 육영공원育英公院의 교사로 근무했다. 이때의 서울 생활을 토대로 행정제도와 산업에서 결혼과 복식, 종교에 이르는 다양한 경험을 책으로 엮었는데, 서울 성곽에 대한 흥미로운 관찰 기록이 눈에 띈다.

성곽은 약 500년 전에 축조되었으며 몇 구역을 제외하고는 완전히 보수되었다. 이로 미루어보면 이 성벽이 얼마나 뛰어난지를 알 수 있다. 성벽은 표면이 그다지 매끄럽지 않고 중간중간에 경사가 완만한 곳이 있어 기어오르기가 불가능해 보이지는 않았다. 이곳 성벽은 성문이 열리고 닫히는 시각을 맞추지 못한 주민이 기어오른 흔적으로 닳아 있었다.

-G. W. 길모어,

『서울에서 본 조선 Korea from its capital - with a chapter on missions』

순라군의 감시를 피해 성 안팎을 드나든 이들이 종종 있었던 모양
이다. 외국인의 눈에는 단순한 금령禁令 위반으로 보였겠지만 발각되면
매질을 감수해야 하는 위험한 행위였다.

조선시대에는 밤 시간대의 통행을 제한하는 야금제를 남녀에 따라
시차를 두어 시행했다. 초경(오후 7~9시)이 되면 남자는 통행이 금지되
지만 여자는 외출이 가능했다. 특히 양반 집안의 부녀자는 내외법에
따라 낮 동안의 바깥출입을 삼가는 대신 주로 이 시간대에 외부 활동
을 했다. 2경(오후 9~11시)부터 5경(오전 3~5시)까지는 남녀를 불문하
고 통행을 금지했으며, 시대와 계절에 따라 조금씩 차이가 있지만 이
야금 시간에 맞추어 성문을 여닫았다. 대개 밤 10시 무렵에 성문이 닫
히면 야간통행을 허용하는 표신標信을 지닌 자 이외는 성내는 물론 성
문 출입까지 막았다.

야금과 성문 폐쇄는 범죄 발생을 막으려는 치안책의 하나로 실시됐
다. 화재와 도둑 예방을 맡았던 순청 외에 경찰관서에 해당하는 포도
청, 수도 방위를 분담한 훈련도감·금위영·어영청에서 지역을 나누어
야간 순찰을 돌며 기찰과 경계 활동을 펼쳤다.

출입을 단속하는 성문과 성곽 지대는 야금 시간이면 통제가 훨씬 심
했다. 특히 성문 폐쇄는 범죄를 저지를 우려가 있는 자를 밤에는 아예

서울 한양도성 중 복원된 삼선지구. (서울역사박물관 소장)

성내로 들이지 않겠다는 의도가 강한 범죄 예방책이었다. 대체로 하층민이 사는 성 바깥 지역과 달리 성내에는 권세가들이 주로 거주해 치안 대책에 만전을 기한 것이다. 성곽은 성 내부 주민의 안전을 보장하는 일종의 보호 울타리 역할을 했다.

도성 성곽의 역할은 치안의 보호막과 외적 방어에 한정되지 않았다. 주변 지역에 성벽을 두름으로써 도성은 비로소 한 나라 수도로서의 면모를 갖추었다. 한성漢城으로 불렸던 지명에서 드러나듯 도성은 성곽이 있어서 그 안과 밖이 분명히 구분됐다. 견고한 성벽과 육중한 성문, 거기에 장엄함과 절제미를 함께 드러내는 문루를 갖춘 성곽은 위엄을 과시하기에 크게 모자람이 없었다. 도성 성곽은 이곳이 최고 권력이 행사되는 한 나라의 정치와 행정의 중심지라는 사실을 선언하는 건축물과 같았으며, 도성 성곽 자체가 왕조의 존엄과 존속을 표상하는 상징물로 기능했다. 왕권의 권위를 보장하는 시설이자 지배집단의 통치력을 과시하는 건축물로 인식돼 사회질서와 지배체제의 안정을 꾀하는 데 기여했다.

도성 성곽이 가진 이런 역할을 잘 알고 있었던 조선 개국세력은 태조 3년(1394) 서울 천도 뒤 궁궐과 종묘를 세우고 곧바로 성곽 건설에 들어갔다. 정도전이 세운 기본 계획에 따라 1396년에 궁궐과 도시를 에워싼 백악산·낙산·목멱산(남산)·인왕산을 잇는 길이 18.6킬로미터에 이르는 성곽을 축조했다. 서울 북쪽의 삼각산에서 이어진 동서남북 네 곳의 산세를 이용해 인공 방어시설물인 성벽을 쌓아 올렸다. 전국의 백성 19만7000여 명을 동원해 평지에는 토성을 산지에는 석성을 구축했으며, 성벽은 평균 높이 5~8미터 정도로 쌓았다.

이후 세종 4년(1422) 들어 전면적인 보수공사를 벌여 성곽 전체를 석성으로 수축하고 성문과 문루를 보완했다. 이 시기 도성 공사에는 32만 명의 백성이 징발됐으며 겨울철에, 그것도 40일이 채 되지 않는 짧은 기간에 공사를 밀어붙여서 사망자만 870여 명이 발생하는 희생이 뒤따랐다. 서울 성곽 또한 지배층의 권위와 존엄 세우기에는 백성의 땀과 피가 필요했다는 사실을 새삼 일깨운다.

서울 성곽은 왜 방어력이 낮았나?

서울 성곽은 많은 인력을 동원하고 막대한 재정을 쏟아부어 건설했지만 정작 성곽 본연의 기능인 방어시설은 취약했다. 군사시설은 성벽 위에 쌓은 전투용 담장인 여장女墻 정도며, 성문을 공격하는 적을 측면과 후방에서 공격할 수 있는 옹성甕城은 8개 성문 중에 동대문에만 설치했다. 이마저도 전투 기능보다 풍수지리 측면에서 허하다는 서울의 동쪽 지세를 보완하는 목적이 더 컸다고 한다. 성곽 높이도 중국 자금성이나 일본 오사카성에 비해 2분의 1이 안 될 정도로 낮으며, 해자 시설 또한 갖추지 않았다. 비슷한 시기의 유럽 성곽과 비교해도 방어력이 떨어진다. 14세기 후반에 프랑스 파리 동쪽에 세운 성곽 요새인 바스티유성은 두꺼운 성벽을 주탑 높이까지 쌓아 올리고, 주변에는 너비 24미터에 이르는 해자를 설치해 견고한 방어력을 갖추었다.

왜 조선 지배층은 나라의 중추인 수도를 감싼 성곽에 제대로 된 견고한 방어시설을 갖추지 않았을까? 치안 유지의 보호막을 마련하고 통치의 권위 높이기에 주력해 방어력이 낮은 성곽을 건설했던 것일까? 이런 요인이 서울 성곽 건설에 영향을 미쳤다는 사실을 무시할 수는 없을 것이다.

미술사학자인 유홍준도 그의 저서에서 이와 유사한 시각으로 서울 성곽을 바라본다. "단적으로 말해 한양도성은 전란을 대비해 쌓은 성곽이 아니라 수도 한양의 권위와 품위를 위해 두른 울타리"이며 "집에 담장이 있고, 읍에 읍성이 있듯이 수도 서울에 두른 도성"이라고 보았다.[1] 그러면서 도성, 곧 서울 성곽은 본격적인 전투가 아니라 소규모 반란과 도적의 침입에 대비하는 정도로 축성했으며, 전란을 위해서는 따로 산성을 쌓았다고 한다. 이러한 주장은 크게 보면, 서울 성곽의 군사시설이 취약한 이유를 서울의 지형·지세나 주변 산성을 이용하려는 전략 때문으로 파악하는 학계의 일반적 분석과 그 요지가 유사하다.

한편 유홍준은 북방 외적의 침입에 대비한 국방정책에 대해서는 15세기 국왕들이 북방 이민족의 준동에 대비해 국경 지역에 군사시설을 증강하고 능력이 뛰어난 지휘관을 파견했다고 한다. 이러한 북방 국경지대 군사력 강화 조치는 서울 성곽의 방어력이 취약했던 까닭과 배경을 국방정책과 방위전략 측면에서 좀더 깊이 살펴볼 수 있는 실마리를 제공한다. 외적 격퇴를 위한 핵심 방어전략과 도성 방어책은 어떤 관련이 있는지에 대한 물음을 던지게 한다.

조선 초기 북방 외적의 침입에 대한 방어정책은 국경에서 퇴치하는 전략을 최우선으로 삼았다.[2] 만약 대규모 침공으로 이를 막지 못하면 북쪽 내륙 지역의 관방에서 침입을 저지한다는 계획을 세웠다. 적이 도성에 접근하기 전에 미리 차단한다는 방어전략이었다.

집현전 부교리 양성지가 변방 방어에 대한 열 가지 방책을 올렸다. 그 첫째는 이러했다. "신이 지난 시대의 일에 견주어 생각하니, 외적이 국경을 침범하면 압록강 유역의 험한 지역에서 지키는 게 우선입니다. 그다음은 (평안도) 안주나 평양의 요충지에서 격퇴하고, 마지막으로 (황해도) 절령에 방어막을 구축해 막는 방안입니다. 절령을 국방의 최후 요새지로 삼으면 적이 도성에 미치지 못할 것입니다."

－『세종실록』 127권, 세종 32년(1450) 1월 15일

조선 초 위정자들은 국방의 관심을 도성보다 잠재적인 적이 침범할지 모르는 북쪽 국경 지역에 집중했으며, 변경의 관방을 튼튼히 해 국경을 지키고 그런 방어전략 아래 도성도 보호될 수 있다고 여겼다. 국토를 보전하는 가운데 도성도 보전되어야 한다는 시각이었다. 이런 국방 정책을 추진하면서 도성 성곽에는 치안 유지와 소규모 반란에 대비한 방어력 정도만 갖추고 더 이상의 방어시설 강화와 군사력 증대를 위한 특별한 조치를 하지 않았다.

임금이 승지를 통해 왕명서를 전달했다. "성곽을 공고하게 하는 정책은 먼 곳에서부터 가까운 곳으로 해야 하니, 마땅히 국경지대와 북쪽 요충

지 여러 고을 지역에 먼저 성을 쌓고 왕도王都는 천천히 해도 좋을 것이
다."

-『태종실록』 32권, 태종 16년(1416) 10월 19일

위정자 입장에선 대규모 성곽 공사로 인한 백성 동원이 부담일 수밖
에 없었다. 민심을 도외시할 수는 없었기에 중요도와 우선순위를 따져
축조나 수리를 해나가야 했다. 국경이나 북쪽 변방에서 적을 막는 방안
이 상책이었고 도성을 지키는 일은 그다음이었다. 도성 방어 자체를 가
볍게 본 것이 아니라 외침이 있으면 국경지대에서 격퇴해야 한다는 방
위전략을 중시했던 것이다.

하지만 국경과 내륙 요충지 중심의 방위전략은 대규모 전투에서 힘
을 발휘하지 못했다. 두 번의 전쟁에서 국경과 요충지 방어선이 무너지
고 도성에선 제대로 전투조차 하지 못한 채 수도를 포기해야 했다. 이
후 조선은 국방체계를 재정비하면서 도성 방어에 대한 전략도 새롭게
모색해 나간다.

영조, 끝까지 도성을 사수하겠다고 선언하다

재위 27년인 1751년, 영조는 유사시에도 도성을 사수하겠다는 윤음을
반포한다. 전쟁이나 내란이 일어나더라도 국왕이 피란 가지 않고 도성
에서 군영과 주민의 힘으로 함께 맞서 싸운다는 방위전략이었다.[3] 이는

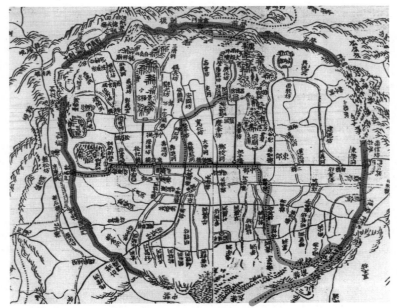

도성 방위를 위한 삼군문의 경비 구역을 보여주는 「도성삼군문분계지도」. 성곽 안 동쪽 지역 대부분은 어영청이, 남동쪽 일부와 남서쪽 지역은 금위영이 담당했다. 북서쪽 지역은 훈련도감이 책임졌다. (규장각한국학연구원 소장)

국왕과 집권세력을 비롯한 지배층이 도성을 떠나 남한산성이나 북한산성, 강화도 등의 보장처로 들어가 항전한다는 기존 방위전략과 상당한 차이를 보이는 수도권 방위정책이었다.

임금이 수성윤음守城綸音을 지어 내렸다. "촉한蜀漢의 소열 황제(유비)는 작은 성성城의 백성도 차마 버리지 못했다. 하물며 도성의 수십만 백성은 불쌍히 여겨 은덕을 베풀어야 할 자들이니 어찌 버리고 혼자 갈 수 있겠는가? 백성과 더불어 마음을 함께 하려는 것이니, 이번 윤음은 실상 백성을 위한 조치다. 지금 비록 원기와 정신이 고단하지만 도성을 지키려는 뜻은 저 푸른 하늘에 맹세할 수 있으니, 난리가 나면 내가 먼저 기운을 내서 성곽에 올라가 백성을 위로할 것이다."

―『영조실록』 74권, 영조 27년(1751) 9월 11일

영조의 도성 고수방책은 훈련도감·금위영·어영청 삼군문의 지휘체계와 주민의 방어구역 전담 방식을 결합한 방어전략이었다. 한성부 주민을 삼군문에 배속시키고, 유사시에는 이 삼군문의 지휘 아래 군관민이 힘을 합쳐 도성 성곽을 지킨다는 게 주요 골자였다. 노약자를 제외하고 여성까지 포함한 모든 백성을 나오도록 했는데, 전·현직 관료와 유생까지 동원 대상자로 지정했다.

이러한 도성 고수정책에는 외침은 물론 내부 반란에 대한 우려를 완화한다는 의도가 담겨 있었다. 1728년에 일어난 무신란戊申亂과 이후의 변란 기도와 연관된 빈번한 괘서 사건으로 불안에 휩싸인 도성 주

민을 진정시키는 데 또 다른 속뜻을 두고 있었다. 임진전쟁과 병자전쟁 이후 회복된 경제력과 수도 성장에 힘입은 통치와 국방에 대한 자신감의 발로이기도 했다. 17세기 이후 상공업이 발전하고 수도로 경제력이 더욱 집중되면서 도성 수비에 필요한 인력과 물자 마련이 이전보다 한층 수월했던 것이다. 이런 사회적 배경을 고려하면, 도성 고수정책을 수립한 데는 국왕과 집권세력의 결단 외에 새롭게 성장한 상공업자와 중인 등 도시 신흥계층의 의지가 한몫했다고 볼 수 있다.

그런데 이 시기의 도성 방어정책에는 국가의 방위전략이 도성 중심으로 변하고 도성 주민이 함께 지켜낸다는 윤곽 정도만 제시할 뿐 유사시의 세부적이고 구체적인 운용계획은 제대로 마련돼 있지 않았다. 군인과 주민의 군사훈련 방식, 무기와 군량미 등 군사물자 조달에 대한 현실적인 방안, 성 바깥 도성 지역에 대한 활용책 등이 빠져 있었다. 특히 성 밖 주민을 위한 대책이 보이지 않는다. 삼군문에 소속시켜 전투를 수행하게 한다는 원칙만 규정할 뿐 성내로의 대피 방안과 거주지 이동에 따른 행정조직 편재, 장기 항전에 수반되는 성내에서의 생활을 위한 의식주 마련 등에 대해서는 언급이 없다.

이런 점을 고려하면, 영조가 마음을 함께하겠다고 장담한 '도성 고수 윤음'의 백성은 성내에 주거지를 둔 주민에 한정됐던 것은 아닐까 하는 의문이 든다. 성 밖 10리 내에 거주하는 백성도 한성부에 속한 도성 주민인데, 이들 또한 보호해야 한다고 여겼다면 거주지를 이동해야 하는 성 밖 주민에 대한 현실적인 생존 대책을 마련해야 했을 것이다. 아니면, 아예 한강변을 중심으로 한 도성 외곽 주요 지역을 포함하는 방어선을 설정하고 이곳에 외성을 비롯한 방위시설을 새로이 설치해야 했다. 성 밖 주민을 고려하지 않은 도성 방어전략은 도성사수론이 한창 무르익을 때 홍문관 관료가 영조의 도성 수축을 비판하면서 올린 상소를 통해서도 짐작할 수 있다.

> 부수찬 홍중효가 상소했다. "생각건대, 도성을 수축하는 공사는 결코 시행할 수 없습니다. 신이 듣건대, 도성을 지킬 수 없게 하는 요인은 다섯 가지입니다. (…) 주민의 태반은 성외에 사는데 성내에 적이 들어와서 이곳을 근거지로 삼을 때 적이 도리어 주인 노릇을 하게 된다는 것이 그 한 가지입니다."
>
> —『영조실록』 62권, 영조 21년(1745) 7월 14일

서울 성곽
– 분리와 차별, 배제의 성城

17세기 이래 성 밖에 거주하는 한성부 주민은 크게 증가했다. 영조가 도성 고수를 선언한 시기에 성 밖에 거주한 도성 주민은 한성부 전체 인구 18만여 명의 약 42퍼센트인 7만5000여 명으로 추산된다.[4] 15세기 전반의 성 밖 도성 주민이 한성부 전체 인구 10만9000여 명의 약 5.5퍼센트인 6000여 명이었다는 사실과 비교해보면, 도성의 인구 증가를 주도한 지역은 성 밖 한성부 지역임을 알 수 있다. 300여 년이 지나

면서 성내 인구는 10만여 명에서 11만 명으로 소폭의 증가세를 보이지만 성 밖 인구는 6000여 명에서 7만5000명으로 무려 12배가 조금 넘게 증가했다.

조선 후기 성 바깥 지역의 인구 증가는 농촌에서 서울로 들어오는 전입 인구가 늘어나고 서울이 상업도시로 발전하는 과정에서 나타난 현상이었다. 농촌을 떠난 농민과 유민의 다수가 성 바깥 지역에 거주하며 임금노동자나 영세한 상인으로 생계를 꾸려갔다. 숭례문과 돈의문 등 성문 밖 지역으로 상업시설이 확장되고, 특히 마포와 용산 지역의 한강 포구를 중심으로 전국의 물산이 몰리면서 유통과 운반, 소규모 상업에 종사하는 주민이 크게 늘었다. 성 바깥 지역에서 채소를 경작해 성내에 판매하는 농민 겸 영세 소상인도 증가했다.

한강변을 중심으로 한 외곽 지역은 성내 주민에게 곡물과 어염, 땔감, 목재 등 생활용품을 공급하는 유통기지였으며, 상공업을 활성화하며 서울의 경제 발전을 이끄는 한 축으로 부상했다. 성 바깥의 한성부 주민이 성내 주민의 일상 유지와 경제활동에 필요한 물품과 노동력을 제공해 서울의 일상을 안정시키고 수도의 성장을 견인하는 기반 역할을 다했다. 그런데도 영조 시기의 도성 고수 방어전략에는 이들의 생계 터전과 재산, 살림에 대한 대비책이 없었다. 결국 도성 고수는 성내에 거주하는 왕실과 양반 관료, 부유한 상인 집단, 역관과 의관을 비롯한 중인세력 등 사회적 지위와 경제력을 가진 넓은 범위의 지배층을 위한 방위전략이었다.

성 바깥 지역은 계속되는 인구 증가와 새로운 마을 조성으로 경제활동이 번창하면서 수도 경영과 운용에서 그 역할이 점차 커졌지만 주민들은 그에 적합한 처우를 받지 못했다. 삼군문의 도성 관할 범위가 한강 지역으로 확대되고 성벽을 기준으로 하는 방어 개념이 희석되었음에도 행정 편의와 치안은 여전히 성내 중심으로 돌아갔다.

성 밖이 성내보다 훨씬 넓은 지역임에도 불구하고 성 밖을 담당한 치안 인력은 한성부 전체의 37퍼센트에 지나지 않았다. 군관의 지휘 아래 주민을 동원해 치안 활동을 펼치는 좌경坐更제도를 보면, 성 바깥 지역에는 한성부 전체 좌경처 98곳의 10퍼센트 정도인 9곳만 배치됐다. 성문이 닫힌 뒤의 야금 시간에 행하는 순라도 성내 지역과 달리 제대로 운용되지 않았다. 성 바깥 한성부 지역의 범죄 발생률이 높을 수밖에 없는 실정이었다. 성곽 안쪽만을 수도 서울이라고 보는 시대가 이미 지났는데도 성 바깥 거주민은 한편으론 여전히 수도 서울의 주민 취급을 제대로 받지 못했던 것이다.

산업과 인구 측면에서 보면 성곽으로 서울을 구분 짓기가 갈수록 힘들었지만 성곽은 정치와 행정, 문화 면에선 여전히 서울을 가르고 구별과 차이를 보여주는 강고한 벽이었다. 영조 시기에 굳어진 도성 방위전략과 치안 대책 역시 조선 말기까지 크게 달라지지 않았다. 1892년에 조선을 찾은 영국의 정치가이자 외교관인 조지 커즌은 야간 통행금지로 성문이 닫혀 곤란을 겪은 영국 장성의 일화를 이렇게 전한다.

한번 성문이 닫히면 뇌물을 쓴다 해도 다시 열 수 없게 된다. 이제 성문 안으로 들어가려면 밧줄을 이용하거나 남의 도움을 받아 약간 허물어진 성벽을 타고 넘어가는 방법밖에 없었다. 내가 서울에 가기 직전에 영국의 한 해군 제독이 불과 몇 분 늦어서 이렇게 뱃사람다운 방식으로 성내로 들어갔다고 한다. 조선의 고관들은 이 이야기를 듣고 충격을 받았지만 다른 한편으론 재미있어했다.

－조지 커즌, 『극동의 문제들: 일본, 조선, 중국

Problems of the far east: Japan, Korea, China』

조선 백성이 성벽을 타고 넘었다는 경험담을 들었어도 고위 관료들은 웃을 수 있었을까? 그들이 정한 금령이지만 영향력을 가진 외국인이었기에 맞장단을 놓을 수 있었을 것이다.

조선 말기에 이르러서도 서울 성곽의 문은 치안 유지 명목으로 밤이면 굳건히 잠겨 있었다. 성 바깥 주민은 처벌의 위험을 무릅쓰면 성벽은 넘을 수 있겠지만 성벽을 두고 성내와 성 바깥을 가르는 차별의 담장은 왕조가 다하는 날까지 결코 넘을 수 없었다. 조선을 방문한 외국인들이 단단하고 뛰어나다고 칭찬한 서울 성곽에는 이곳과 저곳을 분리하고 거리를 두려는 배제의 통치전략 또한 견고하고 완강하게 담겨 있었다.

흔히 서울에 성곽을 둘러쳐 수도의 권위와 품위를 유지하려 했다고 이른다. 하지만 성벽을 쌓았다고 해서 그 권위와 품위가 지속하는 건 아니다. 거기에는 조정과 통제, 단속과 징벌이 뒤따라야 했다. 그 결과는 성 밖에 사는 서울 주민을 차별하고 배제하는 규율의 통치로 드러났다. 서울 성곽은 하층민이 사는 밖의 세상과 지배세력이 거주하는 안의 세상을 구별하는 울타리였다. 그 장벽은 조선이 신분제에 기반을 둔 차별과 특권의 사회였음을 다시 한번 증언한다.

4부

앎이 권력이다

|성균관·향교·서원·사찰|

| 에피소드

지식과 정치권력
- 파리 대학과 일본의 서당 데라코야

자치와 권력 영합 사이에서
– 파리 대학의 영욕

1229년 봄, 프랑스 파리 대학의 교수들은 강의를 중단하고 수도 파리를 떠났다. 학생들도 수업을 거부하고 학교 폐쇄에 동참했다.[1] 파리 교정에는 인적이 끊겼으며, 대신 교수와 학생은 앙제와 오를레앙, 툴루즈 등 지방 도시로 거처를 옮겨 강의를 열고 공부를 계속했다. 강의 중지는 학문과 학업 자체를 거부한 것이 아니라 파리에서 연구 활동과 공부를 하지 않겠다는 의사 표시였다. 학교 폐쇄는 교수와 학생이 자신들의 요구를 관철하기 위해 벌이는 집단시위였다.

학교 폐쇄의 발단은 축제 기간에 파리 번화가에서 학생과 술집 주인이 벌인 다툼이었다. 술값 문제로 시작된 실랑이가 패싸움으로 번졌고, 학생들은 술집은 물론 인근 가게까지 부수는 난동을 부렸다. 사태가 심각해지자 어린 루이 9세(1214~1270)를 대신해 국정을 이끌던 모후 블랑슈 드 카스티유가 병사를 동원해 난동을 진압하라는 명령을 내린다. 곧바로 대학가에 투입된 병사들은 술집 사건과 관련 없는 학생들에게까지 폭력을 행사했으며, 몇몇 학생이 목숨을 잃고 크게 다치는 유혈사태로 치달았다.

교수와 학생은 섭정 블랑슈의 진압 행위가 대학의 권위를 무시했다고 판단하고 항의의 표시로 강의 중지에 들어갔다. 폭력 진압을 수습하고 재발을 막을 합당한 조치가 없으면 파리를 떠나 6년 동안 돌아오지 않겠다는 결연한 의지까지 내보였다. 학생들의 난동을 대학 통제의 구실로 삼고자 했던 국왕세력은 이를 왕권에 대한 도전으로 보고 파리 대학의 결의를 받아들이지 않았다.

파리 대학의 강의 중지는 조선시대 성균관에서 유생들이 벌인 동맹휴학인 공관空館과 유사한 측면이 없지 않다. 조선의 대학에 해당하는 성균관에서 공부하는 유생들은 조정에서 유학이념에 반하는 정책을 시행하거나 국가 시책에 불만이 있으면 집단시위를 벌였다. 식사를 거부하며 학교 식당에 들어가지 않거나 기숙사에서 퇴거하며 학업을 중단했다. 이 방법으로도 뜻이 이뤄지지 않으면 아예 성균관을 떠나 집으로 돌아가는 공관을 감행했다.

파리 대학과 성균관은 의사 관철을 위해 학교를 떠난다는 저항 방식에서는 비슷한 면모를 드러내지만 학교 운영과 교과과정 등 여러 가지 면에서 다른 양상을 보인다. 특히 설립 주체에서 큰 차이를 보여, 국가에서 창설해 운영한 성균관과 달리 파리 대학은 일종의 사설 학교 형

초기 파리 대학의 전통을 잇는 소르본 대학. '파리 4대학'이라 부른다.

태로 창설돼 일정한 자치 운영을 하며 성장을 거듭했다. 12세기에 기독교 교단의 지나친 간섭을 피하고자 교수와 학생의 자발적 학습조합으로 출발한 학교가 파리 대학의 모태였다. 이후 신학·법학·의학 등의 학부를 개설했으며, 특히 신학 연구의 중심지이자 가장 영향력 있는 신학의 본산으로 주목받았다.

이처럼 파리 대학에서 신학이 차지하는 위상이 높고, 적지 않은 교수가 성직자 신분을 갖고 있어서 기독교 교단에서 왕실 정부에 압력을 가하며 동맹휴학 수습에 나서게 된다. 학교 경영과 학생 활동이 경제에 미치는 영향을 무시할 수 없었던 파리 시민들도 중재에 힘을 보탰다. 교단과 시민의 요청을 더는 외면할 수 없었던 왕실 정부는 피해 학생에 대한 배상을 약속하고 교수조합에 학교 규정을 제정할 권한을 부여하기로 한다. 교황은 강의 정지 권한과 학교 해산의 권리를 인정했으며, 교수와 학생은 2년 만에 파리로 돌아왔다.

파리 대학은 성장기 초반에 정치세력과 교단에 대응함으로써 학교 운영의 자치권을 확보해나갔지만 이러한 추세는 오래가지 않았다. 국왕 통치권과 교단의 영향력을 완전히 벗어날 수 없었던 현실 여건 아래, 오히려 이들을 지지하거나 왕권과 교황권의 대립 국면을 이용한 결속을 통해 더 많은 자치권과 특혜를 받아내고자 했다. 이처럼 파리 대학은 저항과 결탁이라는 상반된 대응을 펼치며 사법과 조세에 걸쳐 상당한 자치권과 면책권을 획득한다.[2] 성직자로 대우받으며 자체 재판권을 확보했으며, 법적 권리를 가진 문건을 발부하고 고유의 재산권을 행사했다. 채무에 대한 연대책임과 관세 면제, 필수품 가격 협상권, 저렴한 집세 등의 경제 혜택까지 누렸다.

하지만 특권과 특혜는 그냥 주어지는 게 아니었다. 교황을 비롯한 교단에서는 대학을 교회조직과 신학을 지켜내는 교육기관의 연장으로 보고 영향력 확대의 교두보로 삼으려 했다. 국왕세력은 대학의 지식인 집단을 교단과 영주를 견제할 수 있는 정치적 네트워크로 활용했으며, 왕권의 종교적 권위를 뒷받침하고 정치 이데올로기를 제공하는 세력으로 확보하고자 했다. 1229년의 동맹휴학 사태 수습에 나선 것도 장차 대학과 지식인 집단을 왕권 지지에 활용할 수 있다는 장기적 포석에 따른 결단의 성격이 짙었다.

12세기 이래 프랑스 국왕들은 학자의 연구 성과와 활동이 군주의 권위를 높이고 세력을 결집하는 자산이 될 수 있음을 깨닫고 학교제도 정비와 대학 후원에 적극적으로 나섰다. 예를 들면, 필리프 4세(재위 1285~1314)는 파리 대학인에게 재정과 사법 조치에 걸쳐 특별한 보호와 후원을 한다는 국왕보호권을 부여했는데, 이는 교황과 벌인 권한 분쟁에서 자신을 지지한 대가였다. 필리프 5세(재위 1316~1322)는 형인 루이 10세(재위 1314~1316)가 죽고 그의 딸이 왕위를 물려받으려 하자 남성만이 왕이 될 수 있다고 주장하며 자신의 즉위를 정당화했다. 이때 필리프 5세의 왕위 승계를 지지하고 그 정당성의 근거를 제공한 집단이 파리 대학이었다.

파리 대학은 왕권을 뒷받침함으로써 후원과 특혜 조치를 받았지만 한편으론 학교 운영과 교육 활동에 대한 왕정세력의 간섭 또한 받아들여야 했다. 14세기 이후 이러한 통제가 강화됐는데 샤를 5세(재위

1364~1380)는 학교조직과 장학생 선발방식 개편을 통해 대학 운영에 깊숙이 간여했다. 이와 함께 파리 대학은 정치세력의 요구에 부응하는 관리와 전문가를 배출하는 인력 양성소 역할을 점차 강하게 떠맡았다. 15세기를 전후한 시기엔 왕실과 정부 요직에 파리 대학 출신 인물이 대거 진출하면서 왕정세력의 대학 통제가 훨씬 쉬워졌다. 15세기 중반에 이르면 파리 대학이 가졌던 재판권이 고등법원에 귀속될 정도로 자치권 일부까지 내놓는 지경에 이른다. 국가권력의 학교 길들이기가 본격 궤도에 오른 것이다. 대학의 국가 예속화는 갈수록 심화해 1598년엔 "국왕은 학문 연구를 규제할 권리가 있다"는 조항까지 학칙에 명기하도록 한다.

이미 15세기 초에 파리 대학의 총장은 공개석상에서 "파리 대학은 국왕의 딸"이라는 은유적 표현을 함으로써 대학의 정체성과 운명을 국가라는 사회의 틀 내에 한정 짓겠다는 신념을 강하게 드러냈다. 파리 대학의 발전을 위해서는 왕권을 중심으로 한 정치권력에 의존할 수밖에 없으며, 왕권은 대학의 조력과 지지를 통해 더 나은 정치를 펼칠 수 있다는 함의를 담고 있기도 했다. 지식을 궁구하고 진리의 수호자를 자처한 대학이 결국은 왕을 보호하고 지배이념을 창출해 정치권력을 공고히 하는 충직한 자식임을 자처한 것이다.

이제 학문과 정치권력이 더욱 탄탄하게 연결되고 조직됐으며, 이 바탕 위에서 대학과 왕권은 서로의 이익을 추구했다. 대학은 사회 격변기에 처해서도 그 근본 요인을 밝히고 기득권세력의 억압 정책과 횡포를 비판하기보다 모호하고 기회주의적인 처세를 보였으며, 학문의 진보에 진력하고 문명의 바람직한 미래상을 제시하기보다 자신들의 안락과 특권에 매몰된 이익집단의 모습을 더 강하게 내비쳤다. 대학이라는 학교와 그곳의 지식인은 앎이라는 도구로 사회적 권력을 행사했으며, 왕을 주축으로 한 정치세력은 이 앎을 활용해 정치권력의 영속을 도모했다.

가르쳐 순종하게 하라
– 일본의 서당 데라코야寺子屋

1722년, 일본의 군부 정권인 막부幕府는 서민 아동을 대상으로 한 교육기관인 데라코야에 『육유연의대의六喩衍義大意』를 배포하며, 이를 교재로 삼아 '사람에게 가히 가르칠 만한 것'을 교육하도록 했다.[3] 『육유연의대의』는 중국에서 백성 교화서로 발간한 『육유연의』를 번역한 책으로, 살면서 지켜야 하는 여섯 조목의 교훈을 풀어 적었다. 부모에게 효도하고, 연장자를 공경하고, 화목한 마을을 만들고, 자손에게 준칙을 가르치고, 주어진 삶의 도리에 만족하고, 옳지 않은 일을 저지르지 말라는 내용을 담고 있었다.

막부는 유학 덕목에 기초한 교훈서 배포 외에 가르침에 충실한 교사를 표창함으로써 효와 위계질서, 풍속 교화를 강조하는 교육 풍토를 한층 강화하고자 했다. 18세기 들어 일본 전역에 데라코야 설립이 증가하자 국가에서 서민 아동의 교육에 본격적으로 개입하고 나선 것이다.

데라코야는 17세기 전반에 등장한 사설 교육기관으로 7세에서 13세

에도시대의 사설 교육기관인 데라코야.

전후의 서민 자제에게 읽기와 쓰기, 계산 등을 가르쳤다. 상업과 농업, 어업 등 직업 활동에 필요한 기초지식을 익히고, 지역 공동체 일원으로서 가져야 할 마음가짐과 충효와 우애, 공경과 순종 등 사회윤리를 체득하는 데도 주안점을 두었다. 시가詩歌와 다도, 꽃꽂이와 같은 예능을 가르치는 곳도 있었다. 설립 초기에는 도시 지역 상공업자인 조닌町人 계층과 농촌의 부농 자제가 입학했는데, 이후 일반 서민층 자제로까지 취학이 확대됐다. 19세기엔 전국에 약 1만5000곳의 데라코야가 문을 열었다고 하는데, 연구자에 따라서는 5만여 곳으로 추정하기도 한다.

데라코야의 확산은 서민 경제의 발전과 궤를 같이했다. 17세기 이후 안정된 사회 분위기에서 농업 생산량이 증가하고 전국 규모의 상업 네

트워크가 형성돼 시장경제가 활성화되자 상공업과 농업에 종사하는 서민의 경제력이 향상되고 사회적 영향력도 이전보다 높아졌다. 경제활동에 필요한 문자와 계산법 습득은 물론 사회생활에 요구되는 기초지식과 교양 학습의 필요성 또한 한층 강해졌다. 이런 배경에서 서민 자제에게 실용지식과 생활 교양을 가르치는 데라코야 설립이 급격히 늘어났다.

일본 전통사회는 철저한 신분제 사회였다. 무사 계층이 통치자로 군림하며, 사농공상의 차별적 신분제도 아래 신분 간 이동은 물론 직업 이전의 자유 또한 엄격히 차단했다. 신분과 직업이 고착된 사회에서 서민들은 부의 획득과 유지에 몰두할 수밖에 없었으며, 이는 직업의 전문성과 가업 승계에 대한 집착으로 이어졌다. 데라코야 교육은 서민 집안이 그 입지를 유지하고 강화하는 필수 과정의 하나가 돼갔다.

이 무렵 대두된 문치주의 풍조도 데라코야 확산의 한 배경이었다. 지역 간 전란이 종식되면서 학문이 장려되고 유학을 기반으로 한 교화정책이 본격적으로 추진되면서 서민 교육 또한 점차 활성화되는 시대를 맞이한다. 막부는 법률과 제도의 준수, 가업 정진과 검약 생활, 충효를 앞세운 덕목을 서민에게 주입하기 위해 법령을 반포하고 학교 설립을 장려했다. 상공업 발달과 사회 변동에 따른 도덕적 해이와 사회 혼란을 막고 신분질서를 유지하기 위해 교육을 통한 사회통제에 주력한 것이다.

데라코야도 예외일 수 없었다. 막부 권력자와 지방 통치자들은 데라코야의 교육에 대해 초기에는 크게 간섭하지 않았지만 점차 개입을 늘리고 통제를 강화해나갔다. 『육유연의대의』를 위시한 국가 교육교재를 배포하고 이어서 18세기 후반에는 교사들에게 데라코야를 실용지식을 습득하는 학교에서 나아가 사회풍속을 개선하는 공민교육의 장으로 삼도록 지시한다. 이후엔 교육과정에도 크게 관여해, 법령을 알게 하고 교훈서와 유교 교양서 과목을 가르쳐 예와 분수를 중히 여기도록 하는 교육에 힘쓰라는 명령을 내린다.

데라코야는 일본의 서민 문화를 발전시키는 기반으로 작용했다. 사회 구성원의 내면을 성장시켜 서민이 나름의 문화 주체로 거듭날 수 있는 기틀을 마련했으며, 사회생활과 문화 활동을 활성화하는 지식과 교양 습득의 장을 제공했다.

하지만 신분제와 직업 고착화를 흔들고 사회질서 변화를 추동하는 혁신의 계기를 조성하지는 못했으며, 정해진 직분의 틀 내에서 이익을 증대하고 생활문화를 향유하게 하는 교육기관에 머물렀다. 주어진 사회환경 속에서의 인간관계 맺기와 처세술, 위계질서와 주종관계에 대한 순종의 덕을 강조함으로써 오히려 지배질서를 유지하고 강화하는 조력자의 역할까지 맡았다. 데라코야라는 자생적 학교와 거기에서 행해진 서민 중심의 교육 또한 통치자의 지배질서 유지 전략과 지배층의 기득권 강화정책에서 자유로울 수 없었다.

18장
왕과 성균관 유생, 견제하고 협력하다

영조와 성균관 유생의 격돌

영조 재위 3년인 1727년 7월 13일, 성균관 유생들이 동맹휴학의 강도
를 높였다. 전날 기숙사 식당 출입을 하지 않으며 출석을 거부한 데 이
어 이날은 기숙사에 들어가지 않는 공재空齋를 감행했다. 국왕 비서기
관인 승정원의 고위 관료가 시위를 풀고 강학에 임하도록 하라는 임금
의 간곡한 뜻을 전했지만 사태는 오히려 악화하고 있었다.

집단시위의 시작은 사흘 전에 올린 상소였다. 성균관에 기거하며 공
부하는 유생과 유학幼學 100여 명이 노론 강경파 인사들을 관직에서
배척하고 소론 핵심 인물들을 중용한 영조의 인사정책에 반발해 연명
상소를 올렸다.[1] 국왕이 흉악한 무리를 제대로 처벌하지 않아 시비를
가리지 않았으며, 의리를 지키지 않고 붕당 공격에만 힘을 기울인다며
시정을 촉구했다. 각 당의 온건파를 고르게 기용해 정치세력 간의 균

형을 꾀하고 당파 간 다툼을 막으려는 탕평책에 반기를 들고 나선 것이다.

성균관 유생 한덕옥 등이 상소했다. "신들은 전하의 인사 조처가 탕평의 정치를 이루지 못하고 나라 혼란과 쇠약의 계제가 될까 적이 두렵습니다. (…) 성상께서 흥당(소론)을 위해 하신 바는 지극하였습니다만 의리를 바꿀 수 없고 시비를 어지럽힐 수 없다는 것은 생각하지 않으십니까. (…) 신들은 한미한 유생일 뿐이니 조정의 국면 전환과 신료의 진퇴에 대해서는 감히 알 바가 아닙니다. 다만 바라는 바는 전하께서 한때의 좋아함과 미워함으로 벼슬을 주거나 빼앗음으로써 충신과 역적의 분간과 유학 도의의 시비를 어지러이 바뀌게 하지 마시라는 것입니다."
　　　　　　　　　　　　　　－『승정원일기』, 영조 3년(1727) 7월 10일

이에 대해 영조는 오히려 성균관 유생들이 당색에 편승해 군주에 대한 예와 의리를 져버렸다며 강하게 질타했다.

임금이 답했다. "이번 처분은 내가 좋아하거나 싫어해서 한 것이 아니고 임금과 신하의 의리를 엄격히 하고 붕당의 버릇을 타파하고자 해서였다. 근일 비망기로 간곡하게 하교하였는데도 모범을 보여야 할 자리에 있으면서 붕당의 버릇을 벗어나지 못하니 참으로 괴이하다. (…) 공자는 공평하게 해 붕당을 맺지 말라고 가르쳤다. 그런데 그대들이 현인賢人이 되기 위한 관문(성균관)에 있으면서 성현의 교훈을 따르지 않고 오히려 파당을 지어 다른 패를 배척하는 습속을 중히 여기니 신하로서 군부君父(군주)가 중요한가, 붕당이 중요한가?"

-『승정원일기』, 영조 3년(1727) 7월 10일

개국 이래 성균관 유생들은 비교적 자유롭게 국가 안위와 유학이념에 관련된 사안에 대해 정치적 의사를 국왕에게 전달할 수 있었다. 불교 부흥책 논란, 문묘에 선대 학자의 위패를 모시는 배향 시비, 부적절한 관리 임용 문제, 유생 처벌의 가혹함과 부당함 등에 항의해 집단시위를 벌였다. 먼저 상소를 통해 의견을 표명했는데, 국왕과 조정은 이에 대해 공식적으로 답변해야 했다. 요구가 받아들여지지 않으면 동맹휴학으로 압박을 가했다. 성균관 유생들은 조선시대 전 기간에 걸쳐 집단시위를 포함해 모두 180여 차례의 동맹휴학을 감행했다.[2] 인재 양성과 유학이념 수호라는 성균관의 중차대한 역할에 따라 성균관 유생의 이러한 정치 활동이 보장될 수 있었다.

조선의 지배층은 교육이 나라를 이끌 인재를 기르고 지배이념인 유학을 바로 세우는 근본 기운이라 보았다. 이런 시각 아래, 장차 나라의 최고 인재가 될 성균관 유생을 나라의 원기元氣라 해 숙식을 제공하며 무상 교육을 펼쳤다. 또한 성균관을 다수의 합치된 의견이나 많은 사람이 옳다고 인정하는 논의인 공론公論의 유력한 소재지로 보고, 성균관 유생들의 의견 표출을 존중했다.[3] 성균관 유생들 또한 자신들을 유학이념과 가치를 수호하는 감시자로 자처했다. 성균관은 공자와 역대 성현의 위패를 모신 문묘를 수호하는 곳이기도 했다. 성균관 유생들은 학업

286 ·문화유산의 두 얼굴

성균관 유생의 숙소인 동재東齋(위)와 서재西齋(아래).

과 함께 문묘제례를 위시한 여러 의식을 봉행하고 문묘를 돌보는 고유한 역할을 맡음으로써 그에 상응하는 위상을 부여받을 수 있었다.

이런 배경 아래, 성균관 유생들의 정치적 의사는 국왕과 조정의 뜻에 반할지라도 무시하거나 원칙적으론 처벌하지 않는다는 공감대가 형성돼 있었다. 때로는 국왕이 직접 나서서 유생의 상소가 선비의 기개를 높였다며 칭송하기도 했다. 국왕과 조정 대신이 시비를 최종 결정하고 정책을 집행하지만 성균관 유생의 정치 의사 표출은 이 과정에서 권력을 견제하고 압박하는 수단이 될 수 있었다.

조정에서는 상소의 의향을 일부 반영할 때도 있었지만 대체로 문묘 수호의 중요성을 지적하면서 성균관에 들어갈 것을 권유했다. 성균관 유생들도 문묘에 배례하고 성균관을 떠나는 최고 강도의 동맹휴학인 공관을 감행했을지라도 의사 관철 여부를 떠나 조정의 권유를 받아들여 다시 성균관으로 복귀하곤 했다. 집단시위에 대한 이런 관대한 태도는 성균관 유생이 특정 정치세력의 영향력에 휩쓸리거나 현실 여건에 굴하지 않고 유교 이념과 가치에 따라 직언을 한다는 전제 아래 가능했다.

그런데 17세기 들어 당파 간 다툼이 극렬해지고 자파의 권력 확대와 이익 추구를 위한 정치적 적대 행위가 도를 넘으면서 성균관 유생들도 권력투쟁의 조류에 휩쓸려 들어갔다. 기성 정치세력권에서 사림 공론이라는 명분을 확보하기 위해 성균관 유생을 정치 투쟁의 한복판으로 끌어들였으며, 가문 간의 인맥과 지연, 학연을 벗어날 수 없었던 성균관 유생들 또한 당론에 편승해 정치적 의사를 표출하는 추세가 점차 강해졌다. 성균관이 사림 공론의 산실이라는 본연의 역할은 명분만 남은 채 그 실질은 퇴색해갔다.

성균관의 이런 풍조 아래, 영조는 성균관 유생의 상소가 특정 당파의 당론에 지나지 않으며 군주를 저버리는 세태를 조장하는 행위라 강하게 질책할 수 있었다. 나아가 영조는 관례와 달리 성균관 유생을 처벌하기에 이른다. 유생 대표인 장의掌議와 연명 상소를 주도한 유생에게 3년 동안 과거에 응시하지 못하게 하는 정거停擧 처분을 내리는데, 이는 국왕의 답서와 권유에도 불구하고 동맹휴학을 감행한 데 대한 영조의 맞대응이었다.

붕당 간의 적대가 심해지는 와중에 군주와 성균관 유생의 대치라는 또 다른 경색 국면이 더해지면서 지배층 내 정치세력 간의 영향력 다툼이 한층 격화되었다. 군주를 중심으로 한 왕조 존속의 이념을 창출해 확산하고 왕조 번영의 토대인 인재를 배출해오던 성균관의 역할 또한 흔들렸다. 개국 이래 성균관은 학문 탐구와 인재 양성의 중심지였다. 그 이전, 조선이라는 나라를 열게 한 요람이라 해도 과언이 아니다. 고려 말 성균관은 개국의 이념이 된 성리학을 확산하고 고려 왕조를 거부한 문인 관료를 배출해 새 왕조 개창의 힘을 결집했던 구심점이었다.

성균관 명륜당. 성균관 유생들이 학문을 닦고 연구하던 강학당이다.

고서에 나오는 최초의 성균관 조감도. 영조 23년(1747)에 제작한 『태학계첩太學契帖』에 실려 있다. (문화재청 소장)

조선을 여는 요람이 되다
- 고려 말 성균관

고려 말인 1367년, 공민왕(재위 1351~1374)은 승려 신돈을 중용해 개혁정책을 펼치면서 학교제도 정비에도 박차를 가했다. 유학 경전을 강론하고 군주의 정책 자문을 맡았던 숭문관의 옛터에 성균관을 다시 지으라고 지시했다. 성균관은 고려 초에 설립된 최고 교육기관인 국자감의 후신으로 14세기 초에 지금의 명칭을 얻었는데, 이 시기엔 홍건적의 침입으로 소실된 상태였다.

> 공민왕 16년(1367)에 성균좨주成均祭酒 임박林樸이 상언을 올려 성균관 개조를 요청했다. 이에 왕이 숭문관 옛터에 다시 지으라고 명령하였다. 전국의 문인 관료에게 품계에 따라 베를 내게 하여 중건 비용을 보조하게 했다. 생원을 늘려서 늘 100명을 길러내라고 했으며, 처음으로 사서오경재四書五經齋를 나누었다.
>
> ─『고려사』 74권, 지志 28권, 선거2選擧二, 학교 ─ 국학

공민왕은 성균관 중건 자리를 직접 살피며 "문선왕文宣王(공자)은 천하 만세의 스승이다"라는 말까지 하며 성균관 활성화를 통해 유학의 도를 중흥시키려는 강한 의욕을 보였다. 이미 즉위 초에 성균관에 유학부와 함께 설치된 율학·서학·산학 등의 기술학부를 분리함으로써 성균관을 유학 교육을 전담하는 최고학부로 재정비했으며, 성균관 중건

시기에는 교육 내용의 변화를 꾀했다.[4] 『논어』 『맹자』 『중용』 『대학』의 사서와 『시경』 『서경』 『역경』 『춘추』 『예기』의 오경을 중심으로 한 유학 경전 교육을 강화하고 학생 수를 늘렸다. 이와 함께 유학 경서를 익힌 성리학 성향의 석학들이 성균관 학관과 교관으로 진출함으로써 고려 국학의 주류가 경학 중심의 성리학으로 바뀌게 된다.

공민왕 16년에 성균관을 중건하고 이색을 판개성부사 겸 성균대사성으로 삼았다. 이때 생원을 늘리고, 경서 중심의 학문을 익힌 선비인 김구용·정몽주·박상충·박의중·이숭인을 택하여 모두 다른 관직을 가지고서 교관을 겸직하도록 했다. 이전에는 성균관의 학생이 수십 명에 불과했다. 이색이 운영과 교육 전반에 대한 규정을 다시 정하고 매일 명륜당에서 경전으로 수업했다. 강의를 마치면 함께 논쟁하느라 지루함을 잊을 정도였다. 이에 학자들이 모여들었고 함께 눈으로 보고 느끼게 되니 성리학이 크게 일어났다.

–『고려사』 115권, 열전 28권, 제신諸臣 – 이색

성균관은 성리학을 익힌 문인들이 정치세력으로 성장할 수 있는 토대가 됐다. 성리학의 학통을 잇는 이색을 필두로 뒷날 개국 공신이 되는 정도전과 윤소종, 권근 등 인재들이 대거 집결해 정치세력화의 거점이 된다. 특히 정도전은 새 나라의 제도를 마련하고 문명의 청사진을 제공해 조선 왕조를 설계한 인물로 평가받는다.

성균관 교육이 경학 위주로 재정비되고 공민왕이 과거를 거친 성리

학 소양의 문인을 다수 등용하면서 주류 지배층인 권문세족에 속하지 못한 관료 지망생들이 정계로 진출할 수 있는 길이 이전보다 더 넓어졌다. 성균관이 성리학 탐구와 관료 배출의 진원지가 된 것이다. 여기에는 14세기 전반에 시작된 과거제도 변화도 한몫했다. 이전까지는 시가와 문장을 익히는 사장詞章을 시험하는 비중이 훨씬 높았지만 유학 경서에 대한 이해를 측정하는 경학 중심의 과거시험에 대한 비중을 높이는 시험 제도로 개혁되면서 성균관의 역할과 위상이 한층 높아질 수 있었다.

과거제가 정비되고 관료 선발에서 과거 출신자들이 늘어나면서 공신과 고위 관료의 자손에게 관직 진출의 권한을 부여하는 음서의 비중은 점차 줄어들었다. 대를 이은 권력 재생산을 도왔던 음서라는 특권의 문이 좁아지고 성리학 소양을 갖춘 문인이 관계官界에 활발히 진출하면서 권문세족의 입지와 영향력도 흔들릴 수밖에 없었다. 공민왕이 개혁 정치를 추진하면서 그 한 축으로 성균관을 중심으로 한 교육제도 혁신에 진력했던 까닭이 바로 여기에 있었다. 공민왕은 즉위하면서부터 왕권 강화를 꾀하며 정치와 경제, 문화 등 사회 여러 분야에 걸친 국가체제 재정비에 나섰는데, 권문세족의 영향력을 억누르는 게 제도개혁의 최대 관건이었다.

원나라 간섭기인 고려 말, 정치권력을 독점한 권문세족은 막대한 토지와 노비를 보유하며 전횡을 휘둘렀다. 국가 재정이 취약해지고 백성의 다수를 이루는 농민들은 도탄에 빠졌으며 이는 통치질서 문란과 사회 혼란을 부추겼다. 여기에 권문세족과 결탁한 불교계의 폐단까지 겹쳐 고려 사회는 악화일로로 치달았다. 불교계는 권문세족을 두둔하며 토지와 노비를 늘려나갔으며, 한편으론 군역을 피하려는 양민이 무리를 이루어 사찰에 적을 둠으로써 인력과 재정 모두에서 국가 존립의 기반을 흔들었다. 권문세족과 불교계의 힘을 누르지 않고서는 고려 사회의 개혁은 요원했다.

공민왕에게는 성리학 소양의 문인을 중용해 이들 지배세력에 맞서는 길 외에는 선택의 여지가 없었다. 하지만 공민왕의 개혁정책은 권문세족의 반발에 부딪혀 뜻대로 추진되지 않았으며, 결국은 신하에게 살해당함으로써 미완의 과제로 남겨진다.

이후 성균관 출신의 관료와 문인을 중심으로 한 정치세력은 권문세족과 권력다툼을 벌이며 점차 영향력을 강화해나갔다. 성균관을 기반으로 흥기한 성리학의 이론과 논리를 앞세워 고려 왕조의 지배 이데올로기를 대변하던 불교계를 비난하며 이념 투쟁까지 벌였다. 승려들이 저지르는 사회적 폐단과 그것이 국가 경제와 사회에 미치는 악영향을 지적하고, 현실 문제를 소홀히 하고 충효와 같은 윤리 규범을 무시한다며 불교 교리를 정면으로 비판하기도 했다. 사회제도 문란과 백성의 생활고가 악화하는 현실 속에서 기성 지배층의 주류는 다스림과 신앙의 명분을 하나둘 내어줄 수밖에 없었다.

성균관이 중건된 지 25년이 지난 1392년, 이성계를 위시한 무인세력과 손을 잡은 성리학 소양의 문인세력 일부는 인사권과 군권을 장악하고 마침내 조선이라는 새로운 왕조를 개창하는 한 축으로 서게 된다. 권문세족의 다수도 고려 왕조를 끝까지 고집하지 않고 조선 개국에 합류함으로써 가문의 존속을 꾀했다.

고려 말에서 조선 개국에 이르는 시기에 성균관은 기존 주류 지배층에 맞설 수 있는 이념을 확산하고 인재를 결집한 일종의 권력장치이자 정치기구의 역할을 맡았다. 성리학이라는 지식체계는 한 시대의 새로운 사상 조류이자 권력 획득을 위한 정치도구였으며, 성리학을 익힌 문인은 학자이자 권력을 추구한 현실정치가였다.

군주를 칭송하고 때로는 견제하라
– 조선의 성균관

세종 15년인 1443년 4월 하순, 어가 행렬이 도성을 향하고 있었다. 경기도 광주(지금의 서울시 서초구 내곡동)에 있는 부왕 태종의 능에 거둥해 참배를 마치고 궁궐로 돌아가는 행차였다. 거리는 구경 나온 백성으로 인산인해를 이루었는데, 어가가 흥인문에 이르자 선비 차림을 한 720여 명의 남성이 열을 지어 절하며 예를 올렸다. 임금의 환궁을 맞이하는 성균관 유생들과 10대를 대상으로 중등교육을 실시하는 학당에 재학 중인 학생들이었다. 곧이어 유생 대표가 임금에게 글을 올렸다.

성균관과 학당의 학생 725명이 가요를 올렸다. "밝으신 성군聖君께선 거룩한 덕을 하늘에서 받으셨네. 큰 유업 이어받아 우리 조선 다스리니 도덕이 고양되고 교화가 넘쳐 문물이 빛나도다. (…) 백성의 괴로움 살피시고 놀이와 사냥 멀리하시니 어가 이르는 곳, 거리마다 사람일세. 남녀노

소 머리 조아려 어가 앞에 절하면서 '우리 임금 은덕으로 어깨를 쉴 수 있고 우리 임금 어짊으로 편안하게 잠을 자니, 성은을 생각하매 보답할 길 없나이다. 아무쪼록 무병하시어 만년토록 복을 누리소서'라고 축원하네."

－『세종실록』 60권, 세종 15년(1433) 4월 23일

성균관 유생의 이날 의례는 국왕 행차 때 행하는 정례 행사의 하나였다. 유생들은 국왕의 나들이를 맞아 예를 갖춰 환영하고 찬양의 글을 지어 올림으로써 자신들이 군주의 충성스러운 신민臣民임을 드러냈다. 나라에서 부여한 특권과 국왕이 베푸는 하사下賜에 대한 보답 차원의 의례이기도 했다.

성균관 유생은 비할 바 없는 특권과 혜택을 누리고 있었다. 무상교육 외에도 생활과 학업에 필요한 물품을 무료로 받았으며, 군역과 부역이 면제됐다. 의료 혜택은 물론 성균관에 소속된 노비로부터 생활 편의와 도움을 받았다. 정규적인 특전과 혜택 외에도 국왕이 서책과 학용품에서 의류와 음식에 이르는 다양한 하사품을 수시로 내려 학업을 권장했다. 무엇보다, 성균관 유생만을 대상으로 한 특별과거와 천거제도를 두어 관리로 진출할 수 있는 길을 크게 열어 놓았다.

임금이 일렀다. "12월 12일 성균관에 감귤을 내리고 제술 시험을 보았을 때 수위를 차지한 진사 이경직은 오는 병오년(1606) 정기 과거시험에서 최종 시험인 전시殿試에 바로 응할 수 있는 자격을 주도록 하라. 임숙

영 등 11명에게는 등급을 나누어 지필묵을 나누어 주어라."

－『선조실록』194권, 선조 38년(1605) 12월 14일

날씨가 추워 임금이 사관史官을 보내 성균관 유생들을 위문하도록 했다. 또한 임금이 정치 계책에 관한 시제를 내려 특별과거를 보도록 했다. 친히 성적을 평가해 등급에 따라 서적과 종이, 먹을 하사하니 유생들이 예찬의 글을 올려 성은에 보답했다.

－『정조실록』16권, 정조 7년(1783) 11월 11일

파리 대학뿐 아니라 성균관에도 특권이 그냥 주어지지는 않았다. 국왕은 성균관 유생이 정성을 다해 문묘를 지키고 학업에 힘쓰며, 국왕을 받들고 통치에 힘을 보태는 충신이 되기를 기대했다. 특별과거와 사은품 하사는 장차 군주를 옹호할 충직한 신하가 되라는 사전 조치로, 결국은 왕권 강화를 위한 정치적 수완인 셈이다.

국왕의 특전과 혜택은 대체로 조정 대신들의 동의에 따른 것이었으니, 성균관에 주어진 특권은 군주와 양반 관료라는 조선 사회 주류 지배층의 재생산을 위한 정책 차원의 배려이기도 했다. 양반 관료 처지에서 보아도 성균관 특권은 자손의 순조로운 관계 진출에 도움이 되는 정책이었다. 유생들의 성균관 입학 목적은 관계 진출에 있었으며, 성균관에 주어진 여러 특권은 이를 이루는 데 큰 도움이 되었다. 인맥 조성을 통해 고위 관료 진출에도 이점으로 작용할 수 있었다. 이렇게 보면, 성균관에 주어진 특권은 신권臣權 보장에도 상당히 기여했다고 할 수

있다.

특히, 성균관 유생에게 부여한 동맹휴학 권한은 군신공치君臣共治라는 조선 사회의 권력 구조와 부합했다. 왕과 양반 관료 어느 한쪽이 절대 권력을 휘두르지 않고 왕권과 신권의 견제와 균형을 통해 협치를 해나가는 정치적 지향 아래 성균관 유생의 정치 활동도 가능할 수 있었다. 실제로 성균관 유생들은 조정 대신들의 암묵적인 동의나 은근한 지지 아래 동맹휴학을 감행할 수 있었다.

조선 전기만 해도 성균관 유생의 동맹휴학은 대체로 국왕과의 극단의 대치로 치닫거나 정치세력 간의 격한 다툼으로 이어지지 않았다. 문제가 된 사안 대부분이 왕실의 불교 진흥과 관련돼 있어 유교이념 수호라는 실질적 명분이 뚜렷했고, 정치세력도 붕당으로 나뉘어 본격적인 이전투구를 하기 전이었기 때문이다. 하지만 붕당 간의 권력다툼이 본격화되는 17세기 이후엔 동맹휴학의 성격이 크게 달라진다. 여전히 의리와 도리 등 거창한 명분을 앞세웠지만 관계 진출이라는 자신들의 미래를 담보하기 위해 특정 당파의 속내를 대변하거나 유생들 자신의 이익에 급급할 때가 잦았다. 대립하는 붕당 계열에 속한 학자의 문묘배향을 반대했으며 조정 관료를 유생 명부에서 삭제하려 했다. 부정한 방법으로 천거를 관철하려 했으며 국왕의 합당한 처벌마저 철회시키려 했다. 성균관의 이런 폐단은 나라가 종말을 고하는 시기까지 끝내 고쳐지지 않았다.

그런데도 성균관은 조선시대 내내 고급 인재를 양성한 최고의 교육기관임을 부인할 수 없다. 조선 유학의 지평과 흐름에 지대한 영향을 끼친 인물로 평가받는 이이와 이황, 정약용도 성균관 유생을 거쳐 관직에 나아갔다. 유학이념을 구현한 인격체를 선비라 한다면, 성균관 유생에게서 인의예지仁義禮智의 가치를 발견하고 선비의 체취를 느낄 수 있음도 사실이다. 하지만 성균관의 공자 모시기와 유학 연구, 유생의 학업과 정치적 언행이 과연 누구를 위한 것이었을까? 앞세운 명분이나 내세우는 구실 너머에 있는 진짜 속내는 무엇이었을까?

지식인 관료가 통치 계층을 형성한 조선 사회에서 성균관은 기존 지배층의 존속과, 유학이념을 내세운 신분제 사회의 영속을 위한 교육과 이데올로기 활성화의 산실이기도 했다. 성균관 유생 육성은 왕권과 신권의 공생을 통한 지배질서 유지라는 조선 지배층 전체의 지향에 따른 국가정책이었다. 그러면서 성균관은 성리학으로 무장한 사대부 중심의 사회를 잉태하고, 유학 가치와 덕목을 외치는 양반 우위의 세상을 펼쳐간 요람이 되었다.

19장
향촌 장악의 거점, 서원과 향교

일제강점기 서원과 향교의 생존전략

"도산서원을 철폐하라"는 목소리가 안동 지역을 넘어 전국으로 번지고 있었다. 조선 성리학의 체계를 세운 이황(1501~1570)의 위패를 모신 도산서원은 영남 사림의 본산으로 사회 전반에 막강한 영향력을 행사해 왔다. 그런데 일제강점기인 1925년 11월(양력) 들어 농민단체인 풍산소작인회와 사회운동단체인 안동화성회를 필두로, 대구청년회·전남동부청년연맹위원회·순천농민연합회·원산노동회 등 전국의 사회단체가 가담한 도산서원 철폐운동이 기세를 더해갔다.

발단은 소작료였다.[1] 가을걷이가 끝난 뒤, 도산서원을 관리하는 재임이 소작농 몇 사람을 붙잡아다 형틀에 묶어놓고 매질을 한 사건이 발생했다. 서원이 소유한 토지를 빌려 농사를 짓는 이들 농민이 소작료를 더디 낸다는 이유였다. 안동의 풍산소작인회와 화성회 회원들은 즉각

사과를 요구했다. 도산서원 측이 별다른 반응을 보이지 않자 전국 각지의 농민단체와 청년단체까지 나서서 경고문과 함께 서원철폐 결의문까지 내놓는다. 그제야 도산서원에서는 재임을 물러나게 하는 선에서 사태를 수습하려 했다. 그런데 이 사임에 맞춘 성명서가 더 큰 화를 불렀다. 재임의 매질은 시대 조류에 맞지 않는 행위이니 스스로 꾸짖겠으나, 개인의 과실을 들어 서원 전체를 모욕하는 말을 하고 철폐를 결의하는 행위는 부당하다고 주장한 것이다. 도산서원 철폐운동은 더 격해졌고, 서원 측에서는 상주 향교에서 전국유림대회를 개최해 유교 권위에 도전하는 세력과 대항하자는 결의를 표출한다.[2]

도산서원 철폐운동은 일제강점기에도 사회적 영향력을 행사하고 있던 양반층과 유학 지식인 집단에 대한 전면적인 도전이기도 했다. 새로운 문물과 학문을 접한 지식인을 비롯한 신흥세력은 유교적 사회질서와 문화를 시대에 맞지 않는 구관舊慣이라 규정하고 타파의 대상으로 보았다.[3] 이들은 신식 교육을 확산해 민중의 역량을 키우고, 사회개량사업과 농촌 경제 진흥으로 민중의 생활 안정을 꾀하려 했다. 조선시대 누렸던 사회적 권위와 세력을 유지하려는 유림과의 충돌이 불가피한 실정이었다.

이런 배경 아래 소작인 매질 사건이 일어나자 사태가 양 세력의 전면적인 힘겨루기 양상으로 급격하게 옮아갔다. 더구나 이 무렵 농민단체들은 소작료 인하와 소작권 안정 등 영세 농민의 권익을 확보하려는 운동을 펼치고 있었고, 지주들은 기득권을 지키기 위해 농무회란 단체를 결성해 대응에 나선 상태였다. 유림의 핵심세력 대부분이 지주였으며, 이 무렵 도산서원 자체가 약 24결의 토지를 가진 안동 최고의 지주

위치에 있었다.

이 시기 유림은 경제력과 사회적 위상 면에서 여전히 지배계층으로 자리잡고 있었지만 사회 변화의 여파로 그 영향력이 점차 줄어들었으며, 미래를 담보하지 못한 채 불안한 상태에 놓여 있었다. 성장하는 중인과 평민층에 맞서 위상을 유지하고 세력을 키우기 위해 일부 유림은 식민지 지배정책에 참가하려는 의욕을 보이기도 했다. 1920년을 전후한 시기에 영남 지역을 비롯한 지방의 양반 출신 인물과 유림의 동향에 대한 조사 실태는 이러한 현실을 뒷받침한다.

지방의 양반과 유림에게 새 정치로 인한 고통이 무엇이냐고 물으면, 자신들의 지배권이 약화해 천한 신분 출신의 군수나 관리가 위세를 휘두르면 그 지시를 받지 않을 수 없는 현실이라 답한다.

　　　　　　　　　　　　　　　-시데하라 다이라幣原坦, 『조선교육론』(1919)

합방 이래 총독부가 중앙의 양반만을 후하게 대우하고 지방의 양반과 유생은 무시하는데 이는 도리에 어긋난 처사라 한다. (…) 하급 구실아치 집안의 자손들이 발광하듯 오래된 관례를 무시하고 신분 계급을 파괴해 양반 유생은 물론 노년층까지 모욕하기를 꺼리지 않으니 종래의 양반과 유림의 사회적 위상이 크게 실추됐다고 한탄한다. (…) 이들은 이전 시대의 관례가 유지되기를 열망한다. (…) 양반과 유생은 총독부 중추원의 참의에 선임되기를 가장 원한다.

　　　　　　　-장헌식, 「향교재산 및 지방시설 관계서류」『경학원잡서류철』(1921)

이 시기 일부 유림은 사회적 영향력을 계속 행사하기 위해 식민지 통치기구인 총독부의 정책에 부응하는 행보를 보였다. 지역 유림과 총독부를 매개하는 고리는 경학원이었다. 일제는 조선 병탄 직후 성균관을 경학원으로 개칭한 뒤, 인재를 양성하는 강학 기능을 없애고 문묘의 의례 기능만 남겨둔 채 식민지 사회교화기관으로 활용했다. 경학원은 지방 향교와 서원 등 유림조직과 협력 관계를 구축하고 유림세력을 통해 총독부의 정책을 보조하는 선전도구 역할을 떠맡았다.

예를 들면, 유림은 문묘에서 공자를 추모하는 제례인 석전제를 행할 때 총독부의 정책을 설명하는 강연회나 식민통치를 선전하는 기념행사가 함께 열릴 수 있도록 협조를 아끼지 않았다. 식민정책에 앞장서는 고위관료와 지방세력가, 학교 직원 등의 참가를 위해, 야간에 이뤄지던 석전제를 대낮에 거행하기도 했다. 총독부는 원활한 식민지 지배를 위한 교화의 수단이자 선전 장소로 조선 전래의 교육의례 공간을 활용했고, 향교와 서원을 근거지로 활동하는 유림은 총독부의 지원 아래 자신들의 위상과 세력을 강화하고자 했다. 도산서원 철폐 운동이 일어났을 때도 총독부는 소작인 매질 사건을 무마하고 성토대회를 무산시키려고 조치해 유림과의 밀착 관계를 드러냈다.

유림은 때로는 견제와 저항의 몸짓을 보이기도 했지만, 더 큰 힘을 가진 정치권력과 결탁함으로써 지역 지배자로서의 위상을 놓치지 않으려 했다. 일제강점기에도 서원과 향교를 비롯한 교육기관은 지역 지배층인 양반과 유림을 결집하고 영향력 확대를 꾀하는 토대였다. 유학의 성현을 기리는 의례의 공간으로 유림의 존재 가치를 높이고, 막대한 토지를 지닌 경제 주체로 지역 주민을 통제하는 지배기구의 역할을 멈추지 않았다. 16세기 중반 발생 이래 서원은 정치권이나 국가권력의 영향력을 벗어난 적이 결코 없었다.

국가권력, 서원을 통제하고 한편으로 조력하다

1735년 8월 초순, 도산서원 수리가 한창이었다. 이황과 그의 제자인 조목(1524~1606)의 위패를 모신 사당을 비롯해 서당 건물과 기숙사, 담장을 보수하는 공사였다. 수리가 필요한 건물은 사당을 제외하면 대부분 이황 생전인 1561년에 서당을 완공하면서 함께 지은 건물들이었다. 이 서당 자리에 사당과 부속 건물을 건립해 1576년에 도산서원이 완공됐다.

두 달 전 중수를 결정하고 물자와 인력을 조달해 8월 들어 본격 공사를 시작했다.[4] 그런데 사당 수리 마무리 작업에 들어갈 즈음 인력 수급 계획에 차질이 생겼다. 사당 공사를 마친 뒤 서당 건물과 기숙사 수리를 함께 진행할 계획이었는데, 그러기에는 인부가 모자랐다. 공사를 늦출 수 없다고 판단한 서원 운영진은 관아에 다시 도움을 요청하기로 했다.

> 재임이 수령을 찾아뵙고 인부를 더 청하였다. 묘우(사당) 공사를 마친 이후에 계속해서 암서헌과 시습재, 역락재의 무너진 곳을 수리해야 했다.
>
> ―『묘우수리시일기廟宇修理時日記』(1735년 8월)

경상북도 안동에 있는 도산서원. 이황 생전에 지은 서당을 모태로 안동과 예안 지역 사림이 주도해 건립했다.

도산서원 중수는 시작부터 관아의 조력으로 진행된 공역工役이었다. 인근 마을 주민을 동원해 인부로 삼게 하고 말단 향리를 파견해 공사 감독을 맡겼다. 물력까지 지원해 기와 1000장을 조달해주었다. 사학 기관인 서원은 설립과 운영 주체가 국가 기관이 아니지만 그렇다고 조정과 관아의 영향력에서 완전히 벗어난 자치기구도 아니었다. 서원을 건립하거나 중건할 때는 관아에 보고할 의무가 있었다. 도산서원에서도 수리에 들어가기 전에 공사 절차와 물력 동원계획을 관아에 알렸으며, 이로써 물자와 인력을 보조받을 수 있었다.

수리도감 두 사람을 선출한 뒤 수령에게 보내 묘우 수리를 알리도록 했다. 위패를 임시로 옮겼다가 다시 제자리에 모시는 날짜를 고하도록 하고 이를 감영에 알릴 수 있도록 했다. 두 재임에게 재목을 나르고 일꾼을 조달하는 책임을 맡게 하고, 이를 관아에 보고해 허락을 얻게 했다. 또한 관아에서 마련한 기와 1000장을 수급하도록 했다.

－『묘우수리시일기廟宇修理時日記』(1735년 7월)

도산서원은 1862년 중수 때에도 공사계획을 보고하고 관아로부터 상당한 지원을 받았다. 마을 장정을 차출해 인부로 보내주었으며 관군 수십 명을 파견해 수리 작업을 하도록 했다. 지역 향교와 서원에서 활동하는 유림과 이황 가문에서 비용 조력에 나섰지만 충분하지 않아 관아의 개입을 받아들일 수밖에 없는 실정이었다.

1543년 무렵 경상도 영주에 세운 백운동서원(소수서원)에서 시작된 조선의 서원은 17세기를 거치면서 수백 개소에 달해 국가에서 설립을 규제하기에 이른다. 건립과 중건 때 공사계획서를 반드시 관아에 보고하도록 한 규정 역시 무분별한 서원 건립을 막으려는 조치였다. 서원 확산은 나라의 공역公役 정책과 맞물려 있었다. 서원의 원생으로 등록하면 군역이나 잡역이 면제됐는데, 서원이 지나치게 많아지면 요역과 군역 등 공역 운용에 차질이 생길 수밖에 없었다. 서원 건설과 중건에 대한 간섭은 결과적으로 서원 운영에 대한 지방관의 개입을 관례화하고 국가가 서원 통제를 강화할 수 있는 수단이 됐다.

조정에서는 통제와 함께 적절한 지원을 한다는 양면전략을 기본방침으로 삼아 서원정책을 추진했는데, 서원 운영에 대한 조력은 통치이념 강화정책의 하나로 실행됐다. 16세기 이후엔 국가가 직접 개입하는 관제 방식보다 지방의 사림세력을 매개로 이들을 지원하는 방식에 더 큰 무게를 두고 교육을 통한 성리학 이념 교화정책을 펼쳤다. 서원 지원은 이런 정책 전환에 따른 조처였으며, 이는 결과적으로 서원의 위상과 세력을 높이는 계기가 됐다. 서원은 자체 자산을 늘려 경제력을 다지는 한편 조정의 지원과 지방관의 위세를 뒷배 삼아 지역 주민에 대한 영향력을 강화해나갈 수 있었다.

서원과 향교는 어떻게 주민을 지배하는
통치기구가 될 수 있었나?

조선의 서원은 그 출발부터 관의 지원을 받았다. 백운동서원은 창설 과정에서 경상도 관찰사의 지시로 지역민을 인부로 부릴 수 있었으며, 이후엔 서원이 관리하는 토지와 어장漁場을 배당받았다. 곡물과 된장, 등유 등 생활필수품도 수시로 지급받았다. 이황의 건의로 임금이 소수紹修라는 서원 이름을 지어 편액을 하사해 관의 지원이 한층 공고해질 수 있었다. 일종의 국가 공증에 해당하는 이 사액으로 위상 또한 높아졌지만 조정과 중앙 정계의 간섭을 어느 정도 감수할 수밖에 없는 위치에 놓인 것도 사실이었다.

　관아의 서원 지원은 결국 주민이 생산한 물품과 노동력이 대부분이었다. 정몽주를 배향한 경기도 용인의 충렬서원 중건 과정을 보면, 1667년에 전국 99개 처의 지방관이 곡물과 소금을 비롯해 무명·종이·무쇠 등을 보내왔으며, 관아에서는 평민과 노비, 승려를 동원해 공사에 투입할 수 있도록 했다.[5] 인근 마을을 대상으로 인부를 할당해 목재와 돌을 나르고 터다지기 작업을 시켰는데, 총인원 689명이 일을 했지만 나라에서 백성을 무상으로 징발해 사역하는 요역의 한 형태여서 별도의 급료가 지급되지 않았다. 관아와 서원에 소속된 노비 16명과 양반 집안에서 보낸 33명의 노비가 공사에 동원됐으며, 건축기술을 보유한 승려까지 불러들였다. 관아의 조력으로 작업은 순조롭게 진행됐으며, 중건 공사는 결과적으로 충렬서원에 관계된 사림과 중앙 정치세력이 결속을 다지고 향촌 지배력을 강화할 수 있는 계제가 됐다.

백성이 서원 중건에 징발돼 사역당했다는 사실은 기본적으로 사적 단체의 성격을 벗어날 수 없는 서원이 요역이라는 국가의 공적인 수취 행정에 가담하고 있었다는 뜻이기도 하다. 조선은 기본적으로 중앙집권적 관료지배체제를 갖췄지만 원활한 지방 통치를 위해서는 향촌 사림의 지지와 협조를 받을 수밖에 없는 실정이었다. 이런 측면을 고려하면 사림의 근거지인 서원에 대한 지원을 효율적인 백성 교화를 위한 정책적 선택에 지나지 않는다고 넘겨버릴 수도 있을 것이다. 하지만 징발된 주민 처지에서 보면 서원은 언제든 자신들을 동원할 힘을 가진 기구가 분명했다.

또한 사림은 군역제도를 활용해 서원의 토대를 탄탄히 하고 향촌 주민을 관리하는 수완을 발휘했다. 서원에 적을 두면 군역을 면제받는다

경기도 용인시에 있는 충렬서원. 조선 후기 경기 지역의 대표적인 서인西人 계열 서원으로 큰 영향력을 행사했다.

는 법규를 변질시켜 원생을 늘리거나 등록 자격을 갖지 못한 평민까지 액외額外란 이름을 붙여 원생으로 받아들였다.

> 영의정 유상운이 임금에게 아뢰었다. "지방 서원에서 모집해 들이는 민호民戶가 경기 지역과 같지 않아 양민 신분으로 군역을 피해 서원에 소속되는 자가 매우 많습니다. 이렇게 한번 적을 두고 나면 각 고을 관아에서 어찌할 수가 없습니다. (…) 지금도 액외의 명목을 붙여 소속시키는 서원이 있다고 합니다."
>
> ─『비변사등록』, 숙종 25년(1699) 윤7월 17일

액외원생은 군역 면피는 물론 때로는 잡역까지 면제받았으며, 대신 서원에 곡물이나 돈을 납부하고 서원 관리를 도왔다. 군역보다 서원에 적을 두는 게 부담이 훨씬 적어 액외원생은 갈수록 늘어나는 추세였다. 서원은 시설 수리와 건물 관리 등 잡일을 하는 원보院保를 임의로 늘려 수입을 올리기도 했다. 주로 가난한 평민과 천민이 원보로 들어갔는데, 이들은 공역公役 부담을 줄이고 생존을 꾀하기 위해 서원세력에 기대는 일종의 예속 주민이었다.

> 충청감사 서필원이 임금에게 보고했다. "서원에서 양민과 천민을 막론하고 백성을 모집해 보노保奴(원보)라 부르며 마음대로 부리는데, 그 얻은 수에 따라 다소 차이가 납니다. 모집해 소속시킨 뒤에는 계속해서 서원의 인력으로 삼고자 하니, 이들을 빼내어 군역으로 이관하려 하면 무리지어 들고일어나 목소리를 높이며 자신들의 의향을 관철합니다."
>
> ─『효종실록』 18권, 효종 8년(1657) 6월 21일

향교 또한 마찬가지였다. 군역과 잡역 면제를 내세워 금품을 받고 정원 외의 교생을 받아들였다. 향교 운영 담당자뿐 아니라 수령까지 나서 교생을 모집했고 때로는 향교 등록을 강제하기까지 했다.

> 지사知事 유혁연이 임금에게 아뢰었다. "교생을 칭하는 사람이 너무 많아 중화와 안동, 남원 등에는 무려 1000명에 이릅니다. 이런 무리는 군역에서 제외되기에 일반 백성이 괴로움을 당해야 합니다. 신역身役 또한

한쪽으로 치우쳐 고르지 못하게 됩니다. (…) 서원이 백성을 모집해 들이는 폐단도 매우 심합니다. 일단 서원에 소속되면 잡역까지 영구히 면제받기 때문에 신역을 피하려는 이들이 너도나도 그리로 들어갑니다."

–『현종개수실록』 28권, 현종 15년(1674) 7월 3일

향교와 서원은 여전히 교육과 의례라는 본래의 역할을 내세우고 있었지만, 향촌 지배층의 이익을 담보하는 착취기구이자 일종의 권력기관 성격을 점점 강하게 띠어갔다. 인근 사찰과 점촌店村을 예속시켜 경제기

조선 초에 건립한 남원향교. 조정에서는 수령이 파견된 고을마다 향교를 설치해 지배이념 전파와 주민 교화의 거점으로 삼았다.

반의 하나로 삼는 서원과 향교도 있었다. 사찰에서는 헐값이나 무상으로 종이와 간장, 메주 등 물품을 공급했으며, 수공업자들이 모여 생산 활동을 하는 점촌에서는 나라의 세금을 면제받는 대가로 자기와 유기 등의 물품을 바쳤다. 아예 한 마을이 서원과 향교에 소속돼 군역과 잡역을 면제받는 대신에 제례에 필요한 물품을 조달하고 건물 수리와 잡역에 동원되기도 했다. 대개 한 읍에 한두 마을이 지정됐는데 서원에서 예속 마을을 점유해 지방관의 승인을 받는 게 일반적이었다.

한편 서원세력은 자체적으로도 재산을 확보해 지주이자 자산가로 행세하며 향촌 주민에 대한 지배력을 높여나갔다. 토지가 지급되는 사액서원은 이를 기반으로 점차 전답을 늘려나갔으며 사액을 받지 못한 서원은 향촌의 유력 문중과 사림의 기부로 토지를 장만하고 이를 자산 증대의 발판으로 삼았다. 도산서원과 옥산서원, 소수서원 등 규모가 크고 위세가 높은 서원은 대체로 20~30결에 이르는 전답을 가졌으며, 그보다 아래 규모의 서원도 4결을 넘었다고 한다.[6] 경주의 옥산서원은 17세기 말에 약 30결에 이르는 전답을 보유했으며, 소수서원은 18세기 말에 대략 25결의 토지를 관리했다. 도산서원은 설립 초기에 약 6결의 전답에서 시작해 17세기 초에 12결, 19세기 초에는 30결가량의 토지를 보유한 대지주로 성장했다.

돈이나 곡식을 빌려주고 이자를 받아내는 식리殖利로 자산을 늘리기도 했다. 장리長利라고도 하는 식리는 일종의 고리대였는데, 서원뿐 아니라 향교와 관아 등에서도 자산 증식의 수단으로 활용했다. 사림의 큰 스승으로 대접받는 이황조차 이 식리를 서원의 재정을 확보하기 위한 불가피한 행위로 받아들였다. 그는 식리 행위가 편하긴 하지만 유자儒者가 할 일은 아니라고 했는데 한편으론 백운동서원 임원을 재촉해 미납된 보미寶米(쌀)를 거두도록 했다.

향촌 주민을 교화의 대상으로 본 사림은 때로는 이들의 보호자 역할을 자처했다. 수령과 향리의 포악한 대민행정과 부당하고 가혹한 조세 수취에 대응해 가난한 농민의 처지를 알리고 시정을 요구하며 관권에 압력을 가할 때도 있었다. 관에 대한 대응이라는 이런 행위는 대체로 여러 서원에 통문을 돌려 사림의 의사를 결집한 뒤 이뤄졌다. 서원이 관아에 민의를 전달하는 창구가 된 셈이다. 이를 내세워 사림이 그들만의 이익을 대변하거나 주민을 일방적으로 착취한 계층이 아니라고 평가할 수는 있을 것이다.

하지만 사림이 내세운 유학의 이념과 가치에 근접한 이런 행위는 잦지 않았고, 그마저도 농업 재생산을 위한 최소한의 물적 토대를 확보하려는 데 속내가 있었음을 부인하기 어렵다. 주민이 굶주림에 허덕이거나 마을을 떠나야 할 정도로 학정과 착취가 심해지면 장차 농사마저 지을 수 없는 지경에 이르고, 그러면 사림 자신들의 안락도 보장되지 않는 현실과 마주해야 한다.

사림은 국왕을 대리해 지방 행정을 펼치는 수령과 갈등하며 압박을 가하기도 했지만, 관아의 조력을 받고 때로는 관료와 결탁하며 관권과의 상호협력 관계를 결코 버리지 않았다. 지배질서 유지라는 큰 틀에서는 오히려 탄탄한 결속력을 보였다. 향촌 사회의 이러한 권력 분점과 협치는 중앙 정치계에서 국왕과 대신들이 맺고 있는, 이른바 견제와 협력에 의한 군신공치의 권력 구조와 유사한 양상을 보여준다.

사림은 기본적으로 향촌 주민을 통제하고 이들로부터 생산물과 인력을 취하는 지역 지배자였다. 특히 사림이 서원 운영을 통해 국가가 수취하고 집행해야 할 향촌 주민의 조세와 군역을 취했다는 사실은 관아를 대신해 국가통치력을 행사한 것이나 마찬가지였다. 이런 면에서 보면 서원은 국가 행정을 수행한 관료기구이자 권력을 휘두른 정치기구였다.

흔히 많은 이가 서원을 두고 장식을 멀리한 엄숙한 건축물이라 평가한다. 화려함과 규모로 위용을 과시하기보다 단순한 외양과 간명한 구조로 절제와 속 깊은 내실을 보여준다고 한다. 주변 자연과의 조화를 통해 경관과 건물이 하나가 되는 일체감을 구현했다는 찬사를 받는 서원도 있다.

조선 서원이 성취한 인공물과 자연과의 흔쾌한 조화와 하나 됨을 부정할 의사는 없다. 하지만 시선을 달리하면 아쉬움은 남는다. 서원의 주인이었던 이들이 그 외양으로 보여주고자 했던 조화의 양상처럼 사람과의 어울림마저 이루었다면 어떠했을까? 위상을 높이고 영향력을 확장하기 위해 벌인 지배세력 간 다툼을 줄이고, 농민을 압박하는 지주이자 관권을 대행하는 권세가로 주민을 통제하기보다 더 자주 흔쾌히 이 땅의 백성과 하나 됨을 지향했다면 또한 어떠했을까?

사림은 자신들이 그토록 외친 "사람을 사랑하고, 내가 원하지 않는 바를 남에게 강요하지 않는다"는 유학 경전의 그 인仁을 삶에서 제대로 실행하지 못했다. 교화와 교육, 의례의 장이었던 서원과 향교에서도 유학의 그 인은 없었다.

20장
사찰에서 서원으로

절터에 서원을 지어라

선조 12년(1579) 3월 중순, 이이李珥는 서원 기문記文을 작성하고 있었다. 경기도 양주(지금의 서울시 도봉구 도봉동)에 위치한 도봉서원에서 낙성식을 앞두고 건립 취지와 경위를 적어 올리는 글을 부탁해 이를 짓는 중이었다.

> 서원을 세우는 까닭은 학문에 힘쓰며, 아울러 선현의 덕을 높이고 그 업적에 보답하려는 것이다. 그러므로 고을의 이름 높은 선비 중에 모범이 될 만한 이를 찾아 사당를 세우고 존경의 염을 보여 많은 유생이 현인賢人의 길에 뜻을 둘 수 있도록 해야 한다.
>
> —이이, 「도봉서원기」『율곡선생전서』 13권

정선이 그린 도봉서원도(위)와 도봉서원(아래).

이 무렵 이이는 사간원의 대사간 관직을 물리치고 본가인 경기도 파주와 처가인 황해도 해주를 오가며 후학 양성과 향촌 교화에 힘쓰고 있었다. 권선징악과 예, 상부상조를 기본으로 한 향촌 자치규약인 향약을 보급하고, 아동을 위한 유학 입문서 저술에 몰두했다. 덕행과 지식 함양을 위한 아동용 도학 교재인『격몽요결』을 지었으며, 이즈음에는 성리학을 집대성한 주희가 펴낸 소학을 쉽게 풀어쓴『소학제가집주』의 마무리 작업을 하고 있었다.

도봉서원은 1573년에 조광조(1482~1519)의 위패를 모실 사당 공사를 시작해 강당과 기숙사 건물을 건립하고 얼마 전 서재와 주방 등 보조시설을 지어 완공을 앞두고 있었다. 이이는 기문을 통해 도봉서원의 건립 목적이 조광조의 덕과 공적을 기리고 성리학 이념을 펼칠 후학을 양성하는 데 있다고 밝힌다. 조광조는 중종(재위 1506~1544) 시기에 성리학 가치를 바탕으로 한 도학정치를 추구하고 군주에게 무력이 아닌 교화를 위주로 한 왕도정치를 설파했다. 유학이념에 맞게 정치 현실을 바꾸고 유학규범에 충실한 사회를 만들고자 했던 그는 사림의 영수로 대접받았으며, 사후에는 사림의 도와 의를 드높인 상징적 존재로 추앙받는다. 이이 또한 기문에서 조광조를 도의道義에 충실한 조선 성리학의 길을 연 스승으로 칭송하며 서원을 건립하게 된 경위를 밝힌다.

양주읍 남쪽 30리 되는 곳에 도봉산이 있고 거기에 영국동寧國洞이 있다. 지난날 영국동에는 영국사라는 사찰이 있었는데 지금은 없어지고 동의 이름만 그대로 전해온다. 선생(조광조)이 젊었을 때 이곳의 물과 돌이 어우러진 경치를 무척 좋아해 찾아가 휴식을 취했고, 조정에 들어가 관직에 있을 때도 공무가 끝나는 틈을 타 노닐었다. (…) 계유년(1573) 겨울에 양주 목사 남언경이 이곳을 찾아 선생의 유적을 회상하고는 향촌 선비들과 덕을 기릴 사당 건립을 의논하니 생각이 일치했다. 바로 이곳 절터에 사당을 건립하고 서원시설을 갖추었다.

-이이, 「도봉서원기」『율곡선생전서』13권

조선시대에는 사찰 자리에 서원을 짓는 게 특별한 일이 아니었다. 최초의 서원인 백운동서원이 통일신라시대에 창건된 숙수사의 옛터에 들어섰으며, 이후에도 경상도 성주의 천곡서원, 안동의 여강서원(뒷날의 호계서원), 하동의 영계서원, 대구의 이강서원 등이 절터에 자리를 잡았다.¹ 터뿐만 아니라 건물의 기단과 뼈대를 이루는 목재 등 사찰시설을 활용한 서원도 있었다. 도봉서원 또한 영국사의 건축시설을 기반으로 삼았다. 심지어, 관아의 허락 아래 사찰이 보유했던 전답과 노비를 물려받은 서원이 한둘이 아니었다. 백운동서원과 도산서원, 경상도 산청의 덕천서원이 폐사된 사찰의 전답을 물려받은 대표적인 서원이었다.

절터에 건립된 서원은 경제적 이점만 얻는 게 아니었다. 조선의 통치이념인 유학의 존재가치를 드높이는 선전효과도 무시할 수 없었다. 불교를 멀리하고 유학을 숭상하는 시대가 이미 무르익었으며 조선은 유학 소양을 가진 양반 관료와 사림이 통치하는 나라라는 엄연한 현실을 백성의 가슴에 알게 모르게 주입하려는 의도까지 담겨 있었다.

영국사 터에 새로이 들어선 도봉서원 또한 이런 맥락에서 바라볼 수 있다. 고려시대 영국사는 불교계를 대표하는 사찰 중 하나였다. 통일신라시대부터 시작된 오랜 역사를 가졌으며, 승려 최고의 직위를 부여받고 나라의 정신적 지도자 역할을 맡았던 국사國師가 머물며 불법을 펼친 곳이었다. 조선시대 들어서도 그 명맥이 끊어지지 않아, 조선 초기 왕실에서 사찰을 후원할 땐 중창을 거듭했으며 임금의 장수를 기원하는 축수재祝壽齋가 열릴 정도였다. 불교계의 이런 명찰 터에 사림의 정신적 지도자로 추앙받는 조광조의 위패를 세우는 일은 조선 사회의 국가이념인 유학의 기세와 위상을 백성에게 다시 한번 각인시키는 작업이기도 했다. 사찰의 자산을 확보하고 불교의 기세를 눌러 유학의 기반을 넓혀나간 이러한 서원 운영 방침은 조선 초부터 실시한 국가의 불교정책 방향과도 부합했다.

불교계를 통제하고 활용하라

조선 지배층은 건국 초부터 불교의 위세를 누른다는 방침을 세워 15세기 전반인 태종과 세종 시기에 이를 본격화했다. 난립했던 불교 교단을 선종과 교종의 두 종파로 통폐합하고 국가에서 허용한 공인사찰을 36개로 제한한다.[2] 승려의 수까지 할당해 선종은 1970명, 교종은 1800명까지만 두게 하는 규제안을 두었다. 혁파된 사찰의 토지와 노비는 국가에 귀속시키고 공인사찰의 전답까지 줄여나가도록 한다. 국왕의 스승인 왕사王師와 국사를 없애고 불교 행정기구인 승록사를 폐지했으며, 승려 신분을 공인하는 도첩제를 강화했다. 고려시대에는 불교가 국가종교의 지위를 누리고 승려는 귀족에 버금가는 대우를 받았지만 이제는 이를 인정하지 않겠다는 뜻이었다.

사찰 정비는 국가 재력과 노동력 확보에 도움이 되었다. 당시 승려 계층은 규율을 갖춘 집단이자 잘 훈련된 인적자원이었다. 조정에서는 승려를 성곽 축조와 건축물 공사 등 국가 공역에 동원했으며, 종이를 만들고 동전을 주조하는 전문 인력으로 활용했다. 사찰이 가졌던 토지와 노비를 국가에 귀속시켜 재정을 확충하고, 사찰 터와 건물을 거두어들여 공공기관의 시설로 삼았다. 관아 부속기관의 건물로 전용했으며

세종 시기 불교계 정비사업의 대표적인 사찰로 손꼽히는 구례의 화엄사.

역참과 창고로 활용하기도 했다. 공공건축물 신축이나 수리에 사찰의 목재와 기와를 가져다 쓰고, 종과 그릇 등 기물까지 재활용했다.

> 의정부에서 임금에게 아뢰었다. "지천사는 태평관에 가까워서 승려들이 거주하기에 마땅치 않습니다. 그러니 지천사가 보유한 논밭과 노비를 흥천사로 옮긴 뒤 사신 수행원이 머물 관사로 삼고, 흥천사 소속 논밭과 토지는 관아 소유로 넘기소서." 임금이 이를 따랐다.
>
> —『태종실록』 16권, 태종 8년(1408) 10월 21일

> 경기 관찰사가 임금께 음죽현의 민천사를 헐고 나라 창고를 건축하길 청했다. 또한 황해도 관찰사는 해주의 극락사를 헐고 역참 건물 짓기를 청하니, 그대로 따랐다.
>
> —『세종실록』 40권, 세종 10년(1428) 윤4월 6일

사찰시설과 재산은 교육기구의 기반을 넓히는 데도 활용됐다. 향교와 학당을 중창할 때 사찰의 재목과 기와를 가져다 썼으며, 지방에서는 아예 사찰 건물을 향교로 삼은 곳도 있었다. 사찰이 보유했던 전답과 노비를 성균관과 향교, 학당으로 옮겨 교육을 활성화하고 유교 의례를 수행하기 위한 경제 기반으로 삼았다.

> 형조에서 혁파한 승록사와 각 사찰의 노비 두 명을 하나의 호ㅏ로 삼아 동부와 서부 학당에 각각 30호석 나눠주기를 임금께 청하니 그대로 따

랐다.

—『세종실록』 24권, 세종 6년(1424) 5월 19일

향촌 선비인 장빈 등 100여 명이 부사를 찾아 혁파된 사찰의 재목과 기와로 향교를 건립하고자 하는 청을 올렸다. 부사가 기꺼이 관찰사에게 보고해 마침내 임금의 허락을 얻었다.

—「경상도 선산도호부 학교 – 해평현 향교」『신증동국여지승람』 29권

조선의 이중적 불교정책과 불교계의 생존전략

그런데 불교계 위축이라는 이런 추세에서도 일부 사찰은 여전히 위세를 누렸다. 공인사찰에서 제외된 사찰이라 해도 모두 폐쇄되지는 않았으며, 혁파된 사찰의 토지와 노비는 관에 귀속되는 게 원칙이지만 이 또한 제대로 지켜지지 않았다. 폐사되더라도 토지와 건물을 승려가 그대로 보유하기도 했다. 심지어 사찰 수와 중창을 제한했던 이 시기에도 여러 사찰이 건립되고 규모를 확장한다. 광주의 증심사와 천안의 성월사가 창건됐으며, 보령의 금강암과 가평의 현등사, 완주의 화암사가 중창됐다.³ 억불정책 자체가 온전히 실행되지 않았던 것이다.

조선 사회는 억불정책을 철저하게 추진하기에는 사회적 제약이 한둘이 아니었다. 여전히 왕실에서 왕가의 안전과 번영을 위해 사찰을 찾고 불교의례를 행했으며, 일부 고위 관료들도 사찰을 후원했다.

사헌부에서 임금에게 아뢰었다. "부원군(임금의 장인) 윤사흔은 옛 절터라는 구실로 가난한 백성의 밭을 빼앗아 그곳에 사찰을 세우려고 보시를 권유하는 권문勸文을 만들었습니다. 승려 도천을 내세워 여러 사람의 서명을 받고 시주도 널리 받아내게 했습니다. (…) 임금의 뜻을 받들어 이단을 배척하고 유학의 도를 지켜야 마땅한 한명회와 노사신, 홍응, 서거정, 이승소 등이 도리에 어긋나는 이 윤사흔의 행위에 휩쓸려 권문에 서명했습니다."

–『성종실록』 78권, 성종 8년(1477) 3월 25일

무엇보다 공인된 소수의 사찰만으론 백성의 종교 욕구를 채워주기 힘들었다. 불교는 고려시대를 거치면서 백성의 생활 전반에 스며들었고 사찰은 지역 문화의 중심지 역할을 맡고 있었다. 하루아침에 백성의 불교에 대한 믿음을 없앨 수 없는 실정이었으며, 유학 사상과 덕목 확산으로 윤리 규범과 예절 면에서는 일정한 효과를 거둘 수 있겠지만 종교 욕구를 만족시키기엔 한계가 있었다.

이런 현실 여건 아래, 불교정책의 실상은 불교에 대한 전면적인 탄압과 몰수가 아니라 불교계의 기반을 축소하고 사찰이 가진 물적 기반을 지배질서를 유지하기 위한 자원으로 전환하는 방향으로 나아갔다. 불교계의 위세를 누르는 정책을 추진하면서 한편으론 일정 선에서 종교 활동을 허용하고 필요에 따라 사찰과 승려를 활용해 국가재정과 인력으로 재정비하는 이중적인 종교정책을 펼쳤다. 하지만 지방관과 지역세력가의 사찰 재산 침탈로 이마저도 철저하게 실행되지는 않았다.

경기도 가평군에 있는 현등사. 조선 초기 억불정책의 예외적인 사찰로 꼽힌다.

조선 지배층이 한발 물러선 불교정책을 추진한 데는 호국종교로 자리매김한 당시 불교의 체제 순응적 성격도 한몫했을 것이다. 더구나 불교계는 살아남기 위해서라도 국가정책에 전면적으로 반발할 처지가 아니었다. 조금이나마 억압을 완화하고 불교에 대한 부정적인 시각을 바꾸어 승려에 대한 처우를 개선하고 교단의 존속을 꾀하고자 했다. 언제라도 사찰을 혁파할 힘을 가진 조정이 우위를 점한 상태에서 새로운 지배세력과 불교교단 간에 일종의 타협이 이뤄진 셈이다.

조선 후기에 승려들이 국가방위에 조직적으로 나섰던 일도 이런 맥락에서 파악할 수 있다. 불교계에서는 임진전쟁 때의 의병 활동을 계기로 산성을 쌓고 지키는 승군僧軍을 조직해 평상시에도 군사 요충지를 수호하는 임무를 맡는다. 남한산성과 북한산성, 대흥산성, 구성부성 등 전국 주요 산성에 사찰을 짓고 불도佛道를 닦으면서 한편으론 성을 관리했다. 18세기 전반에 이르면 약 1530개소의 사찰 가운데 100여 개소가 이런 승영사찰로 운영될 정도여서 성곽정책과 국가방위에서 승려가 차지하는 역할이 만만치 않았다.

승영사찰의 승려들은 아침저녁으로 불전에서 예불을 올리고 낮에는 성곽을 지키며 군사훈련을 했다. 살생을 금한다는 불교의 근본 교리에 부합하지 않는 일이었지만 군사시설물을 수리하고 화살과 화약 같은 무기를 만들었다. 한 손에는 불경을 들고 다른 한 손에는 창을 쥔 이 시기의 승영사찰은 교단 유지를 위한 자구책이기도 했겠지만 제도화되고 지속성을 가진 종교는 정치권력과의 관계 맺음을 결코 피할 수 없다는 사실을 말해주는 역사적 증거이기도 하다. 누군가는 이렇게 말할지도 모르겠지만 말이다. 불교가 지향하는 목표를 승려 개인의 깨달음에 한정하지 않고 널리 중생을 구제하는 데 둔다면, 중생을 다스려 이끌기 위한 조정調整 행위가 정치의 역할이기도 하니, 오히려 이 정치를 통해서만 불교가 현실에 구현될 수 있다고.[4] 이런 논의에도 분명한 건, 조선 지배층의 승영사찰 운영은 국가사업에 필요한 인력을 확보하고 군역을 충당하기 위한 전략적 방책이자 불교계에 대한 통제 수단이었다는 점이다.

한편 조선 초부터 실행한 사찰 정리는 16세기 들어 사림이 중앙 정계에 활발히 나아가면서 새 국면을 맞는다. 그동안 미진했던 사찰 혁파를 강하게 추진하고 신축을 금지하고자 했으며, 사찰의 경제 기반을 국고로 환수해 재정 확충을 꾀했다.

임금이 명령을 내려, 폐지한 전국 사찰의 토지를 향교에 소속시켜 학생의 식비에 보태게 하였다. 전적典籍인 유후창이 정사政事에 관한 일을 아뢰면서 한 말을 받아들인 것이다.

-『중종실록』 10권, 중종 5년(1510) 3월 17일

성균관 생원인 손난직 등이 상소했다. "반정反正(연산군을 몰아내고 중종을 추대한 정변) 이후 도성 안에 있는 사찰을 훼철해 다시 회복하지 못하게 하고, 고쳐서 관아시설로 삼았으니 이는 나라 중흥을 위한 여러 정책을 펼치는 전하께서 처음으로 이루신 아름다운 정사였습니다."

-『중종실록』 11권, 중종 5년(1510) 4월 6일

조정에서는 전국 사찰의 토지 현황을 조사한 데 이어 서울 도성 안에 있는 사찰을 모두 폐지한다. 사림의 이러한 조치는 건국 초에 제기된 불교정책의 원칙을 재확인하고 한층 강도 높은 불교 통제책을 펴나가겠다는 뜻이었으며, 동시에 건국이념의 토대이자 실질인 유학을 획기적으로 진흥시키겠다는 의도였다.

사림은 조정에 진출하면서 패권적 권력에 급급한 훈구세력을 비판하며 유학이념에 맞게 정치 현실을 바꾸고 유학규범에 충실한 사회를 만들고자 했다. 사찰의 기반 약화를 통한 불교계 통제는 이를 위한 토대를 강화하는 작업이었다. 사림은 서원을 기반으로 이 유교화 작업에 적극적으로 뛰어들며 조선 사회를 유학의 나라로 만들어가고자 했다. 이이가 관직에서 일시 물러나 향촌 교화에 진력하고, 양주의 사림이 영국

사 터에 도봉서원을 세우려 한 까닭도 여기 있었다. 사찰에서 서원으로 문화권력이 이동했으며, 이제 예와 교화를 앞세워 유교 사회를 정착시키려는 사림의 시대가 도래한 것이다.

21장
교화하고 의례를 수행하라
– 조선 지배층의 헤게모니 전략

학교를 부흥시켜라
– 교육과 유교화

조선 지배층은 건국 초부터 유교화 정책을 추진했다. 유학이념을 확산하고 사회제도와 일상생활에까지 삼강오륜과 인의예지를 중심으로 한 유학의 가치가 스며들도록 했다. 이를 위해 유학 경전에 대한 이해를 평가하는 과거제도를 강화하고, 유학 지식과 예를 배우고 의례를 수행하는 관학을 정비했다. 서울의 성균관과 학당뿐 아니라 지방의 향교 진흥에도 진력해 고을마다 향교를 건립하고 교관을 파견해 양인 자제를 가르치도록 했다. '학교 부흥'을 지방관의 치적을 평가하는 기준의 하나로 삼을 정도로 교육에 힘을 쏟았다.

사간원에서 상소했다. "지방 주州·현縣의 향교에서도 경전에 능통하고 세상사에 밝은 선비를 골라 교수로 삼고, 수령에게 그 부지런함과 태만함을 규찰하게 할 것입니다. 힘써 인재를 길러내지 않는 자가 있으면 관찰사가 즉시 견책하도록 해야 합니다. 수령의 근무성적을 평가해 포상하거나 징계할 때 생도를 몇 명이나 훌륭한 인재로 길러냈는지를 수령 이름 아래 기재할 것입니다. 생원과 진사를 뽑는 소과小科와 초시初試에 응시하는 자에게는 경전을 제대로 학습하고 효제孝悌·근후謹厚해야 한다는 조건을 준수하게 할 것입니다."

―『태종실록』 8권, 태종 4년(1404) 8월 20일

임금이 중앙과 지방의 신료에게 훈계의 글을 내렸다. "풍속과 교화의 근원이 학교이기 때문에 서울에는 성균관과 오부학당을 설치하고 지방에는 향교를 설치해 선업善業을 쌓고 교훈을 따르도록 했다. (…) 그런데 학문에 뜻을 둔 향교 생도에게 수령이 서기書記 일을 맡기고 빈객을 응대하게 하는 등 수시로 잡무를 맡겨 결국 학업을 그만두게 되니, 지금부터는 이를 금하도록 하라."

―『세종실록』 2권, 세종 즉위년(1418) 11월 3일

사서오경과 함께 유학 입문서와 윤리지침서를 간행해 교재로 제공하는 한편 이를 향촌 사회에까지 보급해 백성 교화에 나섰다. 수기치인修己治人과 인륜을 가르치는 입문서인 『소학』으로 효제충신孝悌忠信의 가치를 익히도록 했으며, 『삼강행실도』를 배포해 유학 윤리의 근본인 충·효·정貞의 덕목을 체득하도록 했다. 관혼상제 의례서인 『가례』를 보

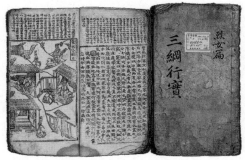

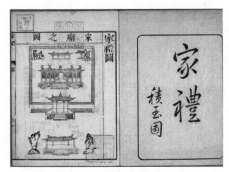

유학 입문서 및 윤리지침서. 위에서부터 순서대로 『소학』
『삼강행실도』 『가례』.

급해 유교식 생활예법의 확산을 꾀했다. 유학 가치와 예법에 충실한 이들을 선정해 충신·효자·열녀의 이름으로 상을 내리는 정표정책까지 실시했다.

이처럼 조선 초기의 교육정책은 기본적으로 성리학 이념과 가치체계 속에서 논의되고 실행됐다.[1] 과거제도를 통해 중앙집권적 관료제를 정착시키고 교육에 대한 국가 통제를 강화해 사상과 이념은 물론 사회윤리와 생활양식 측면에서도 지배력을 행사하고자 했다. 조선 초기 지배층이 교육과 교화사업을 통해 어떠한 사회를 만들고 싶어했는지는 당시 성균관 유생들이 임금에게 올린 글을 통해 충분히 짐작할 수 있다.

성균관 생원 신처중을 비롯한 101명의 유생이 대궐에 나아가 상서上書했다. "장례는 한결같이 『가례』의 법에 따르도록 하고, 이를 어긴 자는 엄하게 벌해 백성이 스스로 경계하도록 해야 합니다. 예와 의義로 가르치고 도덕으로 바로잡으면 오래전부터 행해온 풍속이 바뀌어 몇 해 지나지 않아 인심도 바르게 되고 천리天理도 밝아질 것입니다. 호구戶口가 늘고 군사 수효도 충분해질 것입니다. 임금과 아비를 등졌던 자도 충효를 당연히 행해야 할 덕목으로 받아들이고, 놀고먹던 자도 농사에 힘쓸 것입니다. 그러니 교화되지 아니하고 예법의 밖에서 제 마음대로 할 자가 어디 있겠습니까. 예와 의, 도덕은 성상(임금)의 교화를 새롭게 펼칠 최적의 방도입니다.

–『세종실록』 23권, 세종 6년(1424) 3월 12일

지배층이 원한 백성은 유교식 관혼상제를 실행하고 충효를 실천하며 주어진 직분에 충실한 백성이었다. 예법과 도덕으로 훈육돼 신분제 사회의 위계질서와 유교 윤리를 어기지 않는 사람, 지시와 교화에 따르고 적응해 순응하는 자, 말 그대로 '착한 백성'이었다. 조선 지배층은 이 '착한 백성'을 하루빨리, 또한 조금이라도 더 많이 길러내는 게 그들이 지향하는 세상을 만드는 첩경이라 보았다. 이를 위해 "천지자연의 이치天理"니 "하늘의 바른 도리"니 하면서 거창한 명분을 앞세웠고, 훈육 당해 순응하는 과정을 마치 은혜라도 베푸는 양 "성상의 교화"란 말로 치장했다.

　　이러한 사회 전반에 걸친 유교화 추진의 궁극적인 목적은 결국은 왕조체제를 안정시키고 양반층을 중심으로 한 신분제를 강화해 사회 지배질서를 강고하게 유지하는 데 있었다. 하지만 조선 사회의 유교화는 단시일 내에 이뤄질 정책이 아니었다. 양반과 사림 등 지배계층과 달리 일반 백성의 다수는 불교 습속과 무속, 전통신앙 등 전래의 풍습을 쉬 떨쳐내지 못했다.

서원과 향교는 무엇으로 주민을 통제했나?
－ 교화와 의례

교육과 교화를 앞세운 유교화 작업은 16세기에 사림이 정치권력의 한 축으로 자리잡으면서 새로운 흐름을 이룬다. 사림이 중앙 권력의 중추로 성장한 이 시기는 서원이 건립돼 확산하던 때이기도 했다. 향촌 사림은 향교 교육의 쇠퇴와 맞물려 등장한 서원을 기반으로 중앙 정계의 관료와 유대를 강화하며 유교화 정책에 박차를 가했다.

서원은 통치에 필요한 인적자원을 배출하는 교육 공간이었으며 향촌 주민에게 지배이념을 주입하는 근거지였다. 유학 서적과 윤리지침서를 소장하고 때로는 경전 해석서나 유학 가치에 충실한 향촌 사림의 문집을 간행해, 이데올로기적 지식을 생산하고 전파하는 선전기구의 역할을 다했다.

서원은 사림 구성원이 의사를 소통하고 세력을 결속하는 인적 관계망의 중심지이기도 했다. 공론이란 명분으로 향촌 사림의 정치적 의사를 모으는 지배계층 여론의 결집 장소였으며, 이를 당파나 학맥으로 연결된 중앙 관료에게 전달하는 매개체이자 특정 당파의 위세를 뒷받침하는 정치적 토대였다.

유회儒會를 열어 서원 운영뿐 아니라 고을의 여러 현안을 논의하고 대책을 세우는 향촌 자치기구 역할까지 맡았다. 민생 현황과 주민의 의사를 타진해 수령에게 전달하고 때로는 행정 집행에 압박을 가했다. 유교 윤리서와 의례서를 보급하고, 강상윤리와 관련된 주민의 언행에 포상을 내리거나 처벌을 결정하기도 했다. 향약과 연계한 윤리 지도로 예절을 높이고 도덕질서를 확립해 유교식 미풍양속을 북돋우려 했다. 불교 습속과 음사淫祀 행위를 물리치고 『가례』 의식儀式을 확산시켜 나갔다. 이는 전래의 신앙과 풍습을 구심점으로 유지되고 있는 농민의 공동체 질서를 약화하고 예와 상하귀천 분별에 의한 유교적 사회질서를 정착시키려는 의도였다.

때로는 목적의식에 매몰돼 지나친 언행을 보일 때도 있었다. 서원 구성원이 의사를 전하며 결속을 요청하는 한 통문通文은 불심佛心 억누르기에 급급한 사림의 경직된 태도를 보여준다. 이들은 고을에 전염병이 창궐해 민심이 흔들리자, 그 원인을 사찰 재건립에 돌리며 민의民意라는 구실을 들어 훼철을 꾀한다.[2] 여기서도 '천지자연의 이치天理'와 동일한 개념으로 읽힐 수 있는 '하늘의 조화로움天和'이 어김없이 명분으로 등장한다.

> 세간의 말을 들어보니, 병의 유행이 귀貴 읍의 천축사天竺寺 재건 때문이라고 합니다. (…) 천축사는 음사이니 헐어버리는 것이 만인이 원하는 바입니다. (…) 그러면 위로 하늘의 조화로움을 지키고 아래로 백성의 감동이 넘칠 것입니다. 그 진망허실眞妄虛實을 막론하고 저 수 칸 절이 천만인의 원한을 쌓는 것이 되니 그 사리事理 득실이 어떠하겠습니까.
>
> ─「통문 19」『고문서집성 6』(의성김씨 천상각파편)

사림은 서원에서 지내는 유교식 제례를 통해 구성원 결집을 도모하고, 신분제 유지를 위한 이념적 토대를 마련했다. 선현을 모신 사당에서 정기적으로 제사를 지냈으며, 서원 건물 수리나 위패를 새로 받들어 모실 때도 제례를 올렸다.[3]

도산서원 상덕사尙德祠. 이황의 신위를 모신 사당으로, 서원 내에서 가장 높은 곳에 자리잡은 제례 공간의 중심 건물이다.

인시寅時(오전 3시~5시)에 헌관과 집사가 모두 새로 단장한 사당에 들어 가 배례하고 위패를 사당에 다시 모셨다. 봉환 후에 고유제告由祭를 지 냈다. 정기적으로 지내는 제례 때와 달리 단헌례를 행했다. 의례 절차는 정기제례의 의식儀式을 따랐다. 행사를 마친 뒤 전교당에 자리를 정하고 앉아 음복례를 했다.

-『묘우수리시일기廟宇修理時日記』(1735년 9월)

서원 구성원들은 잦은 의례 행사를 통해 유대를 강화하고 일체감을 확보해 사림 공동체라는 향촌 지배집단의 힘을 키웠다. 제례에 참가하 는 이들을 신분과 문중 위세에 따라 제한하고 엄중한 의식 규례를 정해 제례 행위의 품격을 높이려 했다.

한편으론, 서원 제례라는 특별한 행사를 주관함으로써 사림 또한 특별한 존재이자 남다른 신분층임을 부각하려 했다. 격식을 갖춘 의식에 따라 제례를 진행하고 절차의 각 단계에도 고유의 가치를 심음으로써 제사 의례 자체에 누구도 범접하기 힘든 권위를 부여했다. 엄숙한 서원 제례는 특별한 의례였고, 그래서 특정한 요건을 갖춘 한정된 사람만이 참가할 수 있게 했다. 그런 자격을 가진 이는 양반 관료와 유학 소양을 가진 사림이었다. 서원 제례의 특별함이 결국 서원의 주체인 양반과 사림의 특별함으로 전이된 것이다.

이러한 특화와 차별화는 어느덧 이들이 속한 양반 신분의 특권과 사림 계층의 권위를 정당화하는 기제로 작용했다. 사림은 복잡하고 엄숙한 예법에 따라 진행되는 서원 제례를 통해 자신들의 격을 높이고 도덕적·사회적 권위를 확보해 분별 의식과 신분 차등이 당연한 것으로 받아들여지게 했다. 이런 과정을 거치면서 제례를 행하는 서원 자체가 신분 우위와 특권을 정당화하는 상징적 공간이 돼갔다. 교육 공간에 의례 공간을 도입해 후학 가르침과 선현에 대한 제례를 함께 했던 속내가 실은 여기 있었으니, 서원의 제향 기능은 강학 기능에 비해 갈수록 비대해진다. 서원은 지배의 논리와 위계적 도덕질서를 주입하고 이를 정당화하는 이념적 통치기구이기도 했다.

사림은 군사력과 형벌제도라는 강압적 통치장치를 지배의 수단으로 활용했지만, 이를 전면에 거칠게 내세우기보다 교육과 의례라는 문화적·도덕적 수단을 통해 주민을 교화해 지배에 대한 동의를 얻어내려

했다. 사상과 이념, 도덕 가치, 문화적 의례를 앞세워 양반 우위의 사회 질서에 대한 일종의 합의를 끌어내려 한 것이다.

사림의 이러한 지배전략은 이탈리아의 정치사상가인 안토니오 그람시(1891~1937)가 설파한 헤게모니 개념과 유사한 면을 보인다. 그는 특정 계급이 사회 전체를 효율적으로 지배하려면 힘에 의한 강제만이 아니라 피지배계급의 자발적 동의가 필요하며, 헤게모니는 이를 가능하게 하는 문화적·도덕적 지도력이라 했다. 지배계급이 이데올로기를 통해 기존 사회질서에 대한 광범위한 합의를 이끌어내고 지도력을 발휘해 사회를 통치하는 상황을 이르기도 한다. 성공적인 헤게모니는 피지배계급이 지배계급의 이념과 세계관을 보편적이며 자신의 이익에도 부합하는 것으로 받아들이게 해 지배계급의 이익에 자발적으로 따르게 한다.

사림의 헤게모니 전략은 어느 정도 성공을 거두었을까? 17세기 들어 유교 가치와 예가 본격적으로 이식됐으며, 이후 친족제도·결혼·상속·제례·장례 등 사회 규범과 생활 전반에 유교화가 진행되었다. 일반 백성은 물론 하층민 계층에까지 스며들어 이들의 삶도 유교 가치와 예법에 영향을 받는다. 15세기 전반에 성균관 유생과 세종이 이루고자 했던 그 세상, 『가례』의 예법과 충효의 가치가 어느 시대보다 넘치고 교화된 '착한 백성'을 어렵지 않게 찾아볼 수 있는 그런 조선이 등장한 것이다. 그들이 그토록 원한 '양반의 나라'가 도래했으니 헤게모니 전략이 그런대로 성공을 거둔 셈이다.

하지만 그 지배전략은 끝까지 평탄할 수만은 없는 통치책략이었다.

유교화는 양반과 사림 자신을 옭아매는 족쇄이기도 했다. 그들이 당당하게 내세운 예와 도덕, 천리와 도리는 지배의 수단으로는 역할이 넘쳤지만, 구호만 무성한 채 그 본질은 현실에서 제대로 실현되지 않았다. 내세운 유교 가치의 명목名目과 실제의 간극은 갈수록 벌어졌다.

거기에, '착한 백성'으로 훈육하기 위해 내렸던 교화의 은총은 뜻하지 않게 백성을 자각시키는 기제로도 작용했다. 비리와 모순을 바로잡으라며 자신들의 목소리를 높이고, 지배질서 정당화의 명목인 예와 의, 도를 제대로 실행하라는 저항의 몸짓이 거세졌다. 지배층과 피지배층의 괴리도 점점 커졌다. 양반과 사림은 허위와 위선의 유교화 책략을 계속 밀어붙였지만 구호와 현실의 간격도 양극화된 신분 계층 간의 괴리도 좁힐 수 없었다. 그러한 시대의 마지막은 험난했다. 다른 의례와 교화 책략으로 무장한 외세가 밀어닥쳤고 조선의 지배세력은 이를 물리치지 못했다. 그 끝은 그들의 나라, 조선의 몰락이었다.

당신들과 이들, 혹은 빛과 그늘을 품다

조선은 유학사상이 지배의 장치로 발전하고 도덕 가치와 덕목이 사회 통제를 위한 통치의 수단으로 작용한 사회였다. 사림은 사상과 지식을 독점하며 백성을 교화한 교사였으며, 예법을 지키고 의례를 수행하며 사회를 이끈 성직자이기도 했다. 하지만 당신들의 시선 속내와 언행의 지평은 백성 모두의 삶에 가닿지 않았고 오히려 지배층인 당신들 자신의 욕망과 이익에 더 충실했다. 당신들이 이루어낸 수준 높은 사상과 지식, 품위 깊은 예법과 의례는 왕조체제 유지와 지배 행위 정당화에 기꺼이 봉사했다.

그 전진기지의 하나가 교육과 의례의 마당이었다. 성균관과 서원, 향교와 마찬가지로 왕릉과 궁궐, 읍치와 성곽 또한 지배에 대한 동의를 끌어내 특권과 차별이 정당화되는 사회체제를 영속시키려 한 정치전략의 결과물이었다.

당신들이 설계하고 백성의 노동으로 짓고 쌓은 그 산물은 시대와 시대를 거듭 넘으면서도 외양과 색을 잃지 않아, 지금 이 시대의 자랑스러운 문화유산이 되었다. 지난 시대 세상사의 맥과 삶의 결을 전하며 역사의 내력을 짚어보게 하고, 때로는 선대에 대한 자부심을 불러일으킨다. 선비의 기개와 체취, 유자儒者의 고고함과 도학을 되뇌며 문화유산에 담긴 정신적 가치를 새겨야 한다는 목소리가 여전히 힘차다. 자연의 선線을 닮은 부드럽고 유려한 건축물의 선, 화려하거나 크게 뽐내지 않으면서 은은한 정감을 불러오는 고담한 외양, 주변의 나무와 수풀, 계류를 거스르지 않고 오히려 친숙한 듯 어울려 자연과 조화를 이뤄내는 경관……. 유적이 드러내는 이 미감과 감흥을 한국의 아름다움이라 일컫고, 이것이 한국인의 정서와 맞닿아 있다며 한껏 느껴보길 권한다.

그렇지만 아쉬움은 남아 이제는 문화유산이라 부르는 지난 시대의 그 산물을 다른 시선으로 들여다보게 한다. 그래서 머잖은 언젠가, 바람 깊어 하늘 더욱 푸르고 안온한 유적이 그려내는 음영이 한층 선명해지면 가슴 열어 저 왕조의 유적을 곰곰 되새겨볼 일이다.

그러면 산세 그윽한 저 왕릉은 누구를 위해 그리도 오래 엄숙했는지 눈 시리게 되물을 수 있을 것이다. 하늘 맞닿은 저 궁궐은 무엇을 위해 그토록 찬란하게 빛났는지 가슴 저리게 반추해도 되리라. 담담한 성벽과 객사로 그림자 길어지면, 그 뒤편으로 잠긴 민초의 신산한 일노래를 다시 쓰리게 불러도 괜찮으리라. 고담한 서원의 창을 채우며 지금도 살아나는 유생의 그 축문 소리 아래 힘겹게 기울어간 또 다른 사원의 축원을 기억해도 좋을 것이다.

누군가 말한다. 어둠이 있어 빛이 있다고. 밤이 깊어 낮이 타오른다고. 다른 누군가는 이렇게 말한다. 우리가 새로 태어날 수 있는 곳, 그 낮의 세계로 가기 위해서는 소유와 예속이 있는 공간, 그 밤의 경계를 반드시 넘어야 한다고. 어둠을 보듬어 안아 빛과 함께 자리하게 할 때 진정 낮과 밤이 조화롭게 하나 되는 우리 시대 예와 도의 세상을 만들 수 있다고.

그런데도 당신들의 욕망에 찬 삶의 장이자 이익에 급급한 정치의 판이기도 했던 그곳은 우리 시대의 문화유산이 되어 여전히 홀로 찬연하게 빛난다. 그래서, 그 광휘의 공적功績을 힘들게 지어 올리고 당신들의 나라 그 조선의 장엄한 등정을 떠받쳤던 이들을 우리 시대 역사의 난장에 올곧게 자리매김하려 한다. 당신들이 이룬 영광의 발자취 아래 오랫동안 웅크리고 있었던 이들, 그 백성의 그늘을 이 시대의 유적 마당으로 기꺼이 초대하려 한다.

그리고 다시 가슴을 열고 차디찬 시선으로 들여다볼 일이다. 이 시대의 힘 있는 자들이 이 땅 어디에서 무엇을 만들고 세워 욕망과 이익의 속내를 감추려 하는지. 우리 시대의 궐과 능, 객사와 성곽, 서원과 사원은 무엇으로 빛나고 어디로 향하는지……. 그 깃발 아래 휘황하게 번지는 약속의 구호와 다짐의 언설이 진정 무엇을 위하고 누구를 위한 것인지를 아프게 되짚어야 한다.

행복을 제시하고 미래를 약속하는, 훗날 문화유산이 될지도 모를 이 시대의 빛나는 기념비와 동상 뒤로 그림자와 어둠은 여전히 길고 깊다.

주註

1부 에피소드 | 무덤과 권력-샤를 대제와 체 게바라에서 조선 왕릉까지

1) 사자 숭배와 무덤 참배의 정치적 기능에 대해서는 다음 자료를 참고해 정리했다. 올라프 라더, 김희상 옮김, 『사자와 권력』, 작가정신, 2004.

2) 이하의 왕 묘지와 관련된 사항은 주로 다음 자료의 도움을 받았다. 올라프 라더, 김희상 옮김, 『사자와 권력』, 작가정신, 2004; 쯔데 히로시, 고분문화연구회 옮김, 『왕릉의 고고학』, 진인진, 2011.

3) 이하의 팡테옹에 관한 사실은 주로 다음 자료를 참고했다. 하상복, 「빵떼옹과 상징 정치」『한국정치학회보』39-1, 2005.

1장 죽은 자의 광휘, 산 자들을 위한 왕릉

1) 능참봉 김두벽과 도벌(투작) 사건은 다음 자료를 참고했다. 김경숙, 「18세기 능참봉 김두벽의 관직생활과 왕릉수호-지문일기를 중심으로」『규장각』28, 2005. 일자 표기는 음력을 따랐다. 본서에 나오는 인용문과 본문에서 언급하는 일자도 음력을 취했다.

2) 『영조실록』6권, 영조 1년(1725) 5월 18일 기사 참고.

3) 『조선왕조실록』의 인용문은 국사편찬위원회에서 제공하는 번역본을 기준으로 삼았으

며, 이해를 위해 원전의 내용을 훼손하지 않는 범위에서 일부 단어와 문장을 수정했다.

4) 세종 영릉의 혼유석 훼손 사건은 다음을 참고. 조윤민, 『조선에 반하다』, 글항아리, 2018, 42~44쪽. 왕릉 전반에 대한 훼손 사건과 그 배경에 대해서는 37~46쪽을 참고.

5) 관료와 향리의 수호군 및 산지기 침탈, 수령의 승려 침탈은 다음 자료를 참고했다. 유영옥, 「능참봉직 수행을 통해 본 이재 황윤석의 사환의식」 『동양한문학연구』 24, 2007, 85~87쪽.

6) 무덤의 속성과 성격에 대해서는 다음 자료를 참고해 정리했다. 올라프 라더, 김희상 옮김, 『사자와 권력』, 작가정신, 2004, 47~69쪽.

2장 왕의 장례, 그 화려함과 엄숙함의 그늘

1) 아손 그렙스트의 조선 방문과 국장 행렬 경험에 대해서는 다음 자료를 근거로 구성했다. 아손 그렙스트W. A:son Grebst, 『I Korea: Minnen och studier fran morgonstillhetens land』, Förlagsaktiebolaget Västra Sverige, 1912. 번역은 다음 자료를 참고했다. 아손 그렙스트, 김상열 옮김, 『스웨덴 기자 아손, 100년 전 한국을 걷다』, 책과 함께, 2005.

2) 시신 부패방지 방법에 대해서는 주로 다음 자료의 도움을 받았다. 이창환, 「조선 왕릉의 영원한 명성」 『Koreana』, 23-1, 2009.

3) 능 조성과 장례 총비용, 동원 군인과 일꾼 수는 다음 자료에서 재인용했다. 유홍준, 『나의 문화유산답사기 10 - 서울편 2』, 창비, 2017, 268~269쪽.

4) 한형주, 「조선 초기 왕릉 제사의 정비와 운영」 『역사민속학』 33, 2010, 139쪽.

3장 명당을 확보하라 - 왕가와 사대부 가문의 묘역 다툼

1) 지관地官은 풍수지리를 기반으로 집터와 묘터를 정하거나 길흉을 평가하는 사람을 이른다. 과거를 통해 선발된 관리를 지관이라 하고 민간에서 풍수지리를 보는 사람을 지사地師라 해 구별하기도 하지만 일반적으로 지관이라 통칭해 일컫기도 했다. 지관과 지사는 풍수·풍수가·풍수사라고도 불렸는데, 이 책에서는 혼란을 방지하고 이해의 편의

를 위해 지관으로 명칭을 통일했다. 중국 풍수가도 지관이라 표기했다.

2) 세조 때의 왕실 불행은 문종의 왕비이자 단종의 모후인 현덕왕후의 저주 때문이라는 소문이 나돌기도 했다고 한다.

3) 왕가의 사대부 가문 묘지 침탈과 이에 대한 사대부가의 대응 양상에 대해서는 주로 다음 자료를 참고했다. 이덕형, 「선조대 유릉 택지에서 드러나는 왕릉 조영의 변화와 원인」 『지방사와 지방문화』 13-2, 2010.

4장 능에 감도는 평화는 거짓이다 – 왕릉 너머의 암투

1) 정치 책략과 권세 확대 방안으로 활용된 영릉 천릉에 대해서는 다음 자료의 도움을 받았다. 신재훈, 「조선 전기 천릉의 과정과 정치적 성격」 『조선시대사학보』 58, 2011, 48~52쪽.

2) 예종 때 영릉 천릉이 논의될 무렵엔 지금의 여주는 여흥으로 불렸다. 『신증동국여지승람』에 의하면 예종 1년인 1469년에 영릉을 여흥으로 옮기면서 천녕현을 혁파해 여흥에 소속시키고, 지역 명칭을 여주로 고쳤다고 한다. 본서에서는 독해의 편의를 위해 지명을 모두 여주로 통일했다.

3) 효종 영릉지 선정과 천릉에 대해서는 다음 자료를 참고했다. 김충현, 「효종 영릉의 조성과 능제의 변화」 『역사문화논총』 7, 2012; 박권수, 「17세기 조선 왕실의 왕릉지 선정 과정과 외방지사의 역할」 『문화역사지리』 27-1, 2015; 이희중, 「17,18세기 서울 주변 왕릉의 축조, 관리 및 천릉 논의」 『서울학연구』 17, 2001.

5장 왕릉과 묘, 혹은 왕과 백성

1) 현덕왕후 복위와 천릉에 대해서는 주로 다음 자료를 참고했다. 신재훈, 「조선 전기 천릉의 과정과 정치적 성격」 『조선시대사학보』 58, 2011; 이현진, 「조선 전기 소릉복위론의 추이와 그 의미」 『조선시대사학보』 23, 2002.

2) 신영복, 『나무야 나무야』, 돌베개, 1996, 84~89쪽. 이 절에서 신영복의 논지를 끌어오고 유홍준을 언급한 목적은 이들의 주장을 폄훼하는 데 있지 않다. 오히려 신영복의 논

지를 적극적으로 받아들이는 입장이며, 이를 토대로 좀더 진전된 논의를 하기 위함이다. 신영복의 글을 두고 필자가 이 절에서 부연 설명한 내용은 그가 지면의 한계와 대중서 글쓰기 방식이라는 제약에 의해 미처 쓰지 못한 내용일 수 있다고 본다.

3) 유홍준, 『나의 문화유산답사기 8 - 남한강편』, 창비, 2015, 101쪽.

2부 에피소드 | 궁궐 경영 - 프랑스 샤를 5세, 일제, 그리고 조선

1) 이하에서 기술하는 프랑스 파리에 소재한 궁궐의 역할과 위상 변화에 대한 전반적인 내용은 다음 자료의 도움을 받아 정리했다. 홍용진, 「14세기 수도 파리의 등장과 정치적 의사소통으로서의 왕궁 건축」『도시연구: 역사·사회·문화』 6, 2011; 홍용진, 「중세 프랑스 왕권의식儀式과 정치공간의 형성」『도시연구: 역사·사회·문화』 8, 2012.

2) 유홍준, 『나의 문화유산답사기 6 - 인생도처유상수』, 창비, 2011, 14쪽.

3) 유홍준, 『나의 문화유산답사기 6 - 인생도처유상수』, 창비, 2011, 34쪽.

4) 최준식, 『한국미, 그 자유분방함의 미학』, 효형출판, 2000, 238~240쪽.

5) 최순우, 『무량수전 배흘림기둥에 기대서서』, 학고재, 2002, 91쪽.

6) 유홍준, 『나의 문화유산답사기 9 - 서울편 1』, 창비, 2017, 102~104쪽.

7) 여기서 유홍준의 저서 내용을 끌어오는 목적은 그의 의견을 폄훼하거나 비난하고자 함이 아니다. 그가 기술한 "정치적 비극의 소산" "고생을 했던 조상들"이란 문구를 화두로 이에 대한 역사 사실을 더 파악하거나 진전된 논의를 해보자는 데 뜻이 있다. 앞에서 인용한 다른 전문가들의 경우도 마찬가지다.

6장 백성의 피와 땀 위에 세운 궁궐

1) 태종 11년 10월 4일에 올린 사간원의 소와 관련된 누와 연못을 경회루로 보았다. 태종이 사간원의 소에 답하면서 "본궁本宮(경복궁)의 못과 정자"를 언급하고, 경회루가 완공된 때가 태종 12년(1412) 4월 2일인 점을 참작한 추정이다. 완공 때의 기사를 보면 경회루 위치를 "경복궁 서쪽 모퉁이" "궁궐의 서북쪽"으로 표기한다. 이는 태종 11년 8월 22일에 지시한 연못 공사가 곧 경회루 공사였음을 짐작하게 한다. 이때의 실록 기사에

는 "북루 아래에 못을 파라고 명했다"고 돼 있는데, 경회루 위치를 "서쪽 모퉁이" "서북 쪽" "북루 아래" 등으로 다양하게 표기한 것으로 보인다. 유홍준도 당시의 북루 아래 연못 공사를 경회루 공역으로 추정한다.

2) 태종의 토목건축 정책을 수행한 박자청의 활동에 대해서는 주로 다음 자료를 참고했다. 김버들·조정식, 「박자청의 궁궐건축 감역 연구 - 창덕궁 및 이궁을 중심으로」 『건축역사 연구』 26-1, 2017; 이장우, 「조선 건국 초기 한 가신적 신료에 대한 고찰 - 박자청의 공역 활동을 중심으로」 『향토서울』 64, 2004.

3) 이에 대해서는 다음을 참고. 조윤민, 『모멸의 조선사』, 글항아리, 2007, 91~94쪽.

4) 국가 공역에 동원된 인력 수급 실상과 작업 시간에 대해서는 주로 다음 자료를 참고했다. 전영준, 「여말선초 국가 토목공사와 공역승」 『동국사학』 40, 2004; 김윤주, 「조선 태조 ~태종대 한양 건설 공역의 인력 동원과 물자 수급」 『조선시대사학보』 86, 2018.

7장 궁궐의 빛과 그늘 - 궁궐을 꾸린 사람들

1) 정병설, 「《혜빈궁 일기》와 궁궐 여성 처소의 일상」 『규장각』 50, 2017, 104쪽.

2) 유홍준, 『나의 문화유산답사기 6 - 인생도처유상수』, 창비, 2011, 17~19쪽.

3) 유홍준, 『나의 문화유산답사기 9 - 서울편 1』, 창비, 2017, 129~131쪽.

4) 유홍준, 『나의 문화유산답사기 9 - 서울편 1』, 창비, 2017, 117쪽.

5) 유홍준, 『나의 문화유산답사기 9 - 서울편 1』, 창비, 2017, 113쪽.

6) 인조 24년 1월 3일 세 번째 기사에는 빈궁의 궁녀가 5명이고 수라간 궁녀가 3명이라 나와 있다. 그런데 이날 네 번째 기사에는 세 번째 기사에서는 언급되지 않은 유덕이라는 인물이 새롭게 등장한다. 세자빈 강씨가 유덕을 신임했다는 기사 내용에 근거해 유덕 또한 강씨의 시녀로 보았다.

7) 정병설, 「《혜빈궁 일기》와 궁궐 여성 처소의 일상」 『규장각』 50, 2017, 104쪽.

8장 세종이 경복궁을 중건한 까닭

1) 세종 대의 경복궁 주산 논쟁에 대한 구성은 다음 자료의 도움을 받았다. 김동욱, 「조선

초기 경복궁 수리에서 세종의 역할」『건축역사연구』 32, 2002, 136~137쪽.

2) 이하의, 경복궁-산-하늘의 일체화된 경관을 통한 국왕 권위의 내면화 방식은 다음 자료를 참고해 정리했다. 김덕현, 「유교적 세계의 공간적 표상 - 읍치경관」『대한지리학회보』 80, 2003; 이기봉, 『임금의 도시: 서울의 풍경과 권위의 연출』, 사회평론, 2017, 49~89쪽. 이기봉, 『조선의 도시, 권위와 상징의 공간』, 새문사, 2008, 61~107쪽. 특히 '궁궐(왕)-산-하늘'이라는 개념과 요지는 이기봉의 연구자료에서 가져왔으며, 여기에 부가적인 설명을 덧붙였다.

3) 이기봉, 『조선의 도시, 권위와 상징의 공간』 새문사, 2008, 193~195쪽.

4) 정치수단과 이데올로기 측면에서 살핀 풍수지리에 대해서는 다음 자료를 참고. 윤홍기, 「경복궁과 구 조선총독부 건물 경관을 둘러싼 상징물 전쟁」『공간과 사회』 15, 2001; 이기봉, 「낙안읍성의 입지와 구조 그리고 경관」『조선의 도시, 권위와 상징의 공간』 새문사, 2008.

5) 세종 대의 경복궁 중건과 의례 정비 전반에 대해서는 주로 다음 자료를 참고했다. 김동욱, 「조선 초기 경복궁 수리에서 세종의 역할」『건축역사연구』 32, 2002; 조재모, 『궁궐, 조선을 말하다』, 아트북스, 2012, 116~122쪽.

6) 조회 의례의 성격과 역할에 대해서는 다음 자료를 참고했다. 박희용, 「창덕궁 정전 영역의 구성과 운영」, 서울시립대대학원 건축공학과 박사학위논문, 2008, 34~43쪽.

9장 누구를 위한 의례이고 예치인가?

1) 흔히 교태전을 왕비전으로 알고 있지만, 왕조실록의 기록을 보면 세종 때 지은 교태전은 임금과 신하가 국정을 논의하고 연회를 개최하는 용도로 쓰였음을 알 수 있다. 따라서 교태의 의미도 왕과 왕비의 만남이 아니라 왕과 신하의 만남으로 해석된다. 이에 대해서는 다음 자료를 참고. 곽순조, 「궁궐운영을 통하여 본 조선 전기 경복궁의 배치 특성에 관한 연구」 성균관대대학원 건축학과 석사학위논문, 1999; 김동욱, 「조선 초기 경복궁 수리에서 세종의 역할」『건축역사연구』 32, 2002; 홍석주, 「조선조 광해군 대의 궁궐건축에 관한 연구」, 홍익대대학원 건축학과 박사학위논문, 2001.

2) 국가의례를 통한 사대부 관료의 위신 강화에 대해서는 다음 자료를 참고해 정리했다. 박
   희용, 「창덕궁 정전 영역의 구성과 운영」, 서울시립대대학원 건축공학과 박사학위논문,
   2008, 227쪽.

3) 루이 14세의 궁궐의례(궁정의례)에 대해서는 다음 자료를 참고해 정리했다. 이미형, 「루이
   14세 시대의 의례와 권력」, 서강대대학원 사학과 석사학위논문, 1999.

4) 야간통행금지 시간은 시대와 계절에 따라 변화가 있었다. 빠를 경우는 밤 8시에 실시하
   기도 했다.

5) 국사편찬위원회 번역본에는 "以節萬家動靜之機"를 "만백성의 집에서 밤에 자고 새벽에
   일어나는 시기를 조절하게 하였다"로 번역했는데, 여기서는 "動靜동정"을 일상적으로 하
   는 행위라는 원뜻으로 풀이했다. 또한 국사편찬위원회 번역본을 참작해 "잠자는 때와
   일어날 때의 조절, 업무와 일상의 구분 짓기 등"을 추가 기술해 의미 파악에 도움이 되
   도록 했다.

10장 전쟁의 폐허에 지존을 세워라

1) 이극필의 상소가 올라온 1606년에 "지금 경복궁이 중건 중"이라는 기사가 보인다(『선조
   실록』 203권, 선조 39년 9월 5일 기사). 또한 강원도와 경기도에서 벌목을 했다는 기사도 있
   다(『선조실록』 204권, 선조 39년 10월 30일 기사). 이를 고려해 이극필의 상소 시기를 재목
   마련을 위해 벌목을 시작한 때로 보았다.

2) 새로운 권위 창출과 관련한 창덕궁 재건이라는 개념은 다음 자료에서 착상의 계기를 얻
   었다. 윤홍기, 「경복궁과 구 조선총독부 건물 경관을 둘러싼 상징물 전쟁」 『공간과 사회』
   15, 2001.

3) 임시거처인 행궁 확장 공사와 배경에 대해서는 주로 다음 자료를 참고했다. 윤정, 「선조
   후반~광해군 초반 궁궐 경영과 '경운궁'의 수립」 『서울학연구』 42, 2011.

11장 궁궐에 권력을 표상하라

1) 인경궁과 경덕궁 규모는 다음 자료를 참고했다. 장지연, 「광해군대 궁궐 영건-인경궁과

창덕궁의 창건을 중심으로」『한국학보』 23-1, 1997, 133~138쪽. 인경궁과 경덕궁 규모에 대한 기록은『광해군일기』 114권, 광해 9년(1617) 4월 27일 기사를 참고.

2) 다음 사료를 참고.『광해군일기』 101권, 광해 8년(1616) 3월 24일 첫 번째 및 두 번째 기사.

3) 새문동 왕기설에 대한 후대 조작설은 다음 자료를 참고해 정리했다. 윤정,「영조의 경희궁 개호와 이어의 정치사적 분석」『서울학연구』 34, 2009; 윤정,「인조대 '새문동 왕기'설 생성의 정치사적 의미」『서울학연구』 48, 2012. 한편, 전자의 자료에서는 새문동 집이 정원군의 집이었다 해도, 정원군의 집이 경덕궁에 편입된 것을 근거로 삼아 후대에 새문동 왕기설을 만들고, 이를 통해 원종의 추숭과 인조의 즉위를 정당화하고자 한 것으로 해석할 수 있다고 보았다.

4) 새로운 궁궐 경영과 운영체계 수립이라는 시각은 다음 자료의 주장을 받아들여 요약하고 정리했다. 홍석주,「광해군 대의 경덕궁(경희궁) 창건」『서울학연구』 34, 2009.

12장 권력의 향방과 궁궐의 운명

1) 계해정변(인조반정)의 배경과 요인, 이후 반정세력의 행보와 그 성격은 다음 자료를 참고. 계승범,「계해정변(인조반정)의 명분과 그 인식의 변화」『남명학연구』 26, 2008; 조윤민,『두 얼굴의 조선사』, 글항아리, 2016, 338~342쪽.

2) 영조의 경덕궁 개호 배경과 경덕궁 위상 강화에 대해서는 다음 자료를 참고해 나름의 요지를 세웠다. 윤정,「영조의 경희궁 개호와 이어의 정치사적 분석」『서울학연구』 34, 2009.

3) 의례와 행사 실행 면에서 본 영조의 경복궁 활용에 대해서는 다음 자료를 참고했다. 윤정,「18세기 경복궁 유지의 행사와 의례-영조대를 중심으로」『서울학연구』 25, 2005.

4) 경복궁 중건을 권력 기반으로 활용한 흥선대원군의 활동은 주로 다음 자료를 참고했다. 홍순민,「고종대 경복궁 중건의 정치적 의미」『서울학연구』 29, 2007.

3부 에피소드 | 유럽의 성과 치소治所에서 조선의 성과 읍치까지

1) 12세기에서 15세기에 이르는 유럽 성곽의 변화와 그 배경, 기능에 대해서는 다음 자료를 참고해 정리했다. 홍용진, 「중세 프랑스 성채 축조술의 발전과 변화 - 북부 프랑스 지역을 중심으로」『학림』 38, 2016.

2) 중세 도시의 자유와 자치, 그에 따른 성곽 건설과 성곽의 의미, 인구 증가와 도시 확장에 따른 조치 등에 대해서는 다음 자료를 참고했다. 김동완, 「통치성의 공간들 - 한국의 정치지리를 고려한 시론적 검토」『공간과 사회』 44, 2013; 김병용, 「서양 중세도시 성곽 축조와 유지에 관한 소고」『역사와 담론』 59, 2011; 김응종, 「서양 중세도시의 자유와 자치 - 역사인가 신화인가」『백제연구』 46, 2007.

3) 여기서 표기한 '서울 성곽'의 공식 명칭은 '서울 한양도성'이다. 도성은 도읍지에 쌓은 성곽이란 뜻 외에도 한 나라의 수도 자체를 지칭하기도 한다. 이런 점을 고려하고 이해의 편의를 위해 이 책에서는 성곽 자체를 지칭할 땐 '서울 성곽'이란 용어를 기본으로 삼았다. 문맥에 따라 '도성 성곽'이란 용어도 썼다. 수도를 가리킬 때는 '서울'이나 '도성'이라 지칭했다.

4) 서울 성곽 안과 밖의 성격에 대한 구별 개념은 다음 자료의 도움을 받았다. 조성윤, 「조선 후기 서울의 주민 구성과 성곽의 의미」『향토서울』 83, 2013.

5) 오타 히데하루, 「일본의 식민지 조선에서의 고적 조사와 성곽정책」, 서울대대학원 국사학과 석사학위논문, 2002, 17~31쪽.

13장 조선 읍치는 왜 평지로 내려왔는가?

1) 낙안군 읍치 이동과 그 배경에 대해서는 다음 자료의 주장을 따랐다. 이기봉, 「낙안읍성의 입지와 구조 그리고 경관」『조선의 도시, 권위와 상징의 공간』, 새문사, 2008.

2) 고려 말에서 조선 초기에 걸쳐 나타난 읍성과 그 사회경제적 배경에 대해서는 다음 자료를 참고했다. 김동수 「조선 초기 군현치소의 이설」『전남사학』 6, 1992; 이기봉, 『조선의 도시, 권위와 상징의 공간』, 새문사, 2008; 최기엽, 「조선조 성읍의 입지체계와 장소성」『응용지리』 22, 2001.

3) 이기봉, 「낙안읍성의 입지와 구조 그리고 경관: 읍치에 구현된 조선적 권위 상징의 전형을 찾아서」『한국지역지리학회지』14-1, 2008, 75~77쪽. 이하의 낙안읍성과 서울 도성 경관 이미지의 유사점에 대해서는 이 논문의 관련 내용(73~81쪽)을 참고해 정리하고 의견을 덧붙였다.

4) 나주읍성의 도로망과 시설 배치, 이로 인한 객사 경관 변화는 다음 자료를 참고했다. 이경태·천득영·최창환, 「조선시대 나주읍성 공간의 위계에 대한 연구」『대한건축학회연합논문집』45, 2011.

14장 읍치에 왕조의 존엄과 권위를 표상하라

1) 송요년이 추진한 홍주목 객사 중건은 다음 사료에 근거해 구성했다. 『신증동국여지승람』19권, 충청도 홍주목 궁실-객관; 『성종실록』193권, 성종 17년(1486) 7월 26일 기사. 이 두 사료에는 송요년이 홍주 목사로 임명돼 임지로 떠나는 시기(1486년 7월)와 객사 중건 완공 일자(1489년 봄)만 기록돼 있다. 여기서는 이야기 구성상, 완공 일자를 기준으로 삼아 구체적인 공역 논의 시기를 1488년 가을로 잡았다.

2) 객사 구조와 조정에서의 신하 행렬 형태의 유사 구도에 대해서는 다음 자료를 참고했다. 김헌규, 「조선시대 지방도시 읍치의 성립과 계획원리에 관한 연구」『건축역사연구』51, 2007, 123~124쪽.

3) 문화경관의 자연화 개념은 다음 자료를 참고했다. 윤홍기, 「경복궁과 구 조선총독부 건물 경관을 둘러싼 상징물 전쟁」『공간과 사회』15, 2001.

4) 성곽 외부에 위치한 제사시설의 성격과 그 정치적 효과에 대해서는 주로 다음 자료를 참고했다. 김덕현, 「유교적 세계의 공간적 표상 - 읍치경관」『대한지리학회보』80, 2003; 김덕현, 「조선시대 읍치 경관 독해」『대한지리학회 학술대회논문집』2003; 이기봉, 『조선의 도시, 권위와 상징의 공간』, 새문사, 2008.

15장 굴욕의 성, 혹은 충절의 성

1) 임진전쟁 이후의 새로운 방어전략 양상에 대해서는 다음 자료를 참고해 정리했다. 이기

봉, 『임금의 도시』, 사회평론, 2017, 224∼225쪽.

2) 조선 읍성의 취약점과 그러한 읍성 조성의 배경과 이유에 대해서는 다음 자료를 참고해 정리했다. 이기봉, 「방어력 없는 성곽의 비밀」 『임금의 도시』, 사회평론, 2017; 이기봉, 「한국의 역사와 성곽의 다양성, 그리고 세계 문화유산으로서 남한산성의 가치」 『2011년 남한산성 국제학술심포지엄 발표문』, 남한산성문화관광사업단, 2011.

3) 병자전쟁 사망자 제례, 이하에 나오는 현절사 건립의 배경과 정치적 목적 등에 대해서는 다음 자료의 논지와 개념을 참고했다. 이승수, 「죽음의 수사학과 권력의 상관성 - 전계 서사를 중심으로」 『대동문화연구』 50, 2005. 이 논문은 「삼학사전」을 주요 대상으로 삼아 개념과 논지를 전개하는데, 본서에서는 삼학사가 배향된 현절사 자체에 이 개념과 논지를 적용하고 의견을 덧붙였다.

16장 성곽, 권력 행사의 보루가 되다

1) 인조 시기에 왜적 방비를 위해 행한 남한산성 정비 실상과 인조의 권위 강화 의도에 대해서는 다음 자료를 토대로 구성했다. 홍성욱, 「조선 숙종대 남한산성 정비와 외성 축조의 의미」 『동학연구』 29, 2010, 40∼52쪽.

2) 효종 대의 북벌정책과 북벌론의 실상, 그 목적에 대해서는 주로 다음 자료를 참고했다. 송양섭, 「효종의 북벌구상과 군비증강책」 『한국인물사연구』 7, 2007.

3) 정조의 화성 건설 목적과 집권 정치세력의 반대 논의는 주로 다음 자료를 참고해 정리했다. 곽희숙, 「화성 성역에 비친 정조의 정치구상」, 전남대교육대학원 교육학과 석사학위논문, 2001.

4) 성곽 정책을 둘러싼 정치세력 간의 군권 장악 다툼, 정치세력의 권력 강화 토대로 작용한 성곽과 군영 운용에 대해서는 다음 자료를 참고해 정리했다. 홍성욱, 「조선 숙종대 남한산성 정비와 외성 축조의 의미」 『동학연구』 29, 2010.

17장 서울 성곽의 안과 밖은 다른 세상이었다

1) 서울 성곽의 쓰임새와 산성 축조, 이하에 나오는 북방 군사강화책 등에 관한 유홍준의

주장은 다음 자료에서 인용하고 정리했다. 유홍준, 『나의 문화유산답사기 10 - 서울편 2』, 2017, 47~52쪽.

2) 이하에 나오는 조선 초기 북방 외적의 침입에 대한 방어정책과 도성 방어전략에 대해서는 다음 자료의 개념과 내용을 토대로 삼아 정리했다. 정해은, 「조선 초기 도성의 위상과 도성방어론」 『서울학연구』 49, 2012.

3) 이 절에서 전개한 영조 대의 도성 방어정책과 그 성격, 배경에 대해서는 다음 자료를 참고했다. 성곽을 기준으로 한, 도성 방어정책과 치안 분야의 차별에 대해서는 특히 조성윤의 논문에서 개념과 요지를 취했다. 김웅호, 「조선 후기 도성 중심 방위전략의 정착과 한강변 관리」 『서울학연구』 24, 2005; 이근호, 「영조대 도성 수비 논란의 검토」 『향토서울』 83, 2013; 조성윤, 「조선 후기 서울의 주민 구성과 성곽의 의미」 『향토서울』 83, 2013.

4) 1751년 영조가 수성윤음을 반포할 무렵의 서울 인구 및 성내와 성외 인구 비율은 1747년의 서울 인구(182584명)와 1789년의 서울 인구(189153명), 1789년의 성내(112371명)와 성외(76782명) 인구 비율에 근거해 추정했다.

4부 에피소드 | 지식과 정치권력 - 파리 대학과 일본의 서당 데라코야

1) 1229년 파리 대학의 동맹휴학과 그 배경에 대해서는 주로 다음 자료를 참고했다. 김유경, 「중세 대학의 자유 - libertas scolastica의 내용과 한계」 『서양사론』 74, 2002; 서정복, 「18세기 이전 대학 캠퍼스의 생활과 의식의 변화 - 파리 대학을 중심으로」 『대학의 역사와 문화』 1, 2004; 이정민, 「파리 대학의 역사적 의미에 관한 고찰」 『통합유럽연구』 10, 2015; 정상필, 「권력의 모든 권위에 저항하다 - 파리 지성의 본향」(광주일보 2012년 11월 15일 기사)

2) 이하의 파리 대학에 대한 특권 부여와 통제 실상, 그 배경에 대한 전반적인 내용은 주로 다음 자료를 참고해 정리했다. 김유경, 「중세 대학의 자유 - libertas scolastica의 내용과 한계」 『서양사론』 74, 2002; 이정민, 「파리 대학의 역사적 의미에 관한 고찰」 『통합유럽연구』 10, 2015; 홍용진, 「지적 권위와 정치권력 - 중세 말 파리 대학과 정치」 『프랑스사

연구』29, 2013.

3) 데라코야의 교육방식과 성장 과정, 막부의 개입과 통제에 관해서는 다음 자료를 참고했다. 소동호, 「일본 근세 서민교육의 발달 (II) - 사자옥의 도덕교육과 서민사회의 도덕에 관하여」『인문논총』10, 1982; 신현정, 「서간체 교재를 통한 데라코야 습자교육의 실제적 의의」『한국교육학연구』20-3, 2014; 여신호, 「전근대 일본 사회의 교육제도와 이념 - 서민교육의 중심 사자옥」『교육문화연구』16-2, 2010.

18장 왕과 성균관 유생, 견제하고 협력하다

1) 영조 3년 7월에 일어난 성균관 유생의 집단시위는 다음 자료의 도움을 받아 구성의 실마리를 찾았다. 박현순, 「영조대 성균관 유생의 정치활동 규제와 士氣의 저하」『규장각』44, 2014; 이희권, 「조선 후기의 공관·권당 연구」『사학연구』30, 1980.

2) 조선시대 전 기간에 일어난 동맹휴학 건수는 논문에 따라 차이가 난다. 94회, 125회, 134회 등으로 보는 논문이 있는데, 이는 태조에서 철종에 이르는 『조선왕조실록』의 기록을 참조해 합산한 것으로 파악된다. 이와 달리 『고종실록』과 『순종실록』을 포함한 『조선왕조실록』에 『일성록』, 『승정원일기』『고종시대사』까지 검토해 합산한 논문(김영주, 「조선시대 성균관 유생의 권당·공관 연구」『언론과학연구』8-4, 2008)에서는 182회로 파악했다. 본서에서는 이 논문을 따랐다. 본서 이전에 발간한 『두 얼굴의 조선사』에서 동맹휴학 건수를 90여 차례라 했는데, 이는 초기 논문에 따른 것이었다. 이 자리를 빌려 바로잡는다.

3) 공론 소재지로서의 성균관에 관한 사항과 그 배경, 근거에 대해서는 주로 다음 자료를 참고해 재정리했다. 박현순, 「영조대 성균관 유생의 정치활동 규제와 士氣의 저하」『규장각』44, 2014; 이희권, 「조선 전기의 공관·권당 연구」『사학연구』28, 1978.

4) 이하의, 공민왕 대를 전후한 시기의 성균관 개혁과 그 배경, 성격, 역할, 영향 등에 대해서는 주로 다음 자료를 참고했다. 강은경, 「조선 초기 교육개혁논의와 성균관의 역할」, 이화여대교육대학원 석사학위논문, 2001; 이남복 「고려 후기 사대부 계층의 성립과 좌주 문생에 대한 고찰」, 성균관대대학원 사학과 석사학위논문, 1978; 최봉준, 「고려 우왕대 사대부의 성장과 분기」『학림』24, 2003.

19장 향촌 장악의 거점, 서원과 향교

1) 소작 개념과 용어는 일제가 1910년대에 토지조사사업을 벌이면서 만들어졌다. 지주의 토지를 빌려 농사짓고 생산량을 나누는 관행을 조선시대에는 병작幷作이라 했다. 당시 병작으로 농사짓는 농민은 경작권을 보장받아 지주가 함부로 경작자를 바꿀 수 없었으며, 경작지에 대한 부분 소유권인 도지권을 가지기도 했다. 도지권을 보유하면 정액의 병작료가 보장됐으며 영구히 농사를 지을 수 있었다. 이 도지권을 지주의 승낙 없이 타인에게 매매하고 양도할 수도 있었다. 소작제도에서는 경작자의 이런 부분 소유권을 없애고 지주의 토지 소유권만을 인정했다.

2) 유림의 사전적 의미는 유학을 신봉하거나 유학의 도를 닦는 학자를 일컫는다. 이는 조선시대에 성리학을 익혀 정치와 사회를 주도한 양반 지배층인 사림과 거의 같은 뜻으로 통용되는데, 본서에서는 일제강점기의 사실을 다룰 때는 유림을, 조선시대의 사실을 다룰 때는 사림이란 용어를 사용했다.

3) 유림과 신흥 지식인 집단의 대결 양상과 그 배경, 유림의 식민지 지배정책 참가 동향에 대해서는 주로 다음 자료를 참고해 정리했다. 류미나, 「식민지 권력에의 '협력'과 좌절」 『한국문화』 36, 2005.

4) 도산서원 수리와 관아의 조력에 관한 사실은 다음 자료를 참고해 정리했다. 정순우, 『서원의 사회사』, 태학사, 2013, 296~302쪽; 정순우, 「조선 후기 '영건일기'에 나타난 학교의 성격 - 제의적 기능과 그 의미를 중심으로」 『정신문화연구』 65, 1996.

5) 충렬서원에 동원된 인부 실상은 다음 자료를 참고했다. 정순우, 「고문서를 통해서 본 촌락사회와 교육의 변동과정 연구」 『정신문화연구』 77, 1999.

6) 서원의 토지 보유 현황은 다음 자료를 참고했다. 수치는 결 단위로 간략화했다. 이수환, 「영남지역 서원의 경제적 기반 - 소수·옥산·도산서원을 중심으로」 『민족문화논총』 2·3집, 1982; 정순우 『서원의 사회사』, 태학사, 2013, 221쪽.

20장 사찰에서 서원으로

1) 사찰의 물질적 기반을 이용한 서원 건립에 대해서는 다음 자료를 참고했다. 박찬문, 「서

울 도봉서원 하층 영국사지 출토 금석문 자료 소개」『목간과 문자』 20, 2018; 이수환, 「16세기 안동지역 서당의 경제적 기반」『민족문화논총』 69, 2018; 이수환, 「조선 전기 국가의 사원정책과 사원의 유교적 기반으로의 전환」『대구사학』 79, 2005.

2) 조선 전기 억불정책과 포용정책에 대해서는 주로 다음의 논문을 참고해 정리했다. 이수환, 「조선 전기 국가의 사원정책과 사원의 유교적 기반으로의 전환」『대구사학』 79, 2005; 이정주, 「조선 태종·세종 대의 억불정책과 사원 건립」『한국사학보』 6, 1999; 이종우, 「조선 전기 종교정책 연구」, 한국학중앙연구원 한국학대학원 박사학위논문, 2010.

3) 15세기 전반기 사찰 건립과 중창 실상은 다음 자료를 참고해 정리했다. 이정주, 「조선 태종·세종 대의 억불정책과 사원 건립」『한국사학보』 6, 1999.

4) 이 개념은 다음 자료의 도움을 받아 착상하고 재정리했다. 김호성 「두 유형의 출가와 그 정치적 함의 - 힌두교와 불교에서의 권력과 탈권력의 문제」『인도철학』 26, 2009, 32~33쪽.

21장 교화하고 의례를 수행하라 - 조선 지배층의 헤게모니 전략

1) 조선 전기 교육정책의 방향과 성격 개진에는 다음 자료가 도움이 됐다. 정순우 「국가의 교육통제정책과 촌락사회」『조선은 지방을 어떻게 지배했는가』, 아카넷, 2000.

2) 전염병과 관련한 서원 통문 내용은 다음 자료에서 인용해 정리했다. 정순우, 『서원의 사회사』, 태학사, 2013, 77~80쪽.

3) 서원 제례의 성격과 역할에 대해서는 주로 다음 자료를 참고해 새롭게 정리했다. 김미영, 「조선시대 유교의례의 사회적 기능과 상징적 의미 - 조상 제례를 중심으로」『국학 연구』 14, 2009; 정순우, 「조선시대 제향공간의 성격과 그 사회사적 의미」『사회와 역사』 53, 1998.

참고문헌

1부 에피소드 | 무덤과 권력 – 샤를 대제와 체 게바라에서 조선 왕릉까지

올라프 라더, 김희상 옮김, 『사자와 권력』, 작가정신, 2004.

이승수, 「죽음의 수사학과 권력의 상관성 – 전계 서사를 중심으로」『대동문화연구』 50, 2005.

이종은, 「상징과 정치적 권위」『정치사상연구』 17-1, 2011.

찰스 엘더·로저 콥, 유영옥 옮김, 『상징의 정치적 이용』, 홍익재, 1993.

하상복, 「빵떼옹과 상징 정치」『한국정치학회보』 39-1, 2005.

쯔데 히로시, 고분문화연구회 옮김, 『왕릉의 고고학』, 진인진, 2011.

1장 죽은 자의 광휘, 산 자들을 위한 왕릉

김경숙, 「18세기 능참봉 김두벽의 관직생활과 왕릉수호 – 지문일기를 중심으로」『규장각』 28, 2005.

김종우, 「계층 사회와 지배자의 출현을 넘어서」『한국고고학보』 63, 2007.

김효경, 「조선 후기 능참봉에 관한 연구」『고문서연구』 20, 2002.

남달우, 「숙종대 김포 장릉 방화사건과 읍격의 변화」『인천학연구』 20, 2014.

머레이 에델만, 이성헌 옮김, 『상징의 정치시대』, 고려원, 1996.

올라프 라더, 김희상 옮김, 『사자와 권력』, 작가정신, 2004.

유영옥, 「능참봉직 수행을 통해 본 이재 황윤석의 사환의식」 『동양한문학연구』 24, 2007.

이종은·최왕돈 외, 『상징과 정치』, 인간사랑, 2012.

정재훈, 『조선 국왕의 상징』, 현암사, 2018.

조윤민, 『조선에 반反하다』, 글항아리, 2018.

찰스 엘더·로저 콥, 유영옥 옮김, 『상징의 정치적 이용』, 홍익재, 1993.

2장 왕의 장례, 그 화려함과 엄숙함의 그늘

아손 그렙스트, 김상열 옮김, 『스웨덴 기자 아손, 100년 전 한국을 걷다』, 책과함께, 2005.

유홍준, 『나의 문화유산답사기 10 - 서울편 2』, 창비, 2017.

이정근, 『신들의 정원, 조선 왕릉』, 책보세, 2010.

이창환, 「조선 왕릉의 영원한 명성」 『Koreana』, 23-1, 2009.

정종수, 「백 명의 목숨을 앗아간 세종의 영릉 공사」 『밤나무골 이야기』 12, 2003.

정종수, 「왕릉은 왕권의 상징이다」 『밤나무골 이야기』 14, 2004.

정종수, 「왕릉을 옮겨 조선 왕조를 백 년 더 연장하다」 『밤나무골 이야기』 10, 2003.

조인수, 「조선시대 왕릉의 현상과 특징: 명청대 황릉과의 비교를 중심으로」 『미술사학연구』
　　262, 2009.

찰스 엘더·로저 콥, 유영옥 옮김, 『상징의 정치적 이용』, 홍익재, 1993.

최원석, 「조선 왕릉의 역사지리적 경관 특징과 풍수담론」 『한국지역지리학회지』 22-1,
　　2016.

한형주, 「조선 초기 왕릉제사의 정비와 운영」 『역사민속학』 33, 2010.

3장 명당을 확보하라 - 왕가와 사대부 가문의 묘역 다툼

강제훈, 「조선 왕릉과 왕릉 의례의 특징」 『한국사학보』 54, 2014.

신재훈, 「조선 전기 천릉의 과정과 정치적 성격」 『조선시대사학보』 58, 2011.

이덕형, 「선조대 유릉 택지에서 드러나는 왕릉 조영의 변화와 원인」 『지방사와 지방문화』 13-2, 2010.

이정근, 『신들의 정원, 조선 왕릉』, 책보세, 2010.

정종수, 「백 명의 목숨을 앗아간 세종의 영릉 공사」 『밤나무골 이야기』 12, 2003.

정종수, 「왕릉을 옮겨 조선 왕조를 백 년 더 연장하다」 『밤나무골 이야기』 10, 2003.

최원석, 「조선 왕릉의 역사지리적 경관 특징과 풍수담론」 『한국지역지리학회지』 22-1, 2016.

황인희, 『역사가 보이는 조선 왕릉 기행』, 21세기북스, 2010.

4장 능에 감도는 평화는 거짓이다 – 왕릉 너머의 암투

김충현, 「효종 영릉의 조성과 능제의 변화」 『역사문화논총』 7, 2012.

박권수, 「17세기 조선 왕실의 왕릉지 선정 과정과 외방지사의 역할」 『문화역사지리』 27-1, 2005.

신재훈, 「조선 전기 천릉의 과정과 정치적 성격」 『조선시대사학보』 58, 2011.

이정근, 『신들의 정원, 조선 왕릉』, 책보세, 2010.

이희중, 「17,18세기 서울 주변 왕릉의 축조, 관리 및 천릉 논의」 『서울학연구』 17, 2001.

차문성, 「인조 구舊 장릉의 위치 비정과 석물에 대한 고찰」 『민족문화』 44, 2014.

최원석, 「조선 왕릉의 역사지리적 경관 특징과 풍수담론」 『한국지역지리학회지』 22-1, 2016.

5장 왕릉과 묘, 혹은 왕과 백성

신영복, 『나무야 나무야』, 돌베개, 1996.

신재훈, 「조선 전기 천릉의 과정과 정치적 성격」 『조선시대사학보』 58, 2011.

유홍준, 『나의 문화유산답사기 8 – 남한강편』, 창비, 2015.

이정근, 『신들의 정원, 조선 왕릉』, 책보세, 2010. 1.2.3

이현진, 「조선 전기 소릉복위론의 추이와 그 의미」 『조선시대사학보』 23, 2002.

정종수, 「레즈비언 문종비와 파헤쳐진 단종 어머니의 무덤」 『밤나무골 이야기』 13, 2004.

2부 에피소드 | 궁궐 경영 - 프랑스 샤를 5세, 일제, 그리고 조선

목수현, 「관광 대상과 문화재 사이에서 - 숭례문, 황궁우, 경회루를 통해 본 근대 '한국' 표상 건축물의 위상」 『동아시아문화연구』 59, 2014.

유홍준, 『나의 문화유산답사기 6 - 인생도처유상수』, 창비, 2011.

유홍준, 『나의 문화유산답사기 9 - 서울편 1』, 창비, 2017.

이왕무, 「경복궁 자경전 '瑞獸서수'의 고찰」 『역사민속학』 48, 2015.

최준식, 『한국미, 그 자유분방함의 미학』, 효형출판, 2000.

최순우, 『무량수전 배흘림기둥에 기대서서』, 학고재, 2002.

홍순민, 『우리 궁궐 이야기』, 청년사, 1999.

홍순민, 「일제의 식민 침탈과 경복궁 훼손 - 통치권력의 상징성 탈취」 『문명연지』 5-1, 2004.

홍용진, 「14세기 수도 파리의 등장과 정치적 의사소통으로서의 왕궁 건축」 『도시연구: 역사·사회·문화』 6, 2011.

홍용진, 「중세 프랑스 왕권의식儀式과 정치공간의 형성」 『도시연구: 역사·사회·문화』 8, 2012.

6장 백성의 피와 땀 위에 세운 궁궐

김버들·조정식, 「박자청의 궁궐건축 감역 연구 - 창덕궁 및 이궁을 중심으로」 『건축역사연구』 26-1, 2017.

김윤주, 「조선 태조~태종대 한양 건설 공역의 인력 동원과 물자 수급」 『조선시대사학보』 86, 2018.

신영훈, 「태종조 감역관 박자청고」 『향토서울』 48, 1989.

이장우, 「조선 건국초기 한 가신적 신료에 대한 고찰 - 박자청의 공역활동을 중심으로」 『향토서울』 64, 2004.

전영준, 「여말선초 국가 토목공사와 공역승」『동국사학』 40, 2004.

조윤민, 『모멸의 조선사』, 글항아리, 2007.

조재모, 『궁궐, 조선을 말하다』, 아트북스, 2012.

7장 궁궐의 빛과 그늘 - 궁궐을 꾸린 사람들

박영규, 『환관과 궁녀』, 웅진 지식하우스, 2009.

송기호, 「궁궐 속 세상」『대한토목학회지』 58-5, 2010.

송기호, 「궁궐의 꽃, 궁녀」『대한토목학회지』 58-4, 2010.

유홍준, 『나의 문화유산답사기 6 - 인생도처유상수』, 창비, 2011.

유홍준, 『나의 문화유산답사기 9 - 서울편 1』, 창비, 2017.

정병설, 「《혜빈궁 일기》와 궁궐 여성 처소의 일상」『규장각』 50, 2017.

조재모, 『궁궐, 조선을 말하다』, 아트북스, 2012.

홍순민, 「조선시대 궁녀의 위상」, 『역사비평』 68, 2004.

8장 세종이 경복궁을 중건한 까닭

김덕현, 「유교적 세계의 공간적 표상 - 읍치경관」『대한지리학회보』 80, 2003

김동욱, 「조선시대 건축의 이해」, 서울대학교출판부, 1999.

김동욱, 「조선 초기 경복궁 수리에서 세종의 역할」『건축역사연구』 32, 2002.

김동욱, 「조선 초기 창건 경복궁의 공간구성」『건축역사연구』 15, 1998.

박희용, 「창덕궁 정전 영역의 구성과 운영」, 서울시립대대학원 건축공학과 박사학위논문,
    2008.

윤홍기, 「경복궁과 구 조선총독부 건물 경관을 둘러싼 상징물 전쟁」『공간과 사회』 15,
    2001.

이기봉, 『임금의 도시: 서울의 풍경과 권위의 연출』, 사회평론, 2017.

이기봉, 『조선의 도시, 권위와 상징의 공간』 새문사, 2008.

이종은, 「상징과 정치적 권위」『정치사상연구』 17-1, 2011.

이종은·최왕돈 외, 『상징과 정치』, 인간사랑, 2012.

조재모, 『궁궐, 조선을 말하다』, 아트북스, 2012.

하상복, 「광화문의 정치학: 예술과 권력의 재현」 『한국정치학회보』 43-3, 2009.

9장 누구를 위한 의례이고 예치인가?

곽순조, 「궁궐운영을 통하여 본 조선 전기 경복궁의 배치 특성에 관한 연구」 성균관대대학원 건축학과 석사학위논문, 1999.

김동욱, 「조선 초기 경복궁 수리에서 세종의 역할」 『건축역사연구』 32, 2002.

박희용, 「창덕궁 정전 영역의 구성과 운영」, 서울시립대대학원 건축공학과 박사학위논문, 2008.

유홍준, 『나의 문화유산답사기 6 - 인생도처유상수』, 창비, 2011.

유홍준, 『나의 문화유산답사기 9 - 서울편 1』, 창비, 2017.

이기봉, 『임금의 도시: 서울의 풍경과 권위의 연출』, 사회평론, 2017.

이미형, 「루이 14세 시대의 의례와 권력」, 서강대대학원 사학과 석사학위논문, 1999.

조재모, 『궁궐, 조선을 말하다』, 아트북스, 2012.

하상복, 「광화문의 정치학: 예술과 권력의 재현」 『한국정치학회보』 43-3, 2009.

홍석주, 「조선조 광해군 대의 궁궐건축에 관한 연구」, 홍익대대학원 건축학과 박사학위논문, 2001.

10장 전쟁의 폐허에 지존을 세워라

노대환, 「광해군대의 궁궐 경영과 풍수지리설」 『조선시대사학보』 63, 2012.

유홍준, 『나의 문화유사답사기 10 - 서울편 2』 창비, 2017.

윤정, 「선조 후반~광해군 초반 궁궐 경영과 '경운궁'의 수립」 『서울학연구』 42, 2011.

윤홍기, 「경복궁과 구 조선총독부 건물 경관을 둘러싼 상징물 전쟁」 『공간과 사회』 15, 2001.

홍순민, 「왕십리 경복궁 - 왕조 창업과 5대 궁궐」 『역사비평』 34, 1996.

11장 궁궐에 권력을 표상하라

계승범, 「광해군, 두 개의 상반된 평가」, 『한국사학사학보』 32, 2015.

노대환, 「광해군대의 궁궐 경영과 풍수지리설」, 『조선시대사학보』 63, 2012.

장지연, 「광해군대 궁궐 영건 - 인경궁과 창덕궁의 창건을 중심으로」, 『한국학보』 23-1, 1997.

오종록, 「광해군 시대의 교훈」, 『내일을 여는 역사』 5, 2001.

유홍준, 『나의 문화유사답사기 10 - 서울편 2』, 창비, 2017.

윤정, 「광해군대 궁궐 경영과 신궐의 영건」, 『서울학연구』 43, 2011.

윤정, 「영조의 경희궁 개호와 이어의 정치사적 분석」, 『서울학연구』 34, 2009.

윤정, 「인조대 '새문동 왕기'설 생성의 정치사적 의미」, 『서울학연구』 48, 2012.

홍석주, 「광해군 대의 경덕궁(경희궁) 창건」, 『서울학연구』 34, 2009.

12장 권력의 향방과 궁궐의 운명

계승범, 「계해정변(인조반정)의 명분과 그 인식의 변화」, 『남명학연구』 26, 2008.

김근, 『욕망하는 천자문』, 삼인, 2003.

윤정, 「18세기 경복궁 유지의 행사와 의례 - 영조대를 중심으로」, 『서울학연구』 25, 2005.

윤정, 「영조의 경희궁 개호와 이어의 정치사적 분석」, 『서울학연구』 34, 2009.

조윤민, 『두 얼굴의 조선사』, 글항아리, 2016.

조재모, 『궁궐, 조선을 말하다』, 아트북스, 2012.

조재모, 「영·정조대 국가의례 재정비와 궁궐건축 - 조하 양식을 중심으로」, 『대한건축학회 논문집 계획계』 206, 2005.

홍순민, 「고종대 경복궁 중건의 정치적 의미」, 『서울학연구』 29, 2007.

3부 에피소드 | 유럽의 성과 치소治所에서 조선의 성과 읍치까지

김동완, 「통치성의 공간들 - 한국의 정치지리를 고려한 시론적 검토」, 『공간과 사회』 44, 2013.

김병용, 「서양 중세도시 성곽 축조와 유지에 관한 소고」『역사와 담론』 59, 2011.

김응종, 「서양 중세도시의 자유와 자치 – 역사인가 신화인가」『백제연구』 46, 2007.

유홍준, 『나의 문화유산답사기 6 – 인생도처유상수』, 창비, 2011.

유홍준, 『나의 문화유산답사기 8 – 남한강편』, 창비, 2015.

전종한, 「한국 도시의 원형 '읍성' 쳐락」『인문지리학의 시선』, 사회평론, 2012.

조성윤, 「조선 후기 서울의 주민 구성과 성곽의 의미」『향토서울』 83, 2013.

홍용진, 「중세 프랑스 성채 축조술의 발전과 변화 – 북부 프랑스 지역을 중심으로」『학림』 38, 2016.

오타 히데하루, 「일본의 식민지 조선에서의 고적조사와 성곽정책」, 서울대대학원 국사학과 석사학위논문, 2002.

13장 조선 읍치는 왜 평지로 내려왔는가?

김대순·구영민, 「근대적 권력 공간의 차원과 그 해체에 관한 연구」『대한건축학회 학술발표대회논문집 계획계』 54, 2010.

김동수 「조선 초기 군현치소의 이설」『전남사학』 6, 1992.

이경태·천득영·최창환, 「조선시대 나주읍성 공간의 위계에 대한 연구」『대한건축학회연합논문집』 45, 2011.

이기봉, 「낙안읍성의 입지와 구조 그리고 경관: 읍치에 구현된 조선적 권위 상징의 전형을 찾아서」『한국지역지리학회지』 14-1, 2008.

이기봉, 『조선의 도시, 권위와 상징의 공간』, 새문사, 2008.

최기엽, 「조선조 성읍의 입지체계와 장소성」『응용지리』 22, 2001

최종석 「조선 초기 '읍성' 용어 출현의 배경과 읍성의 유형」『동방학지』 138, 2007.

14장 읍치에 왕조의 존엄과 권위를 표상하라

김덕현, 「유교적 세계의 공간적 표상 – 읍치경관」『대한지리학회보』 80, 2003.

김덕현, 「조선시대 읍치 경관 독해」『대한지리학회 학술대회논문집』 2003.

김헌규, 「조선시대 지방도시 읍치의 성립과 계획원리에 관한 연구」 『건축역사연구』 51, 2007.

유영숙, 「조선시대 향촌사회의 질서변동과 성황사」 『강원문화사연구』 7, 2002.

윤홍기, 「경복궁과 구 조선총독부 건물 경관을 둘러싼 상징물 전쟁」 『공간과 사회』 15, 2001.

이기봉, 『조선의 도시, 권위와 상징의 공간』, 새문사, 2008.

이기태, 「성황사와 지역사회 이념의 통합」 『역사민속학』 8, 1999.

이욱, 「조선시대 국가 사전과 여제」 『종교연구』 19, 2000.

이종은·최왕돈 외, 『상징과 정치』, 인간사랑, 2012.

전종한, 「한국 도시의 원형 '읍성' 취락」 『인문지리학의 시선』 사회평론, 2012(개정판).

최기엽, 「조선조 성읍의 입지체계와 장소성」 『응용지리』 22, 2001.

15장 굴욕의 성, 혹은 충절의 성

권오영, 「남한산성과 조선 후기의 대명의리론」 『한국실학연구』 8, 2004.

김문식, 「조선후기 국왕의 남한산성 행차」 『조선시대사학보』 60, 2012.

김문식, 「1779년 정조의 능행과 남한산성」 『한국실학연구』 8, 2004.

김일환, 「고난의 역사를 기억하기 - 삼학사전과 삼학사비를 중심으로」 『한국문학연구』 26, 2003.

김헌규, 「임진왜란 이후 성곽도시의 대안으로서 정비된 산성도시 "남한산성"에 관한 연구」 『대한건축학회논문집 계획계』 205, 2005.

오수창, 「오해 속 병자호란, 시대적 한계 앞의 인조」 『내일을 여는 역사』 26, 2006.

이기봉, 『임금의 도시』, 사회평론, 2017.

이기봉, 「한국의 역사와 성곽의 다양성, 그리고 세계 문화유산으로서 남한산성의 가치」 『2011년 남한산성 국제학술심포지엄 발표문』, 남한산성문화관광사업단, 2011.

이승수, 「죽음의 수사학과 권력의 상관성 - 전계 서사를 중심으로」 『대동문화연구』 50, 2005.

한상권, 「1779년 정조의 영릉 거둥」『국학연구』 14, 2009.

16장 성곽, 권력 행사의 보루가 되다

곽희숙, 「화성 성역에 비친 정조의 정치구상」, 전남대교육대학원 교육학과 석사학위논문, 2001.

박균섭, 「수양론과 북벌론의 불협화음: 송시열과 효종」『교육철학』 51, 2013.

송양섭, 「효종의 북벌구상과 군비증강책」『한국인물사연구』 7, 2007.

오종록, 「붕당정치와 군영」『역사비평』 29, 1995.

이태진, 『조선 후기의 정치와 군영제 변천』, 한국연구원, 1985.

조윤민, 『성城과 왕국』, 주류성, 2013.

홍성욱, 「조선 숙종대 남한산성 정비와 외성 축조의 의미」『동학연구』 29, 2010.

17장 서울 성곽의 안과 밖은 다른 세상이었다

김웅호, 「조선 후기 도성 중심 방위전략의 정착과 한강변 관리」『서울학연구』 24, 2005.

나각순, 「서울 한양도성의 기능과 방위체제」『향토서울』 80, 2012.

유승희, 「17~18세기 도성 밖 치안책의 확립과 한성부민의 역할」『향토서울』 74, 2009.

유승희, 「17~18세기 야금제의 운영과 범야자의 실태-한성부를 중심으로」『역사와 경계』 87, 2013.

유홍준, 『나의 문화유산답사기 10-서울편 2』, 2017.

이근호, 「영조대 도성 수비 논란의 검토」『향토서울』 83, 2013.

이기봉, 『조선의 도시, 권위와 상징의 공간』, 새문사, 208.

정해은, 「조선 초기 도성의 위상과 도성방어론」『서울학연구』 49, 2012.

조성윤, 「조선 후기 서울의 인구 증가와 공간 구조의 변화」『사회와 역사』 43, 1994.

조성윤, 「조선 후기 서울의 주민 구성과 성곽의 의미」『향토서울』 83, 2013.

차인배, 「조선 후기 포도청의 야순 활동과 야금정책의 변통」『한국학연구』 39, 2015.

차인배, 「조선 후기 포도청 치안 활동의 특성 연구-공간 배치와 기찰 활동을 중심으로」

『사학연구』 100, 2010.

4부 에피소드 | 지식과 정치권력-파리 대학과 일본의 서당 데라코야

김유경, 「중세 대학의 자유-libertas scolastica의 내용과 한계」 『서양사론』 74, 2002.

서정복, 「18세기 이전 대학 캠퍼스의 생활과 의식의 변화-파리 대학을 중심으로」 『대학의 역사와 문화』 1, 2004.

소동호, 「일본 근세 서민교육의 발달 (Ⅱ)-사자옥의 도덕교육과 서민사회의 도덕에 관하여」 『인문논총』 10, 1982.

신현정, 「서간체 교재를 통한 데라코야 습자교육의 실제적 의의」 『한국교육학연구』 20-3, 2014.

여신호, 「전근대 일본 사회의 교육제도와 이념-서민교육의 중시 사자옥」 『교육문화연구』 16-2, 2010.

이광주, 「교양과 교양인의 세기 속의 대학과 아카데미」 『대학교육』 69, 1994.

이정민, 「파리 대학의 역사적 의미에 관한 고찰」 『통합유럽연구』 10, 2015.

이희만, 「파리의 지적 인프라 및 지적 네트워크-12세기와 13세기 초를 중심으로」 『서양중세사연구』 21, 2008.

홍용진, 「지적 권위와 정치권력-중세 말 파리 대학과 정치」 『프랑스사 연구』 29, 2013.

홍용진, 「프랑스 필리프 5세 통치 시기 정치적 문제들과 왕권의 대응」 『서양중세사연구』 29, 2012.

18장 왕과 성균관 유생, 견제하고 협력하다

김영주, 「조선시대 성균관 유생의 권당·공관 연구」 『언론과학연구』 8-4, 2008.

강은경, 「조선 초기 교육개혁논의와 성균관의 역할」, 이화여대교육대학원 석사학위논문, 2001.

김태훈, 「조선초 성균관의 교육적 역할에 대한 연구-제도와 교육적 역할 및 기능을 중심으로」, 한남대교육대학원 석사학위논문, 2003.

박현순, 「영조대 성균관 유생의 정치활동 규제와 士氣의 저하」『규장각』 44, 2014.

유홍준, 『나의 문화유산답사기 10 - 서울편 2』, 창비, 2017.

이남복 「고려 후기 사대부 계층의 성립과 좌주문생에 대한 고찰」, 성균관대대학원 사학과
　석사학위논문, 1978.

이성무, 「조선의 성균관과 서원」『한국사시민강좌』 18, 1996.

이희권, 「조선 전기의 공관·권당 연구」『사학연구』 28, 1978.

이희권, 「조선 후기의 공관·권당 연구」『사학연구』 30, 1980.

장재천, 「조선시대 성균관의 국왕 예찬과 행례 고찰」『한국사상과 문화』 31, 2005.

장재천, 「조선시대 성균관의 국왕 하사품 고찰」『한국사상과 문화』 36, 2007.

최봉준, 「고려 우왕대 사대부의 성장과 분기」『학림』 24, 2003.

피정란, 「조선 중기 성균관 유생의 언론 활동을 통한 정치참여에 대하여」『성대사림』
　12·13, 1997.

19장 향촌 장악의 거점, 서원과 향교

류미나, 「식민지 권력에의 '협력'과 좌절」『한국문화』 36, 2005.

류미나, 「19c말~20c초 일본 제국주의의 유교 이용과 조선 지배」『동양사학연구』 111,
　2010.

손숙경, 「조선 후기 경주 용산서원의 경제기반과 지역민 지배」『고문서연구』 5, 1994.

유홍준, 『나의 문화유산답사기 3』, 창작과 비평사, 1997.

윤희면, 「조선 후기 서원의 경제기반」『동아연구』 2, 1983.

윤희면, 「조선 후기 서원의 경제기반 Ⅱ」『전남사학』 19, 2002.

이수환, 「영남지역 서원의 경제적 기반 - 소수·옥산·도산서원을 중심으로」『민족문화논총』
　2·3집, 1982.

정순우, 「고문서를 통해서 본 촌락사회와 교육의 변동과정 연구」『정신문화연구』 77, 1999.

정순우, 『서원의 사회사』, 태학사, 2013.

정순우, 「조선 후기 '영건일기'에 나타난 학교의 성격 - 제의적 기능과 그 의미를 중심으로」

『정신문화연구』 65, 1996.

조선시대사학회, 『동양 삼국의 왕권과 관료제』, 국학자료원, 1999.

한국국학진흥원 연구부, 『도산서원을 통해 본 조선 후기 사회사』, 새물결, 2014.

한국역사연구회 조선시기 사회사 연구반, 『조선은 지방을 어떻게 지배했는가』, 아카넷, 2000.

20장 사찰에서 서원으로

김호성 「두 유형의 출가와 그 정치적 함의-힌두교와 불교에서의 권력과 탈권력의 문제」 『인도철학』 26, 2009.

박찬문, 「서울 도봉서원 하층 영국사지 출토 금석문 자료 소개」 『목간과 문자』 20, 2018.

윤정분, 「도봉서원과 조선 후기 '정신문화공동체'」 『인문과학연구』 13, 2010.

이수환, 「16세기 안동지역 서당의 경제적 기반」 『민족문화논총』 69, 2018.

이수환, 「조선 전기 국가의 사원정책과 사원의 유교적 기반으로의 전환」 『대구사학』 79, 2005.

이정주, 「조선 태종·세종 대의 억불정책과 사원 건립」 『한국사학보』 6, 1999.

이종우, 「조선 전기 종교정책 연구」, 한국학중앙연구원 한국학대학원 박사학위논문, 2010.

조준호, 「송시열의 도봉서원 입향논쟁과 그 정치적 성격」 『조선시대사학보』 23, 2002.

21장 교화하고 의례를 수행하라 - 조선 지배층의 헤게모니 전략

김미영, 「조선시대 유교의례의 사회적 기능과 상징적 의미-조상 제례를 중심으로」 『국학연구』 14, 2009.

마르티나 도이힐러, 이훈상 옮김, 『한국의 유교화 과정』, 너머북스, 2013.

정순우, 『서원의 사회사』, 태학사, 2013.

정순우, 「조선시대 제향공간의 성격과 그 사회사적 의미」 『사회와 역사』 53, 1998.

최용섭, 「안토니오 그람시-서구 마르크스주의 형성에 크게 기여한 이탈리아의 정치이론가」(네이버 지식백과)

최우영, 「조선 사회 지배구조와 유교 이데올로기」 『사회와 역사』 43, 1994.

피에르 부르디외, 정일준 옮김, 『상징폭력과 문화재생산』, 새물결, 1997.

한국역사연구회 조선시기 사회사 연구반, 『조선을 지방을 어떻게 지배했는가』, 아카넷,
   2000.

문화유산의 두 얼굴

ⓒ 조윤민

1판 1쇄 2019년 8월 23일
1판 2쇄 2019년 12월 27일

지은이 조윤민
펴낸이 강성민
편집장 이은혜
편집 이은경
마케팅 정민호 이숙재 양서연 안남영
홍보 김희숙 김상만 오혜림 지문희 우상희
독자모니터링 황치영

펴낸곳 (주)글항아리 | 출판등록 2009년 1월 19일 제406-2009-000002호
주소 10881 경기도 파주시 회동길 210

전자우편 bookpot@hanmail.net
전화번호 031-955-1934(편집부) 031-955-3578(마케팅)
팩스 031-955-2557

ISBN 978-89-6735-653-8 03910

글항아리는 (주)문학동네의 계열사입니다.

이 도서의 국립중앙도서관 출판시도서목록(CIP)은 서지정보유통지원시스템
홈페이지(http://seoji.nl.go.kr)와 국가자료공동목록시스템(http://www.nl.go.kr/kolisnet)에서
이용하실 수 있습니다. (CIP제어번호: CIP2019027962)